사랑으로 채우는
항아리

김현숙 수필집

사랑으로 채우는 항아리

선우미디어

책머리에

가망이 없으니 집에 데려가서 준비를 하라는 큰 병원 의사의 말에 뻣뻣하게 몸이 굳은 어린 막내딸을 등에 업고 눈물로 길을 헤매 다니셨다. 전국방방곡곡을 누빈 두 분의 사랑과 정성이 살려낸 딸은 어느덧 결혼을 하고 두 아이의 엄마가 되었다.

그 딸이 이민생활의 고됨과 삶의 무게를 못 이겨 허덕이다가 이번에는 마음의 병이 들었다. 노모는 그런 딸이 안쓰러워 아무것도 묻지 않은 채 병든 몸을 이끌며 새벽마다 교회에 나가 눈물의 기도를 하신다. 또 다시 당신의 딸을 살리기 위해, 그 못난 딸이 바로 나다.

인간은 '채움의 길'을 가고 있다고 했던가. 채우고 채운 듯해도 텅 빈 허전함만 메아리치는 내 삶의 항아리 안에서 제풀에 주저 앉아버린 내 꿈들의 한숨소리가 나를 좌절의 어둠 속으로 밀어 넣었다. 허우적댈수록 점점 빠져드는 절망의 늪에서 더듬어 잡은 줄이 문학이었다. 그 줄에 의지해 삶의 편린들로 지은 매듭을 발판삼아 한 발자국씩 발돋움을 함으로써 돌파구를 찾았다. 한 줄의 문장이 떠오를 때마다 그 안에서 위로를 받았고, 한 편의 글이 완성될 때마다 삶의 애착을 갖게 되었다.

이제 항아리 깊숙이 차곡차곡 재어 두었던 나의 분신들을 꺼내려 한다. 설익어 제 맛이 들지 않은 것을 알기에 설렘보다 두려움이 앞서지만 용기를 냈다. 한 켜 한 켜 들어 올릴 때마다 먼지를 폴폴 날리면서 그동안 겪은 희로애락이 때로는 기쁨이 되어, 때로는 아픔이 되어 내 안으로 스며들었다. 아니, 그 안에서 내가 나를 다시 만났다.

이민생활을 하며 겪은 일상사들, 아이 둘을 키우며 깨우친 사랑하는 법, 가족들을 향한 그리움, 틀에 짜인 일상생활 안에서 무뎌진 속사람을 자극하던 문학에로의 열정, 까치발을 한 채 좀 더 나은 삶을 살고자 안달하던 허영, 흐트러진 모습을 남에게 보이기 싫어 끊임없이 자신을 달금질하느라 안으로 삭이던 외로움 등, 어설프게 살아온 나의 삶이 온전히 표현되지 못한 채 아쉬움의 그늘 안에 잠겨 있었다.

나의 첫 수필집 『사랑으로 채우는 항아리』는 '아직은~'이라며 내 만족에 맞추려 망설이고 있었는데 어머니의 얼마 남지 않은 시간 안에 그분께 기쁨을 안겨 드리고 싶어 욕심을 부렸다. 이제 조심스럽게 내 삶의 일부를 밖으로 펼쳐 보이며 안심시켜 드리려 한다. 더불어 2000년 미주 한국일보에 게재되었던 칼럼의 일부와 콩트도 곁들여 보았다.

멀리서 늘 좋은 글을 쓰라며 격려해 주신 김병권 선생님께 감사드린다. 문학에로의 길을 터 주신 김문희 선생님과 김영중 선생님 그리고 믿음 안에서 이끌어 주신 유숙자 선생님께 감사드린다. 수필집을 넘치고 예쁘게 엮어 주신 선우미디어의 이선우 사장님과 직원 분들께 감사드린다. 번역을 해주며 벽이 되어 응원해준 이선생님에게도 Thank You.

나의 가족이 있기에 살아가는 의미가 있다. 사랑의 마음을 전하고 싶다. 새벽제단에서 자식을 위해 눈물로 기도하시는 나의 어머니 이교섭 권사님께 이 수필집을 받친다.

봄의 향기를 맡으며 로스엔젤레스에서
김현숙

김현숙 수필집

사랑으로 채우는 항아리

차례

6부 날아가 버린 파랑새 —콩트·영문수필

1부

로지가 화장하는 날

반짇고리

얼마 전 바늘로 인해 고맙다는 인사를 받았다. 한국에서 친척이 다니러 왔는데, 손님접대도 문제지만 우리네 정리로 돌아갈 때 빈손으로 보낼 수 없었다. 고민 끝에 실생활에 꼭 필요하리라는 평소의 믿음대로 크고 작은 50개의 바늘이 들은 바늘쌈을 준비했다. 그러면서도 혹 실수한 것은 아닐까 걱정했는데, 며칠 후 서울에서 온 전화는 나를 기쁘게 했다.

요즘 옷을 꿰매 입는 일이 드물어 어쩌다 바늘을 급히 쓰려고 하면 찾을 수가 없었단다. 그때마다 구입해야지 하다가도 돌아서면 잊어 버렸는데 잘 쓰겠다며 모두들 반가워 하더란다.

스스로 여자임을 자각하던 여중 때부터일 것이다. 그때부터 지금까지 조그만 바느질통을 부적처럼 가방 한 구석에 지니고 다녔다. 그것은 아마 어릴 적 나에게 요술상자로 보이던 엄마의 반짇고리에 대한 아련한 잔상들이, 거부할 수 없는 운명의 길로 끌어들인 무의식적인 행동일지도 모른다.

살림을 도와주는 사람이 있어도 항상 바삐 움직이셨던 엄마는 바느질하실 때만은 동선이 적었기에 곁에 맴돌며 가까이 있을 수 있어 좋았다. 그럴 때마다 옆에 놓여지는 반짇고리를 뒤지고 노는 재미도 한몫을 하였다.

엄마의 반짇고리는 대나무껍질로 만들어 색색의 물을 들인 채상이라 불리는 것으로 직사각형이었다. 예로부터 부덕, 부용, 부언, 부공 등으로 여자들이 갖추어야 할 덕목 중의 하나인 바느질은, 자급자족에 의지하던 사회에서 여자들에게는 벗어날 수 없는 굴레였다. 온 가족의 입성을 손수 해결해야 했기에 바느질 도구는 귀중한 실용품이자 수족과 같았다. 바느질과 길쌈을 잘하면 시어머니께 사랑을 받는다고 하여 솜씨도 문제지만 그 도구도 혼수 중에서 신경 쓰이는 부분이기도 했단다.

그 채상을 열면 색색의 실이 엉키지 않도록 장방형이나 대각선의 실패에 감겨져 있었다. 실 꼬리를 단 바늘은 녹스는 것을 방지하기 위해, 솜이나 머리카락을 속에 넣어 둔 바늘꽂이에 고슴도치모양 꽂혀 있었다. '답'이라고 불리는 골무는 반타원형으로 바느질을 할 때 손가락에 끼워 바늘을 누르거나, 찔리는 것을 막아주는네 쓰였다.

그 외에 가위, 자, 크고 작은 자투리 천들, 각양각색의 단추들과 백열전구 알 등이 엄마의 손길을 기다리며 옹기종기 모여 있었다. 그중 휴즈가 나간 전구는 극성맞은 우리들의 양말 뒤꿈치에 구멍이 나면, 같은 색의 천을 안에 대고 쑥 밀어 넣어 동그랗게 만든 후, 감침질을 하는데 요긴하게 쓰였다.

이 모든 도구들은 엄마가 여인네로서 겪어야 했던 삶의 응어리진 한과 손때에 절어 반들반들 윤이 나고 있었다. 그러나 아직 여물지 않은 나에게는 숙명이라는 연보다는 재미있는 소꿉놀이로 온갖 궁금증을 불러일으키는 장난감들이었다.

바느질은 주로 하루의 일과를 마치고 밤에 하시곤 했는데, 좀처럼 한가한 시간을 갖기 힘드셨지만 그 시간만큼은 유일하게 혼자만의 세계로 들어가실 수 있었다. 그날 있었던 일들을 곱씹고 되새기는 시간으로 어떤 때는 바늘 한 땀에 한숨 한번 새어나오기도 하고, 등뒤로 긴 그림자를 드리우며 멍하니 천장을 올려다보시기도 했었다. 얼굴 가득 환한 미소에 손길이 나는 듯이 가벼울 때도 있었고, 멀쩡한 반짇고리를 통째로 확 뒤집어 놓고 하나하나 다시 정리하실 때는 그 대상이 반짇고리가 아니라 엄마의 마음을 다 잡으시는 것이었으리라 짐작되어진다.

바늘이 지나온 길을 다시 가지 못하고 매듭지어 실을 끊어내듯이 하루를 체념으로 마감하며, 가슴속에 삭이는 여인네의 한을 바느질에 말없이 담아 내셨다. 온갖 상념 속에서도 가족들의 의복을 매만지실 때는 입힐 사람을 생각하며, 한 땀 한 땀 사랑의 염원을 엮어내셨다. 물자가 귀한 시절에 알뜰살뜰 몇 번씩 재활용하는 지혜를 발휘하셨다. 그렇기에 바느질에 소용되는 도구는 정성스럽고 귀중하게 간직되며, 자잘한 것에도 따뜻한 숨결과 진한 애정이 깃들여 있었다.

외할머니가 그러셨듯이 엄마도 내가 시집올 때 반짇고리를 준비해 주셨다. 엄마의 시대보다는 모양과 색이 다양하고 화려해졌다. 엄마는 마치 그것이 내 행복을 가름이라도 하는 것처럼 고민 끝에 마음에 드는 것으로 골라 주셨다. 자신보다는 나은 삶을 딸은 살아주기를 바라는 간절한 심정이셨으리라.

지금도 그 반짇고리는 화장대 한쪽에 자리잡고, 대물림한 여인의 위치를 지키며 살아가는 나를 바라보고 있다. 그것을 받을 때 엄마와는 다른 삶을 살겠노라 다짐했었다.

자라오면서 보아온 여자의 삶은 그 자체가 헌신과 희생이었기에 전철을 밟고 싶지 않았다. 목소리 한번 크게 내지 못하고, 생색도 나지 않는 친척들 뒷바라지에 심신이 지치셨었다. 주위에는 챙기고 살펴야 되는 일들뿐이었다.

자신의 자아는 두레박에 실어 우물 깊은 곳에 담가 두고, 본인의 인생은 가정의 평화를 위해 다락 구석에 저당 잡아 놓으셨던 것 같았다. 가슴속에 응어리진 한을 끌어안고 묵묵히 가정의 울타리 안에 갇혀서 그곳이 온 세상인 양 살아 내셨다.

그런 엄마를 답답해하며, 나는 여인네의 위치를 적당히 지키면서 살고자 했었다. 한쪽 옆구리에는 나만의 삶을 따로 꿰어차고 당당하게 한 인격체로서 우뚝 서서 살아야겠다는 야무진 꿈을 가졌었다. 화려한 반짇고리에 걸맞게.

내 반짇고리에도 손때가 끼듯, 살아가면서 그럴 수밖에 없었던 엄마가 이해가 되고 누가 떠미는 것도 아닌데 나 자신도 그 길을 따라 살아가고 있다. 그나마 위안이 되는 것은 형태가 시대에 맞게 조금은 바뀐 것이리라.

입맛 지킴이

산해진미가 차려진 잔칫상이라도 지남철에 끌리듯 젓가락이 가는 밑반찬이 있다. 바로 김치다. 어릴 적부터 혀에 인이 박힌 탓인지 간혹 김치가 빠진 밥상을 대하면 아무리 먹어도 포만감을 느낄 수가 없다. 몇 끼 정도는 양식을 먹어도 물리지 않는다며 스스로 음식문화의 수준을 높이려 허세를 부려 보지만 이미 중독된 입맛은 바꾸기 힘들다는 것을 곧 깨닫게 된다.

미국 땅에 살다보니 고국에 대한 그리움이 양념으로 얹혀져서인가 한국에 있을 때보다 김치를 많이 먹는다. 그뿐 아니라 한동안 김치가 꿈에서조차 먹고 싶어 입맛을 다시게 한 적이 있었다. 결혼과 함께 시작된 미국생활이 채 익숙해지기 전에 임신을 했다. 둘러보아도 시댁식구들 뿐이라 입덧을 하면서도 드러내 놓고 투정을 부릴 수가 없었다.

더욱이 남들처럼 폼나게 제철이 아닌 과일이나 비싼 음식이 아니라 대부분의 임산부는 냄새도 맡기 싫다는 신김치가 먹고 싶었다. 엄마가 담근 김치 한 사발만 있다면 울렁거리는 속이 금방 가라앉을 것 같았다.

김장독에서 갓 꺼낸 배추김치를 윗동만 자르고 손가락으로 쭉쭉 찢어 따끈한 밥 위에 돌돌 말아 얹어 먹으면 꿀맛이리라. 양념이 듬뿍 묻은 총각무를 젓가락으로 찔러 들고 아작아작 씹어 먹는다면 개운해질 것이다. 살얼음이 둥둥 뜨는 동치미에 떡 한 접시를 곁들인다면 입맛이 돌아올 것이고, 열무김치에 참기름을 넣고 비벼 먹는 것은 생각만으로도 군침이 돈다. 엄마가 김치를 담글 때 턱을 고이고 있다가 짭짜름한 배추속대를 집어먹거나 그 위에 매콤한 김치 소를 얹어 먹던 맛은 일품이었다.

김치의 종류도 다양하지만 지방마다 그 맛이 다르고 집집마다 특유의 비법이 있다. 같은 재료로 동일한 사람이 담궈도 그때마다 맛이 다르다. 무심코 습관적으로 먹기에 진가를 깨닫지 못했는데 김치는 과학적인 음식이라고 한다. 적당한 소금의 농도로 절여진 배추와 고춧가루, 마늘과 파 등 각 재료가 갖는 독특한 성분이 한데 어우러져 발효와 숙성이라는 과정을 거쳐 완성되는 음식이 바로 김치이기 때문이다.

정장 작용과 장내 세균을 정상화시켜 변비와 대장암을 예방한단다. 콜레스테롤을 청소하고, 혈압을 내려주며, 채소에서 나오는 비타민은 주름살과 거칠어진 피부에도 도움을 준다. 젓갈류에서 나오는 칼슘 성분이 뼈를 강하게 해주기도 한다니 우리 조상님들의 삶에 대한 지혜가 느껴진다.

결혼해서 시어머님께 배운 음식 중에 김치 담그는 것이 제일 힘이 들었다. 배추 한 상자를 사면 보통 16포기가 들어 있는데 다듬고 절여서 씻는 단계를 거쳐 김치가 완성되려면 이틀을 소비해야 되었다. 그 과정이 복잡하고 시간이 걸려 달갑지 않았지만 먹거리의 기본이기에 거부할 수가 없었다. 유리병으로 8개 정도가 나오는데 시어머님은 시누이와 동서의 손에 하나씩 들려 보내셨다.

자식들에게 손맛이 깃든 음식을 먹이고 싶어하는 어머님이 이해가 되고, 나 또한 나누어 주는 것을 좋아하는 성격이라 별 이견이 없었다. 그래도 사람의 마음은 간사한지라 한 병씩 사라질 때마다 아까운 생각이 들곤 했다. 그냥 두고 먹으면 한동안 걱정이 없을 텐데, 다시 해야 될 것을 생각하면 귀찮고 꾀가 나서이다. 그래도 맛있게 먹겠다는 인사 한마디에 찜찜했던 마음 한 구석이 나박김치를 한 모금 마신 것처럼 개운해지고, 인심을 씀으로 인해 후한 점수를 얻을 수 있어 김치 한 병으로 몇 배의 효과를 얻고는 했다.

만드는 동안에 덤으로 마음의 양식을 얻었다. 김치를 버무리고, 마늘 껍질을 벗기면서 고부간의 대화의 시간을 갖게 되기 때문이다. 어머니가 살아오신 날들에 대한 회상을 여자로서 느껴보기도 하고, 가족들의 숨겨진 비화도 들을 수가 있었다. 남편의 흉을 보기도 하고, 평소에 껄끄럽거나 멋쩍었던 일도 은근 슬쩍 풀어놓는 좋은 기회다.

요즘은 분가를 해서 어머님과 음식을 만들며 두런두런 이야기꽃을 피우지를 못하고, 김치도 바쁘다는 핑계로 사다먹기에 우리 집의 맛이 아닌 대중화된 것이라 감칠맛이 없어 아쉽다.

마켓의 진열대에 가득 찬 김치를 보면 그 종류만큼이나 맛도 제각각이다. 한동안 일본의 '기무치'가 세계의 김치 시장을 휘어잡아 안타까웠는데 얼마 전 국제식품 규격위원회 총회에서 우리의 김치가 정식으로 승인을 받았다고 한다.

원래 우리의 것인데 새삼스레 인정을 받았다는 자체가 썩 내키지는 않지만 이제라도 전통의 음식을 세계에 알리는 계기가 되었으면 좋겠다. 그런 의미로 현지인의 입맛에 맞을 '퓨전 김치'가 다각도로 개발되고 있단다. 매운 맛에 단맛을 곁들인 '크런치 오리엔탈'이나 살사 소스를 개량한 '살사 김치'가 나온다니 기분이 색다르다.

김치는 우리의 전통음식이기에 그 안에 삶과 역사와 한이 깃들어 있다 해도 과언이 아니리라. 나만 해도 외국 생활에 부대끼며 받는 스트레스와 미묘한 감정의 혼란을 김치를 먹으며 푸는지도 모른다. 텁텁한 입안을 개운하게 만들고, 답답한 속을 화끈하게 내려주는 그 맛깔스러움은 다른 음식과 비교할 수 없다. 이곳에서 태어나 자란 두 아들도 김치를 이용해 만든 찌개나 부침개 등을 잘 먹고, 가끔 삼겹살을 삶아서 김치에 싸먹고 싶다고 할 정도이니 말이다. 역시 한국사람의 피는 속일 수 없다는 것이 입증되는 셈이다.

김치는 우리의 입맛을 만족시키는 영양가 있는 음식이다. 입안뿐 아니라 마음까지 안정시켜 주고, 뿌리 의식까지 느끼게 해주는 매개체 역할도 한다. 주위의 외국인들 중 김치의 맛을 아는 사람을 만나면 반갑고, 그들의 한국 음식에 대한 칭찬에 어깨가 으쓱해지니 김치를 향한 사랑은 그칠 수가 없다.

오늘도 우리 집 밥상 위에는 배추김치와 깍두기가 올려질 것이다. 김치는 물리거나 질리지 않는 우리의 '입맛 지킴이'이다.

로지가 화장하는 날

우리는 누군가를 만났을 때 상대의 겉모양으로 그 사람을 평가한다. 인식 속에 새겨진 고정관념이 당연한 가치의 기준인 것처럼, 때론 객관적이고 시대의 흐름이나 유행이라는 이름으로 치장을 한 채 그 본성을 밀쳐 내버릴 때가 많다.

로지라는 단골 손님이 있다. 양다리를 움직이지 못해 전동 휠체어를 타고 다닌다. 말 한마디를 하려면 온 얼굴의 근육이 한참 움직인 후에 첫마디가 나오는데, 그나마 반은 씹혀 잘 알아들을 수가 없고 입에서는 항상 침이 흘러내린다. 손가락은 오그라들고 붙어서 길이가 우리네의 절반이지만 한 손은 사용할 수가 없고 나머지는 부자연스럽지만 그런대로 움직인다. 나는 그녀의 나이를 모른다. 묻지 않을 것이다. 숫자에 얽매어 그녀를 내 위 혹은 아래로 정하기 싫다. 그냥 로지면 된다.

그런 그녀가 화요일 아침이면 곱게 화장을 하고 나타난다. 학교에 가는 날이다. 머리도 예쁘게 단장을 하고 우리 가게에 와서 간식거리를 사간다. 공부는 뒷전이고 친구들, 특히 남자친구를 만난다는 설렘이 그녀를 서두르게 한다. 이미 몇 번의 실수를 거듭하며 그녀가 좋아하는 것들을 터득한 나는 로지의 반 토막말도 다 알아듣고 챙겨준다. 그런 나에게 손님들이 어떻게 알아듣느냐고 신기한 듯 물으면 우리 둘은 씩 웃어준다.

그녀가 화장을 하고 학교에 가기 전날에 나도 덩달아 바쁘다. 몇 달 전 어느 날, 한가한 틈을 이용해 내가 손톱을 다듬고 있는데 그녀가 들어왔다. 지나치는 말로 '너도 해 줄까?' 하고 그는 물었더니 너무나 좋아했다. 그런데 막상 그녀의 손을 잡고 나니 난감했다. 제대로 움직이지 못해 깨끗이 씻지 않아서 손톱 밑에는 온갖 음식찌꺼기들이 둥지를 틀고 있었다. 역겨웠다. 그러나 이미 내뱉은 말이니 주워 담을 수도 없었다.

그런 그녀가 월요일이면 나를 찾아와서 손톱에 메니큐어를 발라달라는 것이다. 로지는 손톱에 예쁜 칠을 하는 것도 좋지만 누군가 자기와 이야기를 나누고, 보이기 싫은 아니 보이기 쉽지 않은 신체의 일부를 타인이 정성스레 만져 주는 것이 더 기쁜지도 모른다.

한번은 그녀의 손톱에 남은 칠을 솜으로 지우다가 나도 모르게 슬퍼졌다. 그나마 움직이는 한 손은 칠이 많이 벗겨져 나갔는데 다른 손을 그대로였기 때문이다. 아마도 내 마음이 그녀를 친구로 받아 들였나보다. 그후로는 그녀의 손톱단장에 더욱 신경을 쓰게 되었다. 예쁘게 칠해진 손톱을 들여다보며 기뻐하는 그녀, 그 칠이 망가질까봐 움직일 수 있는 한 손을 입가로 올려 '호호' 입 바람을 불어넣는 그녀는 우리와 다르다고 단정한 '핸디캡'이 아니라 나와 같은 그냥 여자인 것이다. 남자친구에게 잘 보이고 싶은 천상 여자이다.

몇 달 전『지선아 사랑해』라는 책을 읽었다. 한창 발랄하게 피어오르는 청춘에 교통사고로 인한 화상이 그녀의 삶을 변화시켰다. 너무나 슬프고도 아름다운 내용이라 지선이의 마음을 들여다보고 싶은 욕심에 책에 나와 있는 그녀의 사진을 '사고 전&사고 후'를 나누어 눈에 담아 두고 읽는 중간 중간에 되새김질을 했었다. 몇 번의 고통스러운 수술을 거치면서도 바뀌지 않는 그녀의 외모로 인해 그녀와 가족이 겪었을 정신적 육체적 아픔을 누가 상상이나 할 수 있을까.

우리는 눈에 보이는 것으로 판단하고 결론을 내린다. 머리나 눈이 아니라 마음으로 만나고 싶다. 화상을 입어 보기에 흉해 안쓰럽게 생각하고 동정하며, 이상한 눈으로 힐끔거릴 것이 아니라 "나는 지금 행복합니다"라는 지선의 말을 그냥 받아들이려 한다. '저 형편에 남자친구는 무슨…' 일축하지 말고 화장한 로지를 보면 예쁘다고, 남자 친구가 좋아하겠다고 말해 주려한다. 옳고 그름을 떠나 누군가가 정한 것인지 모르는 획일적인 시각으로 보는 내가 어쩌면 '핸디캡'일지도 모른다는 생각이 든다.

그래서 로지가 화장을 하고 다녀간 날은 내 마음이 예뻐지려고 노력하는지도 모른다.

누렁이와 피터의 눈맞춤

뜻하지 않게 생긴 군일이지만 힘들게 느껴지지 않았다. 헤쳐진 물건을 하나씩 제자리로 옮기며 세 시간 남짓 겪은 감정을 정리해 보았다. 손을 내밀면 잡힐 가까운 거리에 있는 사람끼리도 마음은 천리 밖에 세워 두고 살기 일쑤인데 인간과 동물이 교감을 나누는 모습이 인상적이었다.

새벽에 가는 비가 오고 난 후, 갑자기 쌀쌀해진 날씨에 마음까지 움츠러 들었다. 손님도 뜸해서 읽다만 신문을 펼쳐 들었다. 그때 '딩동' 하는 벨소리와 함께 무언가 '휙' 바람을 일으키며 가게 안으로 쑥 들어선 느낌이 들었다.

궁금해 한 바퀴 둘러보니 진열대 구석에 제법 큰 덩어리가 뭉쳐져 있었다. 누런 개였다. 그 모습이 어찌나 흉측스러운지 한 발자국 뒤로 물러서고 말았다. 몸 전체가 흙과 오물로 범벅이었고, 군데군데 털이 빠져나간 맨살에 피가 엉겨 있었다. 입가에는 침을 질질 흘리고, 거품이 묻어 있는 것이 영락없는 미친개였다. 만약 물린다면 하는 상상을 하니 온몸에 소름이 돋았다. 겁도 없이 다가서려는 남편의 팔을 잡아 당겼다.

우리도 문제지만 손님들에게 개가 덤비기라도 하면 큰일인 것이다. 소송이 생활화된 사람들이라 가게 안에서 문제가 생기면 손해배상은 물론이고, 심각한 경우 문닫을 각오를 해야 할 정도이다.

우선 개를 내보내는 것이 최선책이었다. 허기가 진 것 같기에 개밥을 뜯어 징검다리 놓듯, 조금씩 떼어 문 쪽으로 유도를 했다. 눈치를 보며 살금살금 나와서 두 번째까지 먹고는 뒷걸음쳐 다른 선반을 헤치고 들어갔다. 작은 통에 물을 담아 내밀었다. 몇 모금 핥더니 그쳤다.

유화책이 안 먹히니 강경책을 쓸 수밖에. 손가락으로 문 쪽을 가리키며 나가라고 소리를 쳤다. 들은 척도 않기에 긴 막대기로 뚝 건드리니 화들짝 놀라며 건너편 선반으로 뛰어 들었다. 안되겠다 싶어 다른 편 엉덩이를 쳤더니만 이번에는 쌓여 있는 캔을 무너트리고 그 안에 숨어버렸다.

자극을 받아 이리저리 날뛰는 누렁이로 가게 안은 지진이 흔들고 간 자리처럼 쏟아지고 떨어져 엉망이 되었다. 발을 동동 구르는 우리를 누렁이는 멀건 눈동자로 바라보았다. 미친개라며 막대기를 휘두르는 남편과 멀찍이 숨어, 몸을 사리며 조심하라고, 외쳐대는 내 모습을 누렁이의 눈에는 어떻게 비추어졌을까.

시간이 흐를수록 마음만 조급해지고, 속수무책인 채 누렁이와는 풀기 힘든 감정의 줄이 얽혀버렸다. 내치려고 보챌수록 안으로 숨어드는 실랑이에 지쳐 문 앞에 나와 있다가 마침 지나가던 경찰차를 세웠다. 상황설명을 들은 경찰은 가게문을 닫으라고 했다. 한 시간쯤 되었을까,

경찰이 연락한 '동물 보호 관리국' 직원이 왔다.

조심스레 들어간 두 사람을 보기 위해 문 밖의 우리 부부와 두 명의 경찰은 까치발을 하고 유리창에 얼굴을 들이대었다. 발자국을 떼어놓을 때마다 구경하는 우리가 더 긴장되었다.

"허니! 허니! 어디 있니?"

그들은 편안한 음성으로 누렁이를 불렀다. 무슨 이야기인지 나도 못 알아듣는데, 더구나 미친개가 이해할까마는 개의치 않는지 쉬지 않고 중얼거렸다.

분위기를 조성한 그들은 휴지들 틈에 들어 있는 개를 발견하고 그 앞에 가서 앉았다. '피터'라는 명찰을 단 사람이 누렁이와 눈을 맞추었다. 마치 화가 나 토라진 애인을 달래듯, 아니면 떼쓰는 막내동생을 어루듯, 부드러운 눈길을 계속 보냈다.

"허니, 왜 그래. 이리 와 불쌍한 것… 내가 도와 줄게."

누렁이는 피터의 마음을 받아 들였는지 "우" 하는 단모음의 울음소리를 내며 맞장구를 쳤다. 뜸이 들었다고 생각했는지, 조심스레 손을 뻗어 개의 머리와 목덜미를 쓰다듬었다. 조금 전까지 두려움에 잔뜩 움츠렸던 누렁이가 그에게 덤빌 것 같아 밖에서 구경하던 우리는 '헉' 하고 비명을 동시에 질렀다.

그런데 엄마의 손길을 기다리던 순한 아기마냥 머리를 들이밀고는 끙끙거리는 것이었다. 둘의 눈빛사이로 정의 끈이 걸쳐지며 모락모락 따스함을 주고받는 듯 했다. 누렁이가 안정된 모습을 보이자 다른 사람은 그 옆으로가 개 목에 줄을 걸었다. 잠시 거부반응을 보이며 버팅기더니 이내 포기한 듯 얌전해졌다. 두 사람이 개를 사이에 두고 걸어나오자 우리는 그 의미를 어디다 두어야 할지 모르는 박수를 쳤다.

그들은 계속 다정한 말로 속삭이며 오물로 떡이진 개의 몸을 쓰다듬고 뺨을 비벼 대었다. 우리 눈에 보이는 누렁이의 상태가 느껴지지 않는가 보다. 결국 동물보호국 차량의 칸막이 방에 실려 떠나갔다.

한나절의 평온함을 뒤흔들어 놓은 사건은 마무리되고, 가게 안으로 들어섰다. 두 시간을 씨름하던 우리와는 달리 20분도 안돼 해결해낸 그들의 노련함에 감탄을 하며 그뿐 아니라 뒤에 보이지 않는 다른 무엇이 있음도 느꼈다.

그들과 우리의 차이점은 무엇이었을까. 우리는 당황하고 놀라서 일단 거부의 표시를 했었다. 그리고 미친개에 대한 선입견으로 무조건 내쫓으려고만 했었다. 그것이 개로 하여금 우리의 움직임에 따라 공포감을 느껴 경계를 하게 되고, 적개심을 갖게 만들었나보다.

그들은 처음부터 개의 상태를 그대로 받아들이고 위로의 마음을 나타냈을 때, 이 사람들이 해코지하지 않을 것이라는 믿음을 누렁이에게 갖게 해주었을 것이다. 같은 상황에서 대처하는 방법이나 마음가짐에 따라 이렇게 현격한 차이가 난다는 것을 알게 되었다.

쓰레질을 하면서 내내 피터와 누렁이의 눈맞춤이 잊혀지지 않았다. 눈은 마음의 창이라 한다. 창문을 열면 바람은 자연스레 스며들게 마련이듯, 먼저 마음의 문을 열면 상대는 호기심에라도 들여다보다가 슬며시 그도 마음의 빗장을 풀게 되지 않을까 하는 생각이 들었다.

밧줄에 의지한 물놀이

바닷가 가까이 살고 있기에 마음만 먹으면 언제든지 달려갈 수가 있다. 그래서인지 결혼 초에는 정든 가족들이 그리워 일을 마치고 돌아온 남편을 졸라 저녁 대신 햄버거와 음료수 하나씩을 들고 근처 라구나 비치로 자주 나갔었다.

그곳 제일 높은 절벽에 올라 철썩이는 파도에, 태평양 건너 정을 듬뿍 남겨 두고 온 그곳으로 그리운 마음을 실려 보내곤 했다. 나의 눈빛만큼이나 붉게 노을을 물들이며 가라앉는 해에게 그 길로 달려가 아침을 맞는 가족들에게 안부를 전해달라고 마음속으로 떼를 써 보기도 했다. 타향도 정이 들면 고향이라고 자식 낳고 정 붙이며 살다보니 내 자리가 바로 이곳이다 싶지만, 아직도 바닷가에 서면 수평선 저 너머일 것 같은 착각에 달려가고 싶어진다.

한국은 이곳에 비해 좁은 땅이지만 바다를 보러 간다는 것이 그리 수월치가 않다. 그래서 여름이 되면 바캉스라는 특명하에 꼭 치러야 하는 연중행사인 양, 그 준비에 너도나도 들뜨곤 했다. 오고가는 여정에서, 그곳의 바가지 상술에서, 밀리고 부딪치는 인파의 물결 속에 시달려, 몸과 마음에서 떠날 때의 기대감과 흥분을 빼앗아 버리기 일쑤였다.

다녀와서는 두 다리 쭉 뻗고 선풍기 앞에 앉아 수박 한 통 쪼개 놓고 휴가길이 아닌, 내 돈 쓰며 한 고생길이었음을 상기하며 다시는 가지 않겠다는 다짐하게 된다. 그 다음해에도 '자의 반 타의 반'으로 또 움직이게 될 것이면서도….

여름이면 미리 가족들이 대강의 날짜를 정해 휴가를 맞추어, 될 수 있으면 온 가족이 가려고 노력했다. 언니들이 결혼을 한 후에도 이 전통은 이어져 아버지의 표현대로 '일개 대대'가 움직였기에 거기에서 발생한 여러 재미있는 사건들이 많았다.

기억에 남는 것은 힘들었던 때이다. 그 중에 내가 초등학교 1~2학년 때로 60년대 말이었다. 바닷가는 못 가고 근처 강가에 가기로 했다. 자가용이 드물던 때라 대식구가 움직이는 일은 쉽지가 않았다. 더구나 일주일 예정이니 의식주를 해결하려면 한 살림 떼어가야 하는 형편이 되고 보니 버스를 이용하기도 힘들었다.

다행히 집에 트럭이 있었는데 짐칸에는 법적으로 사람이 탈 수 없었다. 아버지와 오빠는 짐칸 양쪽에 큰 판자를 덧댄 후 튼튼한 밧줄로 여러 번 꽁꽁 묶고 위와 뒤쪽으로는 천막을 늘어뜨렸다.

떠나는 날 어른들은 점잖게 운전석 쪽에 앉으시고, 올망졸망 칠 남매는 짐칸 맨 안 쪽에 구겨져 실렸다. 한 살림 차릴 도구들로 입구를 막아 버리니 누가 보아도 완벽한 이삿짐 차였다. 그러나 실은 피난민 차였다. 더위를 피해 도망가는….

대로를 달릴 때는 그런 대로 좋았지만 강가를 따라 위로 올라갈수록 길이 나빠 덜커덩거리더니 나중에는 사람과 짐이 뒤죽박죽 섞여 버렸다. 좁은 차안에서 이리저리 부딪치는 재미에다 몰래 한다는 우리들만의 비밀스러움에 그것 자체도 즐거웠다.

그러나 워낙 몸이 약하던 나는 울퉁불퉁한 길에 엉덩방아를 찧으며 흔들리다 보니 차멀미가 나서 참다못해 토악질을 하고 말았다. 여름 한낮의 뜨거운 햇볕 아래에서, 그것도 겨우 숨구멍만 낸 막힌 곳에서 풍기는 고약한 냄새는 모두를 괴롭혔기에 여럿의 손으로 준 알밤세례도 아팠지만 그후 두고두고 놀림거리가 되었다.

목적지에 도착해서 어른들은 텐트를 치고 석유 곤로와 버너를 걸어 음식을 하느라 분주했고, 우리는 첨벙첨벙 시원한 물에 뛰어 들어 노느라 오는 동안의 고생은 강물 따라 흘러 보냈다.

새로 산 고무 튜브를 몸에 걸친 채 방안을 헤매다가 물 속에 둥둥 떠다니니 겁이 났다. 얕은 곳에서만 놀아 바닥의 돌멩이에 무릎을 찧어도 마냥 즐겁기만 했다. 물속을 휘젓고 노는 것이 피곤한지 한참을 놀다 허기진 배로 뛰어나오면, 수건을 둘러주며 엄마가 내미는 과일, 찐 옥수수, 닭죽 등을 덜덜 벅을 떨며 먹는 것도 꿀맛이었다.

잠자리에선 언니에게 별자리 이야기를 들었다. 풀 뜯어 피워 놓은 모깃불에서 나오는 연기에 재채기를 했지만, 물소리를 자장가 삼아 스르르 잠들곤 했다. 특별히 시골에 연고가 없는 서울내기라 강 건너 바라다 보이는 시골집의 풍경은 그림 그대로였다. 얕은 강가를 가로질러 엄마의 손을 잡고 연기 모락모락 피어오르는 시골집에 가서 텃밭에 심어진 갖은 야채를 사오던 재미는 새로운 세계를 보는 느낌이었다. 날 야채를 싫어하던 나는 그때부터 싱싱하고 쌉싸름한 그 맛을 즐기게 되었다.

그러나 이렇게 별천지 같던 물놀이도 삼 일쯤 지나, 하늘에 검은 구름이 잔뜩 깔리며 한두 방울 빗방울이 떨어지는 것으로 깨져 버렸다. 소나기겠거니 하고 모두 텐트로 들어가 이것 또한 색다른 재미라고 낄낄대는데, 어느새 빗방울은 점점 굵어지고 텐트가 비바람에 심하게 흔들렸다.

아버지는 볼일이 있어 시내로 가셨기에 우린 모두 무서움에 떨었다. 마침 근처에 남자 대학생 셋이 텐트를 치고 있었는데, 자주 끼니를 챙겨주며 안면을 튼 사이라 엄마에게 이러고 있을 게 아니라 짐을 정리하자고 했다. 쏟아지는 비를 맞으며 모든 짐을 좀더 높은 곳으로 옮겨놓아야 했다. 우리가 놀던 모래사장도 차 오른 물살에 자취를 감추고, 자장가를 들려주던 물소리는 포효하는 동물의 울음같이 우렁차고 무서웠다.

비 맞은 생쥐가 되어 발만 동동 구르고 있는데 강 건너에 아버지의 차가 보였다. 비가 오자 걱정이 되어 일을 제쳐두고 달려오신 거였다. 어른 무릎께를 오르내리던 물은 어느새 아버지의 가슴까지 왔다. 정말 눈 깜짝할 새였던 것 같은데….

아버지는 길가에 있는 큰 느티나무에 밧줄을 묶고 건너오셨다. 반가워 손을 흔들며 소리지르는 우리를 건너다보며 온 힘을 다해서 세어진 물살과 싸우셨으리라. 그리곤 이쪽 나무에 나머지 줄을 연결하셨다. 말할 새도 없이 대학생들과 아버지는 아이들을 하나씩 등에 업고 한 손은 줄을 잡으면서 강을 가로질러 건너왔다. 평소 과묵하고 엄하셔서 아버지 앞에만 가면 어려웠는데 떨어질세라 목을 꼭 끌어안으니 아버지의 등이 엄마의 것보다 넓고 따뜻함을 느꼈다.

그해의 바캉스는 밧줄에 의지해 그렇게 마감되었다.

가끔 TV에서 어느 지역에 홍수가 났다고 하며 밧줄로 연결해 구조하는 장면을 보면, 그때의 일이 생각나 돌아가신 아버지가 보고 싶다.

사람은 추억을 먹고 산다. 살아오면서 가족과 겪은 많은 기억들이 같은 공감대를 형성하며 끊임없는 사랑과 그리움으로 남아 가족의 중요성과 일체감을 느끼게 해준다. 지금 이 순간도 나중에 돌아보면 아름다운 추억거리가 되도록 충실히 살아야 할텐데 하는 걱정이 앞선다.

서점에서 읽어낸 추억

떠올릴 추억거리가 있다는 것은 행복한 일이다. 서점에 들렀다가 잊혀진 듯 했던 기억 저편의 시간들이 생각나 뜻밖에 보너스를 받은 기분이 들었다. 큰아들이 꼭 읽어야할 책이 있다고 해서 일을 마친 늦은 시간에 온 가족이 서점으로 나들이를 했다. 평소에 같이 즐기는 시간이 부족하다고 느끼고 있었고, 다른 곳도 아닌 서점이라는 유혹에 가라앉는 눈을 비비며 따라 나섰다. 영어권이 아니기에 내가 읽을 만한 책은 없겠지만 오랜만에 책 냄새가 맡고 싶었다.

밤 10시가 넘었는데도 서점에는 사람들이 북적였다. 책들이 천장까지 빼곡이 쌓였으리라는 기대와는 달리 여유롭게 진열되어 있었다. 특유의 잉크 냄새는 진한 커피 향에 파묻혀 내가 온 곳이 어디인가 두리번거리게 만들었다. 그 진원지로 한 구석에 간단한 간식거리와 커피를 파는 곳이 있고, 그 앞의 여러 테이블에 사람들이 책을 읽는 모습이 눈에 띄었다.

아이들을 따라 2층으로 올라가니 CD가 장르별로 진열되어 있고, 헤드폰까지 비치되어 음악감상도 할 수 있었다. 이곳저곳을 기웃거리다 아래층으로 내려와 눈요기나 할겸 잡지책을 들고 테이블에 자리를 잡았다. 커피까지 한 잔 앞에 놓으니 세상의 걱정이 모두 없어지고 마음이 편안해졌다. 책과 음악과 커피를 한 곳에서 즐길 수 있는 매력적인 장소이다. 그때까지 어깨를 내리 누르던 피곤이 자취를 감추고, 책 안의 푸른 초원 위로 그리운 시간이 그림처럼 겹쳐졌다.

결혼 전에는 거의 모든 약속은 종로로 정했다. 약속시간보다 일찍 나가 교보문고를 시작으로 몇 군데 서점을 유랑하는 것이 나의 취미이자 습관이었다. 책 읽는 것이 좋아서 속독을 배웠기에, 연습도 하고 공짜로 독서할 수 있는 일거양득의 작전을 세운 덕이다. 일명 얌체족의 대열에 자청해서 끼어 들어 간단한 베스트셀러류 한 권 정도는 두세 군데 돌며 연결하면 읽어 낼 수 있을 정도로 속도도 빨라졌다.

내가 서점을 찾는 다른 이유도 있다. 그 당시 나는 유치원 교사였다. 틀에 짜여 몇 년째 활용되는 교재보다 새로운 것을 가르치고 싶다는 사명감에 들뜬 초년병 시절이었다. 동요나 공작 또는 아동교육에 관련된 서적을 보니 겹치거나 비슷한 부문이 많아 막상 사려고 하면 아까운 생각이 들었다. 노래 한 곡을 위해서, 색종이 접기 하나가 필요해, 이야기 한 부분이 필요하다고 구입하는 것은 비효율적이고, 경제적이지 못했기 때문이다.

그때 나의 필수품은 오선지가 그려진 음악노트와 필기용품이었다. 서점에 들렀다가 필요한, 혹은 새로운 창작 동요를 오선지 위에 대강 옮겨 그리고, 다른 것은 요점을 정리해 적었다. 집에 돌아와 다시 정서를 해 놓으면 필요한 때에 요긴하게 쓸 수 있었고, 아이들에게도 새로운 것을 가르칠 수 있어서 흐뭇했다.

처음에는 속도가 늦고 양심에 걸려 종업원의 눈치를 꽤 보았다. 한 곳에서 오래 버티기 힘들어 여러 곳을 옮기며 다음 부분을 이어 나갔다. 열심히 베끼고 있는데 종업원의 차가운 그림자가 노트 위에 드리워져 다급하게 돌아선 적도, 다음을 연결하려고 그 옆 서점에 갔다가 똑같은 책이 없어 허탕을 치기도 했다.

쭈그리고 앉아 있다가 다리에 쥐가 나서 이러지도 저러지도 못하고 진땀을 흘린 적도 있었다. 약속장소에 안 나타나는 나로 인해 친구들이 나누어 서점으로 찾아 나선 적도 많아 그 벌로 커피값을 내는 담당이기도 했다. 책값을 절약한 대신 커피값이 나갔으니 이문이 남는 장사를 한 것인지 아닌지 아직도 계산이 되질 않는다. 득과 실을 눈에 뜨이는 수치로 계산하기 이전에 무형의 재산을 더 많이 얻었다 생각하고, 몰래 한다는 재미와 무언가에 몰두해 빠져들 수 있었다는 것이 돌이켜보니 너무나 소중하다. 사는데 허덕이는 지금의 나에게 그런 열정이 남아있을지 모르겠다.

요즘은 한국의 서점가가 어떻게 변했는지 모르겠다. '북 카페'라는 새로운 형태의 상점들이 많이 생겼으리라 짐작한다. 커피 한 잔 앞에 놓고 책이나 잡지를 읽는 사람을 보니 그 시절에도 이런 여유로운 공간이 있었다면 마음놓고 즐길 수 있었을 텐데 하는 아쉬운 생각이 든다. 눈치를 보느라 마음을 졸이지 않아도 되었을 것이다. 다리 오금이 저리도록 쭈그리고 앉아 베끼지 않았을 텐데, 오른손 가운데 손가락에 딱딱한 군살도 생기지 않았으리라.

그러나 돌아갈 수 없는 그 시간들이 싱겁고 평범한 시간들이었다면 살아가는데 활력소를 잃었을 것이다. 뜻하지 않는 장소나 사건들에 이끌려 나온 추억은 잔잔히 입가에 미소를 머물게 만들고, 메말라 가는 감성을 깨워준다. 떠올려지면 꺼내보고 다시 차곡차곡 쌓아둘 수 있는 내 마음속의 보석상자에 소중히 간직하고 싶다.

커피 한 잔을 입안에 머금고 주위를 둘러보았다. 지금 이 순간을 나중에 되돌아보면 어떤 그림으로 떠올려질까, 매일매일 추억을 만든다는 생각으로 산다면 무의미하게 보내지는 못하리라.

종이학을 접는 마음

어릴 적 즐기던 색종이 접기는 한국의 정통적인 유희다. 놀잇감이 많지 않던 시대에 장난감 역할을 톡톡히 해내며 상상력을 불러일으키고, 교육적으로도 손과 눈의 협응력을 발달시키기에 적합했었다. 종이배를 접어 시냇물에 띄우며 미지의 세계를 향한 호기심을 실어 보냈다. 비행기를 만들어 하늘에 날리며 높아져 가는 꿈을 키웠고, 총과 칼이 되어 전쟁놀이를 한판 벌이기도 했다. 접어서 여러 가지 조형을 만드는 재미가 있지만, 틀려도 풀어서 다시 해볼 수 있고 언제든지 원형으로 환원하는 신축성에 그 묘미가 있다.

내가 종이 접기에 남다른 애정을 갖게 된 것은 사연이 있기 때문이다. 7년 전쯤이었다. 막내시누이 아들이 십만 명 중 하나 꼴로 걸린다는 불치병인 것을 알게 되었다. 갑자기 불어닥친 불행에 모두 어찌 할 줄 모르고 넋이 나갔다. 시누이 남편은 의사이면서도 자식의 병을 고칠 수 없다는 현실 앞에서 좌절했고, 시누이는 면역성이 약한 아이를 한시도 마음을 놓지 못하고 간호했다. 시누이부부는 눈앞에서 자식이 겪는 고통에 심장이 녹아 내리는 아픔을 삭이며, 등을 돌려 울음을 삼켰으리라.

돌이 지나 한참 재롱을 부리며 저지레를 할 나이인데 항암 치료에 하루가 다르게 변하는 모습이 애처로워 차마 눈을 맞출 수 없을 만큼 가슴아팠다. 독한 약에 취해 늘어져 있을 때보다 고통에 몸부림치는 것이 차라리 안심이 되는 것은 그 칭얼거림이 살아있다는 확인이었기 때문이었다.

살얼음판 위를 걷듯 긴장하며 불안해하는 속에서 조카의 두 번째 생일이 다가왔다. 삼실처럼 뒤엉킨 만 가지의 감정이, 명치끝을 태우는 착잡함을 담고 있기에 어떤 선물이 좋을까 고민하였다. 그러다 천 마리의 학을 접으면 소원이 이루어진다는 속설이 떠오르며, 믿고 싶은 마음에 매달려 보기로 했다. 얕은 한 마디의 말이나 금방 흥미를 잃게 될 장난감보다는, 내 마음 깊숙이 담겨있는 사랑과 엮어 낼 수 없는 위로의 감정을 표현하기에 좋은 한 방편이라 생각되어졌다.

예쁜 색의 종이를 모아 정성껏 학을 접어 나갔다. 한 마리가 만들어지는 동안 그 접는 손길마다 놓치지 않고 온 마음을 실으며, 쌓이는 학들에게 한 가지씩 임무를 부여해 주었다. 통증을 낚아채 먼 곳에 버리고 희망을 한 움큼 물어오기를, 슬픔을 담고 날아가 기쁨을 한 아름 안고 와 주기를, 곱게 잠든 아이의 머리맡에서 평온을 지켜 주고, 가족들이 겪는 절망과 시름 등 감정의 철썩임을 잠잠하게 가라앉혀 주기를 기도했다.

보름에 걸쳐 완성되었기에 조심스레 시누이에게 전해주니 뜻밖의 선물에 고마워했다. 그 종이학이 마력이나 신통력을 발휘해 조카의 병을 낫게 하는 것은 아니지만, 지성이면 감천이라고 하나하나 접는 과정에서 정성이 쌓여짐으로 소망이 이루어지기를 기원했던 것이다.

온 가족의 애간장을 녹이더니 해가 거듭될수록 빠른 회복세를 보이며 눈에 뜨이게 건강해졌다. 기적이라는 단어가 실감나게 일상생활에 지장이 없었고, 머리도 똑똑해 치료를 담당했던 의사들의 추천으로 전문 의학지에 그 아이의 치료 과정과 현재의 상태가 올려졌다.

가끔 시누이에게 농담 삼아 내가 접어보낸 종이학 때문이라며 한바탕 웃고 말지만 누구보다도 어린 나이에 병마와 싸워 이겨냈고, 앞으로도 꾸준한 약물치료를 받아야 하는 어렵고 불편함 속에서도 밝고 명랑하게 자라주는 조카가 대견스럽다. 굽이굽이 찾아 들었던 힘든 고비를 강인한 정신력과 신앙에 의지해 결국 자식에게 건강을 찾아 준 시누이 부부 또한 존경스럽다.

이젠, 옛이야기 하듯 가볍게 나눌 수 있는 여유로움에 너무나 감사한다. 세월이 흘렀지만 그때의 그 느낌이 손끝에 남아 있는 것은 소망이 이루어졌다는 만족감과 한 생명이 삶의 고리를 연결하는데 작은 보탬이 되어 준 것 같은 기쁨 때문일 것이다. 요즘도 가끔 예쁜 종이를 보면, 종이학을 자연스레 접게 되는 것은 마음속에 바라는 꿈과 희망을 학의 날개 위에 실어 보고 싶음이리라.

인생의 지도책

지도책 보는 요령을 터득하여 사용하면 낯선 길도 두렵지 않고, 시행착오를 줄일 수 있어 편리하다. 미국 온 지 한 달쯤 되었을 때 넷째 시누이가 지도를 한 장 주었다. LA와 근교가 여덟 번 접힌 종이 안에 빼곡이 들어차 있었다. 미국에 빨리 적응할 수 있는 방법이라며 지명과 지리에 익숙해질 수 있도록 자주 보라고 권유했다. 운전면허를 취득하기 전이었고, 혼자 다닐 일도 없었기에 무심히 받아 두었다.

사건이 벌어진 그 날은 오렌지카운티에 사는 시누이 집에 다녀오는 길이었다. 고속도로(Freeway)를 달리며, 몇 번의 왕복으로 익숙해졌다는 생각에 긴장을 누그러뜨린 채 도란도란 이야기를 나누는 여유를 부렸다. 둘은 거의 다 왔을 것이라는 느낌으로 주위를 둘러보다 낯선 지명에 깜짝 놀랐다. 내릴 곳을 지나쳤던 것이다. 남편과 나는 순간적으로 당황되었지만 반대편으로 거슬러 올라가면 되리라는 예상을 하고 일단 가까운 출구로 나왔다.

일이 꼬이려고 그랬던지, 그 길은 일방통행이라 반대편 입구를 찾을 수가 없었다. 당연히 있을 것이라고 생각했는데 차질이 생기니 암담했다. 어딘가에 고속도로(Freeway) 입구를 알리는 표지판이 있을 것 같아 이리저리 근처를 헤맸으나 어둠 속에 잠겨버린 길 이름은 읽어낼 수가 없었다. 우왕좌왕하다보니 방향감각을 잃었고, 동서남북의 분간조차 어려웠다. 그 시작이 어디서부터였는지 더듬어 돌아갈 수도, 앞으로 나아갈 수도 없어 미로에 갇힌 듯 막막했다. 이럴 때 지도가 있다면 요긴하게 사용할 텐데 하는 생각이 들었다. 시누이가 경험에서 우러나온 삶의 지혜를 나누어 주려 했다는 것을 그때서야 깨달았다.

인적이 끊긴 고요와 어쩌다 하나씩 나타났다 바람을 일으키며 어둠 속으로 빨려 들어가는 자동차들이 무서움을 남기고 사라졌다. 밤의 정적이 우리 차를 에워싸고, 자동차 불빛에 춤추는 종이조각같이 을씨년스러운 풍경을 연출해냈다. 일단 큰길로 나가 주유소를 찾는 것이 최선책이라는 생각에 깊게 잠든 주택가를 빠져 나왔다.

신호등을 몇 차례 지나니 오른쪽에 주유소 간판이 환하게 불을 밝히고 있었다. 반가운 마음에 입구로 들어서다 멈칫했다. 두 대의 차가 주유를 하고 있었는데 험상궂은 흑인들이 가득 타고 있었기 때문이다.

'야심한 시각에, 호젓한 장소에서, 체격이 왜소한 동양인 젊은 남녀…'라는 우리의 입장을 고려할 때 섬뜩한 느낌이 앞섰다. 가뜩이나 어둠만으로도 겁이 나는데 또 다른 두려움이 덮치니 몸에 한기가 돌았다.

만약을 대비해 남편은 차안에 있고, 용기를 내어 그를 향해 걸어갔다. 유난히 하얀 이를 드러내며 피곤한 미소를 짓는 흑인 남자에게 더듬더듬 물었다.

"5번 고속도로는 어디쯤 있나요?(How to get to the Freeway Five?)"

그는 무언가 대단히 잘못됐다는 듯, 손사래를 치며 열심히 설명을 했다. 내 영어도 서툴지만, 그들 특유의 억양 때문인지 알아들을 수가 없었다. 그 사람의 커다란 손동작을 머릿속에 그려 넣고, 어렴풋이 알아들은 길 이름을 열심히 되뇌며 차로 돌아왔다. 우선 왼쪽으로 방향을 꺾어 10분쯤 올라가다 보니 뜻밖에 '올림픽'이라는 길이 나왔다.

순간 남편은 아는 길이라며 반가워 했다. 그 길을 따라가면 한인타운과 연결이 될 것이고, 그곳에서부터는 집에 갈 수 있다면서 자신 있게 말했다. 남편의 '감'에 의지해 그 길을 따라 올라갔다. 정말 15분 정도 지나니 눈에 익은 한글 간판들이 가로등 불빛 아래서 피곤한 듯 늘어져 있었다. 온몸을 조여오던 긴장감과 차안에 가득한 두려움이 가시고, 고향의 길목에 들어선 듯 눈물이 핑 돌았다.

그날 이후로 낯선 곳에 가야할 일이 있으면 목적지까지의 상세한 약도를 받아 놓는다. 그리고 나서 지도를 펼쳐 색연필로 가는 길을 그리는 습관을 들였다. 이제는 제법 두툼한 지도책 안에서 내가 원하는 목적지를 찾아내는 속도가 빨라졌고, 제법 잘 읽어낸다. 가끔 길을 잃어 가게에 들어와 묻는 생면부지의 사람들에게도 지도책을 들춰가며 알려주는 친절을 베푼다. 그때 내가 겪었던 어려움을 떠올리며….

복잡한 지도 안에서 목적지를 찾아낼 때면 작은 기쁨을 느낀다. 그럴 때마다 내 삶을 이끌어줄 '인생의 지도책'은 없을까 궁금해진다. 내가 가고자 하는 목적지로 안내해주는 길잡이가 있다면 밤길을 헤매듯 실패나 좌절, 낭패감과 두려움을 겪지 않아도 될 것이기에. 지도책을 읽듯 중간의 과정들을 손바닥처럼 확인하고 막힘 없이 장애물 등을 피해

간다면 내 삶은 좀더 경제적이고 능률적으로 꾸며갈 수 있지 않을까.

가끔 힘들 때 도움을 얻고자 현인들이 쓴 글을 뒤적이거나, 인생의 선배가 겪은 경험담을 더듬거려 보기도 했었다. 결국 나에게 딱 맞는 상황이 아니고 그 목적지가 다르기에 적용하기가 쉽지 않았다. 천편일률적이고 진부한 명언들, 또는 타인의 의지대로 전개된 간접 경험들보다는 실질적으로 나에게 적절한 길잡이가 필요했기에 불충분함을 느끼곤 했다.

삶이 버거워 허덕이다 내 인생의 지침이 되고 참 의미를 일깨워 주는 인생의 지도책을 만났다. 다급할 때, 좌절할 때, 우왕좌왕 흔들릴 때 올바른 길을 제시해 주는 진리가 그 안에 담겨져 있다. 이제 믿음으로 의지하는 소중한 인생의 지도책 성경이 있기에 든든하다.

귀 안에 담겨진 밀어

귀 안을 간지럽히며 사랑이 밀려온다. 가는 줄을 타고 술술 넘어 온 밀어가 귓속에서 맴돌다가 머리를 울리고 가슴까지 전달되어 왔다. 상처 위에 소독약을 바르면 치료가 되느라 아려오듯이 가슴속의 생채기가 저렸다.

힘겨워 지칠 때 날 항상 일으켜 주던 고마웠던 사랑 외면했어도 이젠 알 것 같아요 사랑의 의미를… 날 위해 흘리신 눈물 이젠 내가 닦아 드릴 거예요. 내가 외로울 때 나와 함께 해 주던 그 사랑 내겐 힘이었어요….

가사의 내용이 상황을 표현한 듯해, 그 안에 실린 의미가 차곡차곡 흘러내리며 울적한 감정의 실금을 덮어주었다.

새벽부터 내리던 이슬비가 달리는 차창을 가볍게 두드렸다. 왈츠를 추듯 경쾌히 날리는 빗방울과 달리 차안에는 멋쩍은 침묵이 흘렀다. 남편과 큰아들 그리고 나, 먼지까지 분위기에 눌려 내려앉았고, 차창의 물기를 닦느라 바쁜 반원형의 와이퍼를 좇는 6개의 눈동자 구르는 소리만 들려왔다. 이 풍경은 아침나절 차안의 그림이었다.

애태우던 일을 해결하고도 무언가 찜찜한 기분으로 돌아가는 길. 뒷좌석에서 CD 플레이어로 음악을 듣던 아들이 내 어깨를 가볍게 치며 이어폰을 넘겨주기까지 어색한 분위기는 계속 연결되었다.

"Mom I Love You…"로 끝을 맺는 호소력 깊은 가수의 음색에 아들의 음성이 겹쳐지며, 잔잔한 감동의 물결이 일렁였다. 눈물을 슬쩍 훔치며 이어폰을 건네니,

"다른 거 하나 더 있어요. 들어봐, 엄마."

자신의 왼쪽 귀에 이어폰을, 다른 쪽 것은 내게 다시 내밀었다. 시끌 벅적하고 요란한 랩이 아닌, 분위기 있는 곡이라 듣기가 편했다. 흘러내리는 빗방울에 눈을 고정시키고 있었지만 마음속으로는 아들을 향해 돌아앉았다.

늘 함께 있어 소중한 걸 몰랐던 거죠. 언제나 나와 함께 있어준 소중한 사람들. 가끔씩 내가 지쳐 혼자라고 느낄 때 언제나 내게 힘이 되어준 사람들을 잊고 살았죠. …(중략)… 다 함께 손을 잡아요. 그리고 하늘을 봐요. 우리가 함께 만든 세상을 하늘에 그려봐요. 눈이 부시죠. 너무나 아름답죠. 마주 잡은 두 손으로 우리 함께 만들어가요….

조금 전과는 달리 경쾌하고 빠른 곡이었다. 언젠가 그가 좋아하는 H.O.T. 팬클럽 창단식이 파사데나에서 있었는데, 같이 가서 손뼉치며

부르던 노래였다. 「빛(Hope)」. 그때의 흥겹던 시간들이 떠오르고, 되새겨 본 가사들로 마음의 귀가 열리면서 저며오는 가슴 언저리를 다독여 주었다.

어젯밤 아들에게 품었던 섭섭한 감정들도 함께 사그러 들었다. 다음 날이면 법정에 서야 할 아이가 밤늦게까지 컴퓨터 앞에 앉아 음악을 듣기에 그의 뒤통수에 대고,

'철이 없다고 해도 그렇지. 어찌 내 마음을 몰라주고 태평일꼬… 네 일이지 내 일인가….'

야속하게 느껴졌었는데 이제 보니 이런 꿍꿍이 속이 있었나보다. 자신의 마음을 엄마에게 대신 전해 줄 적절한 노래를 고르느라 애썼을 그의 노력이 느껴졌다. 내성적인 성격에 어울리는 아주 그럴듯한 효과적인 방법을 고안한 것이다. 평소에 사춘기의 아들과 대화채널이 필요함을 느꼈기에 나 또한 음악을 매개체로 아들에게 접근했었다.

올해로 15세인 아들은 이곳에서 태어나 자란 2세이다. 영어가 능숙치 못한 부모라 어릴 적부터 어른들께는 한국어로 이야기하라는 규칙을 성해 주었기에 아이는 한국말을 잘했나.

특히 음악을 좋아해 요즘 한국에서 유행하는 자기 세대의 노래는 전주만 들어도 척척 맞춘다. 가수 이야기 등 연예가 소식을 서로 나누다 보면 그들의 관심사를 알 수 있고, 같은 공감대가 형성되곤 했다. 가끔 노래를 들려주며 가수와 곡명에 대한 퀴즈를 내기에 거기에 장단을 맞추다보니 나도 웬만한 노래는 알게 되었다.

'그래! 네 마음을 나도 알고 있어. 고맙다. 우리 이제 다 잊고 밝게 살자. 희망을 갖고 말이야. 서로 사랑하며….'

아들에게 보내는 화답을 입 밖으로 내뱉지 못하고 눈물과 함께 목안으로 삼켰다. 그 동안 서로간에 말 못하고 가슴앓이 했던 사건이 해결됨과 동시에 마음의 앙금까지 스스로 녹아 버렸다. 아침나절만 해도 야속했던 겨울비는 어느새 차안의 분위기를 알아챘는지 보슬보슬 단비로 내리고 있었다.

1999년 11월 8일은 우리 가정을 뒤흔든 사건이 시작된 날이었다. 그 날은 월요일로 일주일의 시작이라 밀린 일 처리에 바쁜 오전을 보냈다. 그런데 전화벨이 울리며

"여기 학교인데요…."

학교라는 상대방의 말 한 마디에 가슴이 덜컥 내려앉았다. 이런 시간에 학교에서 오는 전화란 등교한 아이가 아프다거나 사건에 연루되었다는 불길한 내용이기 때문이다. 아니나 다를까 부모임을 확인한 학교측에서는,

"당신 아들이 담배와 라이터를 소지하고 있다가 학교 경찰에게 적발이 되었습니다. 하루 정학을 주었기에 이 시간 이후 학교에 머무를 수가 없으니 데려 가십시오"라는 지극히 사무적이고 딱 떨어지는 말투에 그만 말문이 막혀 버렸다.

믿어지지 않아 거듭 아들의 이름을 대며 확인해 주기를 원했다. 재차 묻는 나로 인해 짜증이 났는지 학교측 담당자는 서둘러 전화를 끊었다. 손을 덜덜 떨며 가뜩이나 서툰 영어로 허둥대는 나의 모습에 남편은 무언가 심각한 일임을 감지하고 엉거주춤 서 있었다. 수화기를 내려놓자 찬 기운이 소용돌이치면서 온몸의 기운이 빠져나간 듯해 의자에 털썩

주저앉고 말았다.

'내 아이는 절대'라며 사고의 무풍지대로 여겼는데, 이런 일이 생기리라고는 상상하지 못했었다. 도대체 무슨 일이 생긴 것인지 머릿속이 백지처럼 하얗게 탈색되어지는 느낌이었다. 어떤 사람의 말도 믿을 수 없고, 인정하기 싫었다.

'그럼, 당연히 내 아들의 입을 통해 직접 들어야만 믿을 수 있지.' 그 심정으로는 도저히 운전을 할 수 없기에 남편을 학교로 보냈다. 기다리는 동안 무언가 사무착오가 있었으리라는 자기 최면을 걸며 스스로를 위로했다. '딱각 딱각' 초침 넘어가는 소리가 확성기를 들이댄 것처럼 크게 들려 오기에 가슴이 더 울렁거렸다.

한참 후에 아들과 남편이 들어서는데 서로 불편한 기색이 역력했다. 입 밖으로 내놓지 않아도 모든 일이 사실임을 인정하라는 무언의 압력처럼 느껴졌다. 울그락불그락해진 남편의 얼굴에서는 억지로 눌린 화가 파란 힘줄로 불끈 돋아 있었다. 손에 쥐고 있던 종이 두 장을 내미는데 하얀 것은 학교에서 준 정학 통지서이고, 길쭉한 노란색은 경찰이 준 법원 출두 명령서였다.

하루 정학까지는 받아들인다 해도 법원까지 연루되었다는 사실에 가슴이 탁 막혔다. 평생 가지 말아야 할 곳이 법원과 경찰서라고 생각하고 있었는데, 죄인들을 다루는 법원에 가야 된다니 기가 막혔다.

'무슨 큰일이 생긴 거구나, 어쩐다지.'

남편과 아들 사이에 놓인 팽팽한 신경줄이 언제 퉁겨져 나갈지 걱정이었다. 자초지종을 일단 들어보고 그때 판단해도 늦지 않을 텐데 직선적인 성격의 남편은 앞과 중간도 없이 결과만을 들추어내 야단칠 것은 뻔한 일이다.

부부사이에도 자식문제는 예민하다. 오히려 내가 엉덩이 한 대 때리는 것이 마음 편하지 남편이 야단치는 모습을 보고 있자면 안타까울 때가 있다. 심할 경우, '그만해도 될 텐데… 자식 잘못 키웠다고 나에게 대한 항변인가 아니면 내가 미워서 아이를 분풀이로 삼는 것인가…' 하는 오해를 할 때가 있다.

남편보다 먼저 선수를 쳐야 될 것 같아서 아들을 사무실로 데려갔다. 가게에 드나드는 사람들이 히스패닉이라 우리의 대화 내용을 알아듣진 못하겠지만 그네들 앞에서 아들을 가운데 두고 얼굴을 붉히고 싶지 않았다. 책상 위에 두 장의 종이를 나란히 펼쳐 놓고 망막한 심정으로 앉아 있었다.

'어디서부터 이야기를 풀어나가야 하나? 처음부터 윽박지르면 주눅이 들어 사실을 축소하거나 은폐할지도 몰라. 그렇다고 가볍게 취급하면 앞으로 교육상 문제가 될 수도 있을 거야.'

머릿속에 수많은 생각들이 얽히고 설키며 갈피를 잡지 못했다. 이럴 때는 어떻게 해야할지 알려주는 교재가 있다면 그 방정식대로 이 문제를 풀고 싶었다.

'누가 누가 오래 버티나?' 게임을 하는 사람들처럼 각기 누르고 있던 침묵의 시간들이 쌓이자 그 무게를 견뎌내지 못하고 내가 먼저 백기를 들었다.

"어떻게 된 일이니? 설명을 해봐."

물었으나 대답이 없었다.

"엄마가 너를 얼마나 믿는지 알 거야. 지금 너무 놀랐으니까 사실대로 말해봐. 그래야 어떻게 된 일인지 알 수 있잖겠니?"

어르며 달래듯 조심스레 접근해 보았지만 다문 입은 열쇠를 거부하는 자물통처럼 굳게 닫혀 있었다. 다시 흐르기 시작한 침묵이 가슴까지 차 올랐을 때에는 슬슬 화가 나기 시작했다.

"도대체 아무 말도 안하고 있으면 어쩌자는 거니? 말을 해 봐. 말을…"

짜증 섞인 채근을 해댔다.

말없는 것은 남편의 대물림을 했나보다. 씨 도둑은 못 한다는 옛 어른들의 말씀이 맞는가보다. 화가 나거나 곤란한 일이 있으면 며칠씩 입을 다물어 사람 속을 더 뒤집는데 이제 보니 아들도 똑같았다.

'하나도 모자라서 보태주네. 나를 무시하는 거야? 엄마 말이 강 건너 부는 바람소리만도 못하단 말인가?'

한번 불붙기 시작한 화는 점점 타오르며 그 열을 더해 갔다. 고개 숙인 아들의 정수리를 맴도는 가지런한 머리카락들이, 엉망으로 형클어진 내 감정을 비웃는 듯 했다. 한참의 침묵이 흐르고 더 타오를 수 없을 지경이 된 화는 눈물이라는 돌파구를 찾아 분출이 되었다.

내 설움에 겨워서였다. 녹록치 않은 이민 생활에 여자들은 한국에서보다 더 많은 희생이 요구되어졌다. 들어가나 나가나 일에 밀려 지치고 힘들 때가 많았다. 누적된 과로 속에서도 자식들 커 가는 모습에 희망을 걸고 살아 왔었는데 생각지도 않던 일을 겪고 나니 지금까지 살아왔던 시간들이 허무해졌다. 자식 앞에 구걸하다시피 앉아 있는 내 처지가 처량하기도 했다.

한번 시작된 눈물은 창피한 줄도 모르고 계속 흘러 내렸다. 무심한 듯 꼼짝 않던 아들에게 나의 흐느낌이 진동으로 전해졌는지, 슬쩍 고개를 들고 바라보는 그의 눈길이 느껴졌다. 예상 밖의 상황에 움찔 놀라더니,

"엄마, 울지마. 이야기할게."

아들은 나지막한 목소리로 담배와 라이터는 친구의 것이라고 말문을 열었다. 3교시에 학교 사무실에서 일을 도와줘야 하는데 주머니에 그런 것을 소지할 수 없으니 아들에게 맡아달라고 부탁을 하더란다. 1시간만 가지고 있어 달라고 사정하는 친구에게 답변을 못해주고, 망설이다보니 수업시작 종이 울렸단다.

손에 쥐어 주고 달아나는 친구로 인해 얼떨결에 떠맡고는 교실을 향해 허둥대며 뛰어갔단다. 그런데 마침 지나치던 학교 경찰이 제지를 했고, 놀라서 당황하는 모습에 몸수색을 하더란다. 결국 교내에서는 소지하면 안될 것들을 가지고 있었기에 학교측에서는 하루 정학을, 경찰은 법원 출두 명령서를 준 것이다.

설명을 듣고 나니 기가 막혔다. 이런 황당한 일도 겪을 수 있구나 하는 생각을 하니 어처구니가 없었다. 좀더 찬찬히 물어보고 싶었지만, 이런 상황에서라면 자식을 믿어주고 싶은 것이 부모들의 심정이리라. 기대치가 큰 만큼 실망의 폭도 깊기에 그 신뢰의 끈을 놓고 싶지 않았는지도 모른다. 지나간 일에 매달리기보다는 일단 벌어진 문제를 해결하는 것이 급선무였다. 자신의 것도 아니고 친구의 편의를 봐 준다는 의도였기에 억울하다는 생각이 들었다. 다른 한편으로는 법원 출두 명령은 지나친 처사로 느껴졌다.

내가 일하는 가게 바로 앞의 고등학생들에게 담배 정도는 예사였다.

물건을 사고 돈을 내기 위해 주머니를 뒤척일 때 보면 겁이 나기도 한다. 잭나이프, 마리화나, 직잭, 안약, 담배, 유리대롱 등, 마약이나 범죄에 사용되어지는 물건들이 고개를 내밀곤 한다. 한번은 카운터 위에 동전과 함께 권총을 올려놓는 바람에 혼비백산 한 적도 있었다.

이번 일과 비교를 하자면 그들의 대부분이 범죄자요 퇴학을 받아 마땅한 일일진대 그렇지가 않았다. 담배를 피우는 현장에서 직접 잡힌 것도 아니고 단지 친구의 것을 맡아 두었다는 이유만으로 겪어야 할 일들이 너무 벅찼다. 그렇다고 아들 앞에서 이런 내 속내를 표현할 수도 없었다. 어쨌든 규칙을 어긴 것이기에 부모가 억울하다고 학교측의 체벌을 반박하거나 무시를 하면 가치기준에 혼란을 줄까봐 걱정이 되었기 때문이다.

"애, 그 순간에 경찰에게 네것이 아니라고 설명을 했어야지."

"엄마, 내가 가지고 있었는데 아니라고 하면 누가 믿어? 그리고 친구 말을 하면 걔도 혼나잖아. 그럴까봐 나한테 부탁한 일인데…."

사정하는 아들의 눈빛에 친구의 죄를 대신 뒤집어 쓰고자하는 설익은 우정이 엿보였다. 경우를 밝히면 박해지니 소금은 어수룩하게, 손해 보는 듯 살아야 피해를 입더라도 인간미를 풍긴다는 평소의 내 생각을 이때만은 적용시킬 수가 없었다. 자신의 일이라면 포기해도 되겠지만 자식이 당하는 불이익을 그냥 넘길 수는 없었다. 하루 정학이야 아들이 친구와 한 약속을 존중해 항의할 뜻이 없었지만 법원에 가는 것은 그리 간단하지가 않았다. 법원은 재판과 연결이 되니 잘못하면 어린 나이의 학창시절에 오점을 남길 수도 있는 일이었다.

"지금 학교에 가면 친구를 만날 수 있을 거야. 같이 가서 학교 경찰을 만나자. 그래서 사실을 말하고 법원에 가는 것만은 피해야지."

"엄마 싫어. 그럼 친구는 어떻게 해?"

몇 번을 단호히 거절하는 아들의 입꼬리에 그의 의지가 물려 있었다. 왜 친구를 만나야 하는지 당위성을 설명했고, 엄마의 눈물바람까지 봤는데도 완강했다. 융통성 없이 앞뒤 꼭 막힌 그의 성격 그대로다.

도저히 호전될 수 없는 상황이었다. 아들은 엄마가 자신의 입장을 생각해 그냥 넘어가 주길 바랬고, 엄마는 아들의 누명을 벗기기 위해서 사실을 밝혀야 된다는 상반된 두 주장이 버텼다. 줄다리기는 팽팽히 이어졌고, 결국 한쪽이 놓지 않으면 둘 다 지쳐 제풀에 쓰러지거나 끊어져 엉덩방아를 찧어야할 판이다.

이번에도 내가 양보를 해야 될래나보다. 심사숙고를 한끝에

"그럼, 이렇게 하면 어떻겠니? 내일은 학교에 못 가니까 모레 수업 끝나고 그 친구랑 같이 나와라. 엄마가 기다릴게. 그애한테 그날 상황을 사실대로 적은 편지를 써 달라고 해 보자. 니 말대로 티켓은 니가 받은 거니까 할 수 없으니 친구의 편지를 법정에서 보여주는 거야. 그러면 벌을 덜 받지 않겠니? 친구에게는 아무 일 없을 것이고 너한테도 좋을 거야. 엄마 말 맞지?"

나의 간절하고 끈질긴 설득에 아들도 끄덕이며 승낙을 했다.

이렇게 벌인 신경전으로 벌써 4시간이 소비되었고 서로의 담금질에 힘이 다 빠졌다. 아들은 열이 오르는지 얼굴이 상기되었고 머리가 아프다고 했다. 친구에 대해 묻고 싶은 것이 많았지만 아들이 힘들어해 일단 접어 두었다.

이틀이 어떻게 지나갔는지 모르게 시간을 밀어 보내고, 약속한 날 하교시간에 맞추어 학교 앞으로 갔다. 조금 이른 탓에 기다리는 동안 시간의 여유가 생기고 나니 다른 걱정이 기다리고 있었다. 만나야 한다는 일념 하에 달려오긴 했지만 그 동안 생각지도 못했던 질문들이 폭포수처럼 쏟아져 내리는 것이었다.

'그 아이가 갱단의 일원이면 어쩌나. 성격이 과격해서 보기만 해도 질리면 어쩌나. 한국말을 모르는 타 인종이면 어쩌나. 내 앞에서는 얌전한 척 해도 돌아서서 아들에게 보복을 하면 어쩌나. 괜히 짧은 영어로 실수를 해 아들의 자존심을 상하게 하면 어쩌나. 내 아이 구하자고 남의 아이에게 상처를 주게 되면 어쩌나. 편지를 안 쓰겠다고 버티면 어쩌나…'

'어쩌나'를 꼬리에 달고 이어지는 불안감에 입술이 바짝 타는 듯 했다. 그냥 재수로 돌리고 벌어진 상황을 그대로 받아들일 걸 긁어 부스럼 만드는 격이 되지 않을까 걱정이었다.

아이들이 하나 둘씩 나올 때마다 가슴이 두근거렸다. 내가 벌이려는 일이 과연 효과가 있을지, 다른 화를 불러올지 갈팡질팡 중심이 서지 않았다. 한꺼번에 밀려나오는 아이들 속에 아들이 보였고, 그 옆에 얌전하게 생긴 동양 아이가 나란히 차를 향해 걸어오고 있었다.

'어머, 한국 아이였나?'

언어소통이 가능하리라는 기대감에 마음이 조금 놓였다.

"안녕하세요?"

친구의 인사말에 일단 반가웠다.

"응, 그래. 지금 끝났니? 어서들 와라. 배고프니까 우선 밥부터 먹으러 가자."

나란히 앉은 아이들을 보니 마음이 아팠다. 이런 일만 아니면 둘이 꽤나 잘 어울릴 것 같은 분위기였다.

근처에 있는 중국집으로 가서 음식을 먹으며 일상적인 대화로 운을 떼었다. 머릿속에는 다른 생각들로 꽉 들어찼기에 자장면 가락이 입안에서 데굴데굴 굴러 다녔다. 나뿐 아니라 그들도 불편했던가보다. 매도 빨리 맞는 것이 낫다고 빤한 사실을 앞에 놓고 이 말 저 말 돌려대는 나로 인해 스트레스를 받고 있었는지, 음식량이 줄어들지 않았다.

아들의 친구에게 물어 보았다.

"그래, 아줌마가 할 얘기가 있어서 만나자고 했어. 지난번 그 담배와 라이터 말이야, 누구거니?"

"제꺼예요."

"그렇구나. 이게 정학 통지서고 이것은 법원에 나오라는 명령서야. 이 일을 해결하기 위해서는 네 편지가 필요할 것 같아서 만나자고 했어. 판사에게 가서 그날 있었던 일을 증명해야 되지 않겠니? 너한테는 절대 나쁜 일이 없을 거야. 너를 도와주다 이렇게 됐으니 이젠 네가 도와줘야지, 그렇지?"

"네…."

그 아이도 이렇게 커진 일에 책임을 느꼈는지 아무 거부반응 없이 내가 준비해 간 종이와 연필을 받아 열심히 적어 내려갔다. 힐끔 넘겨 다보니 아들이 말한 그대로였다. 내가 이 자리에 나온 표면상의 이유로는 아들을 변호하기 위한 증빙 서류를 갖추기 위해서였다. 그 이면에는 아들을 향한 '혹시나' 하는 의심이 숨죽이고 있었던 것도 사실이었다.

이렇게나마 확인을 하니 조금 안심이 되었다.

　자식을 키우다보면 선택의 갈림길에서 고민할 때가 많다. 하는 대로 믿고 놓아두자니 방종으로 흐를까봐, 따지고 확인하면 소심하고 주눅이 들까봐 쉽게 결정을 못하고 망설이게 된다. 이번 일도 아들의 말을 전적으로 받아들여 주었지만 사춘기의 호기심 많은 시기이니 무턱대고 방심할 수만은 없었던 것이다.

　"내 말 좀 들어보렴. 담배는 호기심에, 또 폼재고 싶어서 아니면 빨리 어른이 되고 싶다는 생각에 한번쯤은 그럴 수도 있겠지. 그런데 너희들은 한참 자라야 할 나이야. 담배는 몸에 안 좋단다, 알지? 담배 냄새도 나쁘지 않니? 아마 여자 친구들도 싫어할 걸."

　다 쓴 편지를 받아들고, '어른들은 모두 똑 같은 말만해. 녹음기인가봐' 하는 인상을 주지 않으려 될 수 있으면 쉽고 강압적이지 않게 어설픈 농담까지 섞어가며 말하려 노력을 해 보았지만 나도 그 틀에서 벗어날 수는 없었으리라. 당연히 잔소리로 들렸을 것이다.

　원인제공이야 그가 했지만 어찌 되었든 남의 자식을 부모의 승낙도 받지 않고 훈계를 하게 되어 미안했다. 후식으로 옆의 제과점에서 팥빙수를 사 먹이고 집까지 바래다주었다. 순수한 뜻도 있었지만 편지에 쓴 주소와 일치하는지, 만약을 대비해 집을 알아두려는 얕은 내 속마음도 작용되었기에 씁쓸함이 입안에 가득 차 올랐다. 매순간 상반된 마음이 공존함이 괴로웠다. 내 이중성의 존재가 확인되는 느낌이 들어서이다.

　급한 불을 끄고나니 마음도 차츰 안정이 되었다. 그날 이후로 아무 일 없었던 척 서로간에 눈치를 보며 지냈다. 일상 생활에 별 불편 없이 살아가면서 어딘가에 뚫리지 않는 체증을 안고 살아가는 듯 했다. 좋은 일이 아니었기에 굳이 대화의 중심으로 끌어들이지 않았다.

달력에 빨간 표시를 해 놓은 그날. 1월 17일 화요일은 밀레니엄을 외치며 호들갑을 떠는 세상과 더불어 찾아왔다. 아침 일찍 서둘러 어젯밤에 다림질을 해 놓은 옷을 입었다. 깔끔히 차려 입은 세 사람이 집을 나서서 차에 오르는데 마음이 착잡했다. 좋은 일로 성장을 한 채 나들이를 하는 길이라면 얼마나 즐거웠을까.

파사데나에 있는 청소년 법원을 찾아갔다. 8시 30분까지 오라고 명시되어 있어 서둘러 왔기에 7시 40분에 도착했다. 문 앞에는 금속탐지기를 통과하려고 많은 사람들이 밀려 있었다.

안내원의 지시대로 일층 구석진 문 앞으로 가 줄을 섰다. 앞에서 세 번째. 이 순서대로라면 일찍 끝내고 돌아갈 수 있겠다는 계산을 해보았다. 정각 8시 30분에 문이 열리고 뱀꼬리처럼 늘어섰던 사람들이 금방 자리를 꽉 채웠다.

칸막이 처진 창구 안에서 일하는 사람들이 하나씩 이름을 호명하였다. 도착한 순서대로 일이 처리될 거라고 생각했던 나의 예상과는 달리 접수된 대로 하는 것 같았다. 일 처리가 느리게 진행되어 무료한 기다림의 시간이 늘어지기에 구경 삼아 주위를 둘러보았다.

온갖 인종들이 모여 사는 곳이라서인지 알아듣지 못하는 여러 언어들이 소곤거림 속에 떠올랐다 가라앉았다. 복장도 자유롭게 슬리퍼에 반바지 차림, 헝클어진 머리로 마치 옆집에 마실 나온 사람들 같은 차림새가 대부분이었다. 깔끔히 차려 입은 우리와 비교가 되었다. '법과 관'에 약해 겁부터 먹는 우리네와는 관습에서 오는 의식의 차이인지도 모르겠다.

옆을 보니 아들의 입술이 바짝 말라 하얗게 타 들어가고 있었다. 어느새 여드름이 돋아나고 코밑에 자리잡은 꺼뭇한 수염이 더 이상 내 손 안의 자식이 아님을 깨닫게 해주었다. 까칠해진 얼굴에서 그 동안 남 모르게 겪은 아들의 속앓이가 느껴졌다. 자신을 철썩같이 믿어준 부모를 실망시킨 데 대한 죄책감도 있었을 것이다. 엉뚱한 일에 휘말려 우습게 된 자신의 모습이 싫기도 했으리라.

그 일 이후로 친구와의 사이도 껄끄러워졌으리라 짐작된다. 의리와 우정으로 그의 부탁을 거절할 수 없었는데 일이 이렇게 크게 번질 줄은 생각도 못했을 것이다. 어차피 현장에서 적발된 것이라 빠져 나올 수 없어 포기를 한 이상, 친구를 덮어주려는 어쭙잖은 의협심이 엄마에 의해 반강제로 꺾였기에 힘들었을 것이다.

아들이 어릴 적에 얼마나 나에게 큰 기쁨을 주었었나 마음속의 필름을 돌려보았다. 처음으로 내 몸 안에 새 생명이 잉태된 신비로움을 깨닫게 해 주었고, 12시간의 진통 끝에 생명의 소중함을 느낄 수 있게 해 주었다. 갖은 재롱으로 집안의 웃음꽃을 피워 주었고, 세 살 터울의 동생에게 의젓한 형 노릇을 잘 해주었다.

외출시 동생이 화장실에 가려고 하면 그 자신도 부모의 손길이 필요한 나이임에도 불구하고 나보다 먼저 일어나,

"엄마, Boys는 Boy끼리 가는 거야."

엄마의 일손을 덜어 주던 세심한 배려파였다. 차분하고 조용한 성격 탓에 큰 말썽 피운 적이 없는 보증수표파였다. 의리파이고 인정파인 것

은 지난번 여름방학 때 여실히 증명을 했었다. 일년 전부터 벼르고 벼르던 '여름캠프'를 그 스스로 포기했다. 그 때 마침 작은아들이 아파서 눈에 안약을 하루 다섯 번씩을 넣어야 했다. 아픈 동생을 두고 혼자 놀러 가는 것도 용납이 안 되었고, 일하느라 바쁜 엄마 대신 동생을 돌봐야 한다고 생각했기 때문이었다. 16년 동안 슬픔과 고통보다는 기쁨과 즐거움을 더 많이 안겨준 나의 큰아들이었다.

바닥에 헛발질을 하고 있는 남편의 옆얼굴에도 수심이 가득 차 있었다. 자기 자신의 무기력함에 자괴감이 느껴지나 보다. 언어가 다르기에 의사소통이 원활치 않았고, 법적으로도 문외한이기에 아무 조처를 취할 수 없는 자신이 한심하게 느껴질 수도 있었다.

이 일이 있고부터 부쩍 말수가 줄고 시무룩한 표정일 때가 많았다. 한국에서라면 앞장서서 방법을 찾아냈을 텐데 속수무책으로 기다려야 하는 처지가 답답했으리라. 자신의 문제 같으면 여기저기 수소문이라도 할텐데 자식의 일이니 나중에라도 '그렇고 그런 애'로 치부될까봐 그럴 수도 없었을 것이다. 남편과 나의 마음이 일치했다면 말이다. 손을 내밀어 아들의 손을 꼭 쥐어본다. 백 마디의 말보다 따스한 체온이 서로에게 위안이 되어주리라.

시간은 어느새 11시 30분을 지나고 있었다. 예약이 생활화된 미국, 줄서기에 익숙한 사회에서 이렇게 많은 시간을 소비시키고, 세 번째였던 우리의 순서를 제치고 다른 사람들이 먼저 빠져나가게 만드는지 이해가 안 되었다. 이 시간에 가게를 닫으므로 보게 된 손해와 몇 과목째 뺏긴 아들의 공부 시간은 어떻게 메우는가 말이다.

딱딱한 의자에서 벌 서는 심정으로 앉아 있자니 엉덩이가 배겨왔다.

이리저리 움직이고 있는데 드디어 아들을 호명했고, 'Room C' 하며 간단히 지시를 내렸다. 옆문을 지나 진찰실처럼 쪽 늘어선 방들 사이에서 'C'를 찾았다. 큰 숨을 몰아쉬고 후들거리는 다리를 슬쩍 잡아 보았다.

"똑. 똑."

노크 소리가 너무 크게 들려서, 두드린 내가 더 놀랐다. 살짝 열었는데 예상과는 달리 TV에서 보던 큰 법정이 아니었고, 책상 뒤로 권위적인 가운을 입은 할아버지 판사의 포근한 모습에 일단 마음이 놓였다.

부모는 대기용 의자에, 아들은 따로 마련된 자리에 앉으라고 권했다. 개인 신상명세서를 확인하고 경찰이 올린 보고서 내용을 읽었다. 가만히 수긍하는 아들을 보다가 나도 모르게 의자에서 벌떡 일어섰다. 자식에 대한 어미의 보호본능이리라. 핸드백 속에 챙겨온 아들 친구의 편지를 꺼내 판사 앞에 내밀었다.

'우리 애는 억울합니다.'

단호한 표정을 지으면서 말이다.

단숨에 시원히 읽어 내려간 판사는 입가에 미소를 지으며 아들을 바라보았다. 부드럽지만, 그러나 거부 못할 어투로 장황설을 늘어놓았다. 그의 말을 다 이해할 수는 없었지만 드문드문 아는 단어를 조합해 대강 이해하며 넘겼다. 이런 상황에서 나올만한 틀에 정해진 말들이라는 판단 아래에서였다.

결론은 벌금 245불을 내든지 금연수업을 10시간 들어야 한단다. 세 달 후까지 교육을 받은 증서를 제출하면 되고, 만약 기간을 어기면 자동으로 벌금이 부과된다는 당부로 싱겁게 끝이 났다. 우리가 두 달을 서로간에 내색도 못하고 마음 졸였던 고통과, 3시간 넘게 일초일초 세어가며 기다렸던 조바심을 단 20분 만에 끝내 버린 것이다. 더 나쁜 판결을 받지 않아 다행이라는 안심보다 왠지 모를 허전함이 밀려드는 내 감정을 이해할 수가 없었다. 우리 가족들이 고심했던 그 일들이 경고로 끝나는 정도의 사건이었나 보다.

"정말 가도 되나요?"

되묻는 실수를 범했다.

"그럼 여기서 살래?"

멋지게 맞받아 농담을 하는 판사를 뒤로하고 얼른 일어났다. 다른 사건으로 착각했다며 붙들까봐 잰걸음으로 도망치듯 나와 버렸다.

벌금을 지불하고 주차장에 있던 차에 오른 뒤에야 모든 상황이 정리되었다. 이제 끝났다는 안도감에 지금까지 숨어있던 헛증이 밀려들었다. 두 번 다시 이런 곳에 발걸음을 돌릴 일이 없어야 된다는 다짐을 해본다.

돌아오는 길에는 오전과는 다른 침묵이 흘렀다. 밀린 숙제가 해결돼 가뿐한 마음이 되었으니 그 동안 무거웠던 감정을 추스르도록 누군가 물꼬를 터야 되지 않을까 하는 생각에 우물쭈물 망설이고 있었다. 그런데 생각지도 않게 그 역할을 아들이 해낸 것이다. 아무래도 아빠는 어렵고 쑥스러웠던지 그 대상으로 나를 택했다.

아들이 준비한 음악으로 그 동안 힘들었던 감정의 소용돌이가 사랑의 리듬을 타고 잦아들었다. 이어폰을 통해 나눈 화해, 용서, 다독거림, 다짐. 이 소중한 느낌들이 흘러 나가지 못하게 양손으로 살짝 귀를 감쌌다. 마치 아들을 내 품에 안 듯이.

작은아들의 숨은 배려 또한 힘이 되어 주었다. '형님'이라는 호칭으로 불리며 동생에게 나름의 권위가 있는 큰아들의 자존심이 상할까봐 쉬쉬 하며 숨겼었다. 그애도 집안에 흐르는 무거운 침묵과 안쓰럽게 바라보는 서로의 눈길에서 피부로 와 닿는 낯설음을 눈치챘을 것이다. 오늘 아침만 해도 보통 때와 다른 복장으로 나란히 나서는 우리를 놀란 눈으로 바라보았다. 궁금한 기색을 동그란 눈 안에 잠시 내비추었지만 이내 묻지 않았다. 그래서 궁색한 변명이나 거짓말을 둘러대어야 하는 불편함을 덜어주었다.

아들이 들려준 노래 안에 있었듯이, 늘 함께 있어 소중한 걸 몰랐던 가족들은 크고 작은 일을 겪으며 다져지고 뭉쳐진다. 사랑과 믿음, 신뢰와 인내, 용서와 화해가 한데 어우러지는 곳, 힘든 일은 나누고 기쁜 일은 보태어지는 곳, 바로 가정이다. 비 온 뒤에 무지개가 떠오르듯이 아픔 뒤에 느껴지는 사랑은 더 깊고 끈끈한 언약으로 새겨진다.

좋은 경험을 했다는 생각이 든다. 아들을 집에 내려주며 한 마디 했다.
"사랑해!"

어떤 만남

그와는 매일 아침 만났다. 길 건너에서 잔디를 정리하거나 쓰레질을 하는 그를 보는 것으로, 또 손을 흔들어 인사하는 것이 전부였지만 언제인가부터 일상이 되어버렸고 그가 눈에 안 뜨이는 날에는 웬일일까 궁금해졌다.

이름도 모르는 그는 항상 연한 초록빛 옷을 입고 있다. 바로 건너편에 법원과 구치소 그리고, 경찰서가 있다. 그는 현재 재판이 진행중인 죄수라고 한다. 경찰서 건물의 잔디를 깎고, 나뭇가지를 정리하며 물로 청소를 하는 것이 그의 일이다. 처음에는 무심코 지나쳤는데 어느 날인가 그냥 이웃처럼 생각이 들었다.

처음 손을 흔들어 아침 인사를 할 때는 그가 어떻게 받아들일까 하는 생각에 멋쩍었는데 반대편에서 나의 행동에 의외라는 듯, 그러나 무척 반가워하며 함박웃음과 함께 커다란 손짓으로 같이 인사해서 기분이 좋아졌다.

가끔 그를 보는 것이 나에게 위안이 될 때도 있다. 하루에 15시간씩,

거의 한 장소에서 같은 일을 반복하다보면 지치고 지겹기도 하다. 화창한 날씨에 바다나 공원으로 놀러 나가는 사람들이 물건을 사 가지고 나가는 흥에 겨운 뒷모습을 보며 '나는 지금 무엇을 하고 있나' 하는 생각에 가슴이 답답해지다가도 열심히 청소를 하는 그를 보면 신세 타령이 얼마나 사치인가 하는 반성을 하게 된다.

수도 없이 지나다니는 사람들과 자동차의 물결을 바라보며, 눈에 뜨이는 죄수복을 입은 채 노출된 장소에서 노동을 하는 그의 심정은 어떨까 생각하게 된다. 나만 그를 보며 위안을 삼는 것이 스스로 미안해져서 세상과 반 격리된 죄인이라는 신분인 그에게 반갑게 인사를 하는 것으로 나도 그에게 즐거움을 줄 것이라고 단정을 지었다.

그러던 어느 날 두 사람의 남자가 가게를 들어서며 반갑게 인사를 했다. 누군가 머릿속으로 기억을 헤집고 있는데 그가 말했다. "나 기억이 안 나니? 건너편에서 청소하고 있으면 네가 언제나 반갑게 손을 흔들어 주었잖아."

오늘 드디어 구치소 생활 10개월을 청산하고 집으로 돌아가는 길에 그 동안 죄수인 자신에게 좋은 아침을 맞이하게 해준 나에게 고맙다는 인사를 하러 들렀다고 한다. 평상복에 죄수복을 덧입혀 그임을 확인한 후 자유를 되찾은 것을 축하해 주었다. 앞으로 지나는 길에 인사차 꼭 들르겠다고 약속을 하고 그는 가볍게 가게문을 나섰다. 다시는 저 안에 들어가지 않을 거라는 그의 마지막 말이 지켜지기를 바라며 그를 보냈다.

그와의 만남을 손님들과 친한 경찰들에게 이야기했더니 모두를 걱정을 했다. 아무나에게 손을 흔들며 인사를 하지 말라는 둥, 죄인들은 일반인과 어떤 형태로든 접촉을 하지 못하게 되어 있으니 앞으로는 그렇게 하지 말라는 충고, 겁도 없이 어떻게 죄수에게 인사를 할 생각을 했냐며, 또 사람 무서운 줄 모르고 믿다가 큰일당할지 모른다는 말까지 들었다.

성악설 성선설을 굳이 들추거나 죄를 미워하지 사람을 미워하지 말라는 신파조 말도 떠올리고 싶지 않다. 그와의 만남은 단지 손을 흔들며 인사를 주고받으며 서로가 각자의 상황에 따른 기쁨은 누렸다는 것 이외에는 다른 의미가 없다.

세상을 살아가며 여러 형태의 사람들과 만남과 헤어짐을 되풀이하게 된다. 사랑하고 미워하며 때론 증오하면서 삶의 진정한 의미를 깨우치며 살아가는 것이 우리네 모습이다. 그와의 만남은 지나치는 바람에 실려온 종이 조각이 나뭇가지에 잠깐 걸쳐졌다가 다시 날아가듯 가볍고 쉽게 잊혀질 그런 것이었다.

그가 어딘가에서 더 이상 날아다니지 말고 뿌리를 내려 안정된 삶을 살아가기를 바란다. 나는 주위의 충고를 무시한 채 누군가 건너편에서 세상을 힘겹게 바라본다면, 내 스스로 일상의 답답함에 불평이 솟구치려 한다면 서로에게 위안을 줄 가벼운 만남을 또 다시 만들 것이다.

내 품에 안긴 봄

며칠전 차를 몰고 가다 꽃가게의 진열장 안에 노란 개나리꽃이
큰항아리에 탐스럽게 꽂혀 있는 것을 보았습니다.
반가운 마음에 차를 돌려 주차장에 세우고,
주머니를 뒤져 돈을 추려 보았습니다.
손안에서 바스락거리며 이미 예정되어 있던 사용처들이 아우성을 쳤
지만
'봄맞이'를 하고픈 여심은 제 마음을 계속 충동질을 했습니다.
"괜찮아. 봄을 품으려는데 어느 정도 사치를 부릴 수 있는 거야. 그렇
지 않니?"
스스로 위안을 하며 보무도 당당히 꽃집 안으로 들어섰습니다.
주인의 인사를 받는 둥 마는 둥 자석에 이끌리듯,
눈 안 가득 차 오르는 노랑의 무리로 향했습니다.
차마 손을 뻗어 만질 수 없는 봄의 신비와 경이로움이 느껴졌죠.
미국 땅에서 고향의 봄을 만날 수 있다는 기대감에 온 몸에 가는 소

름이 끼쳤답니다

그런데… 그런데…

가까이 다가가 보니 그것은 헝겊으로 만든 가짜 꽃이었습니다.

무언가 쿵 소리를 내며 내 발등으로 떨어지는 듯 했습니다.

기대가 컸던 만큼 실망은 더 큰 무게로 돌아왔던 것입니다.

봄의 전령사. 개나리꽃…

3월이면 꽃샘바람의 새침함에 목을 움츠리고, 따사한 햇살로 찾아들며,

봄을 기다리던 마음에 흐드러지게 피어오른 노란 꽃은,

인내심과 희망을 불어넣어 주곤 했었습니다.

쾌적한 온도의 환경에서 대부분의 시간을 보내는 문명의 이기 속에
살면서,

그 편리함에 젖어 혹독한 겨울의 추위 뒤에 찾아드는 봄의 환희가

얼마나 많은 깨우침을 주는지, 삶의 진리를 잊고 사는 것은 아닐까요?

그냥 발걸음을 돌리기 무안해 망설이다 안개꽃 한 다발을 샀습니다.

대신 노란 포장지에 싸 달라고 부탁을 했습니다. 섭섭함을 달래려구
요…

겹겹이 하늘거리는 노랑 포장지에 둘러싸인 안개꽃은 오랜만에

내 마음속의 여자를 울렁거리게 만들었습니다.

비록 내가 원했던 꽃은 아니었지만 그래도 행복했답니다.

삶에 찌들어 움츠러든 마음에, 그날 그날의 무의미함에 떠밀려 가는
세월 속에

접어 두었던 봄의 향기를 맡아보렵니다.

따스함에 아지랑이 하늘하늘 피어오르듯,

골짜기 깊은 옹달샘의 살얼음 녹듯,

긴 겨울잠에서 깨어나는 생명체들처럼 활짝 기지개를 펴듯,

생동하는 봄의 정기를 흠뻑 빨아들이고 싶습니다.

얼마 안 되는 돈으로 내 품에 들어 온 봄.

너무나 소중해 꼬옥 안아봅니다.

2부

엄마의 시간

추억의 먹거리

'삼립 크림빵' 큰언니가 입가에 함빡 웃음을 머금고 내민 봉투에서 나온 것이다. 보름달을 연상시키는 둥그런 얼굴에 작은 구멍이 셀 수가 없다. 어릴 때가 생각나지 않느냐는 언니의 말에 반갑게 한 입 베어 물었다.

"아니지 그렇게 먹는 게 아니야."

언니의 지적에 머릿속을 번쩍 스치는 것이 있다.

빵을 살짝 여니 가운데에 하얀 크림이 뭉쳐 있었다. 양손에 빵을 나눠들고 마주 대며 비볐다. 손 힘에 못 이겨 크림이 빵 전체로 퍼졌다. 그때는 간식거리가 흔하지 않던 때라 금방 먹는 것이 아까워 크림을 혀로 핥으며 음미한 후에 한 입씩 베어 먹었는데 이제는 나이가 있으니 그냥 점잖게 먹었다. 맛있다는 감탄사에 보고 있던 형부는 "그게 어디 맛으로 먹는 건가, 요즘은 맛있는 것도 많은데 추억으로 먹으니까 느낌상 맛이 있는 거지" 하셨다. 정말 그럴지도 몰라.

우리의 추억 속에 깃든 먹거리가 어디 그뿐인가. 껌을 씹으면 버리기 아까워 잠들기 전에 벽이나 장에 붙여 놓았다가 아침에 눈을 뜨자마자 다시 입에 넣어 침으로 적당히 녹녹하게 만든 후 오물거리곤 했었다. 큰언니가 자주 해주던 찐빵도 그 중의 하나였다. 밀가루 반죽에 이스트를 넣어 하룻밤을 재운 후 팥을 넣어 쪄낸 빵, 갓 나온 쑥으로 만든 개떡, 그리고 밀가루에 계란을 넣어 동그랗게 튀겨주던 도넛. 그 가운데에 손가락을 넣어 돌리며 동네 아이들에게 자랑을 했고, 입가에 잔뜩 묻은 설탕 가루를 혀로 핥으면 왜 그리도 달았던지….

조그만 수저에 설탕과 소다를 녹여 그 위에 여러 모양을 찍은 것을 그대로 떼어내면 하나를 공짜로 얻을 수 있기에 손가락이나 옷핀에 침을 묻혀 정성을 들이던 달고나, 안에 들은 설탕이나 팥에 혀를 데이면서도 호호 불며 먹던 호떡과 붕어빵, 길가의 신문지 위에 놓인 칡뿌리는 껌 대용이었고, 삼각뿔대 모양의 신문지에 담아 주던 번데기와 소라는 그 국물 맛이 일품이었다.

오랜만에 언니와 형부로 인해 추억을 산책하는 즐거운 시간을 가졌다. 지나온 시간은 다시 갈 수가 없기에 아쉬운 것일까, 어린 시절의 느낌과 감성을 되새길 수 있어서 그리운 것일까, 세상의 풍파에 시달리다 시름을 잠시 내려놓고 근심걱정 없던 순수로 돌아가고 싶어서일까, 먹거리 안에 담겨진 그 시절의 추억이 군침을 돌게 한다.

요즘 온갖 기호식품에 맛을 들인 아이들에게 이런 간식을 내민다면 아마도 맛이 없다고 혀를 내두르며 먹으려 하지 않을 것이다. 번데기만 해도 고단백의 영양식인데 벌레를 먹는다며 기절을 할 것이다. 풍요로운 환경과 세계 각국의 음식을 접할 수 있고, 온갖 향신료와 조미료로 길들여진 그들 입맛에 담백하지만 투박하고, 흔한 재료를 이용한 우리네의 간식들이 맛이 없는 것은 당연할 것이다.

음식은 그 시절의 풍속과 흐름, 시대상을 말한다고 해도 과언이 아니리라. 인스턴트 식품에 길들여진 이 시대는 무엇이든 즉석에서 해결되고 더욱 강한 맛, 색다른 것 자극적인 것을 원한다. 우리의 어릴 적 자연에서 그 재료를 구하고 찌고 삶는 과정을 거치는 인내와 기다림, 귀하기에 아낄 줄 알고 콩 한 쪽도 나눠 먹는 인심, 정이 있었다.

삼립 크림빵 세 쪽이 그 얼굴에 찍힌 구멍만큼이나 많은 생각을 불러왔다. 작은 사건 하나에도 이렇게 즐거울 수가 있는 것을…. 입가에 묻은 크림을 혀로 살짝 핥아 본다. 역시 맛있다.

엄마의 시간

편찮으신 엄마를 보면서 "시간은 점점 줄어들고 있다"라는 성파울로의 말을 떠올렸다. 시간은 흘러가는 것이 아니라 줄어든다는 표현이 우리의 생에 어울리는 것 같다. 신이 우리에게 생명을 부여할 때 각자에게 일정한 시간을 주고 우리는 어디가 끝인지도 모른 채 달려가는 것이 아닌지….

한동안 이런 우스갯소리가 유행이었다. 20대에는 20마일로, 40대에는 40마일로, 80대에는 80마일로 세월은 달린다고. 나도 어릴 적에는 빨리 커서 어른이 되고 싶다며 시간의 느림을 재촉했는데 이제는 '아니 벌써'라며 시간의 빠름에 허무해 한다.

지난주가 엄마의 80세 생신이었다. 잔치를 하겠다며 서울로 나오시라는 가족들의 연락에 엄마는 건강에 자신이 없고, 일가친척들에게 부담주기 싫다며 거절을 하셨다. 그 대신 이곳에서 짧은 여행을 다녀오는 것으로 의견의 일치를 보았다.

엄마, 언니, 나 그리고 친한 언니. 4명이 2박3일의 일정으로 자이언트와 브라이스 캐년을 다녀오기로 했다. 오랜만에 같이 하는 여행이라 수학여행을 떠나는 여학생들처럼 들떠 있었다. 첫날 호텔 방에서 잠깐의 밤 외출과 다음날 입을 옷을 고르느라 준비해 간 옷을 모두 꺼내 입으며 패션쇼를 했고, 속옷바람으로 침대에 누워 이야기꽃을 피우느라 새벽이 온 줄도 몰랐다. 다음날 중간중간 경치 좋은 곳에 내려서 엄마를 중심으로 헤쳐 모여 하며 사진을 찍었고, 몇백 년 동안 자연의 힘으로 이루어진 아름답고 웅장한 대자연의 모습에 감탄했다. 또한 몇 년 후에는 풍화작용으로 지금과는 또 다른 모습일 것이라는 설명에 길어야 백년을 바라보는 인간의 삶은 그에 비교할 수 없는 미미한 존재임을 느꼈다

이틀 밤을 라스베가스에 머물며 엄마의 표현대로라면 '태어나서 처음으로 재미있고, 제일 길게 또 원 없이' 게임을 했다. 1센트짜리 기계 앞에서 넷이 나란히 앉아 누군가가 이길 때는 환호성을, 잃을 때는 안타까움을 서로 나누며 시간 가는 줄 모르고 놀았다. 같은 버스를 탔던 여행자들이 우리를 부러워했고, 엄마는 다음에 또 이런 시간을 갖자며 좋아하셨다. 정말 즐거운 시간들이었다.

그런데 여행에서 돌아오자마자 엄마는 병이 나셨다. 음식이 목으로 넘어가질 않고 어지러워서 움직이실 수가 없단다. 병원에 모시고 가려고 집에 갔더니 침대 모퉁이에 웅크리고 누워 계셨다. 잠옷사이로 비친 앙상한 어깨와 뼈만 남은 다리를 보니 왠지 화가 치밀었다. 뜨거운 불덩어리가 목구멍으로 치고 올라오는데 눈물이 핑 돌고 그것을 억누르느라 얼굴의 근육들이 욱씬거렸다.

"엄마, 그러게 뭐좀 드시고 그래야지, 빈속에 독한 약만 자꾸 드시니

까 그렇지요."라며 마음과는 달리 짜증을 부렸다. 우리 칠 남매가 아플 때 밤낮 안 가리고 뛰어 다니셨는데 밤새 혼자 앓으며 흘린 땀자국이 베갯잇에 여전히 남아 있었다. 엄마 엄마 우리 엄마….

옷을 갈아입으며 힘에 겨우신지 굵은 땀방울을 뚝뚝 흘리시는 모습에 가슴이 철렁 내려앉았다. 여행 도중 예전의 엄마와 다른 행동을 언뜻언뜻 하셔서 언니와 여러 번 당황했다. '우리 엄마 맞아?' 하는 의미의 눈짓을 주고받으며 은근히 걱정했었는데 정신적, 육체적으로 많이 쇠약해지신 모습에 가슴이 미어졌다.

한의원에서 약을 짓으면서 괜히 여행을 모시고 갔었다고 후회를 하는 언니를 달래다 문득 여행 마지막날에 엄마가 하신 말씀이 떠올랐다. 라스베가스를 떠나며 '여기 살고 있다는데… 보고 갔으면….' 하셨다. 내 생각이지만 엄마는 이번이 엄마의 삶에서 마지막 여행이라 생각하시고 라스베가스에서 머문다는 일정에 혹시나 하는 기대를 갖고 선뜻 여행을 승낙하셨는지도 모른다. 보고 싶은 사람이 그곳에 산다는데, 생전에 한번 우연히라도 봤으면 하는 엄마의 아픈 '생인 손가락'. 열 손가락 깨물어 안 아픈 손가락이 없다지만 유독 약골이라 엄마의 손길을 많이 받았었다. 나 자신도 여행을 떠나며 망설이고 망설이다 마음을 접지 않았던가. 마음의 병, 그리움의 병일지도 모르는데… 마음속에 큰 응어리를 안고 계신 우리엄마. 그것이 엄마의 시간을 더 잡아당기지 않기를 바라며 그냥 여독으로 인한 몸살일 거라고 고개를 내저으며 단정지어 본다.

점점 줄어드는 '엄마의 시간'. 죽음이란 생명을 창조한 거장이 같은 손으로 만든 것이니 어찌하겠는가. 자연스레 주어지는 늙음에 저항할 수도, 소용도 없지만 엄마의 쇠약해지신 모습을 보니 안타깝고 속상하다. 남겨진 시간 동안 편안하고 건강한 모습으로 우리 앞에 계셨으면 하는 욕심을 부려본다.

'엄마, 힘내세요. 그리고 빨리 자리를 털고 일어나서 지금까지도 그러셨듯이 자식들의 의지가 되어주세요. 자식들을 위해서라도 엄마, 아셨죠?'

엄마의 남겨진 시간까지도 자식들에게 무언가를 해달라고 보채는 내 모습이 너무 이기적인가?

3불 어치의 행복

행복은 돈으로 살 수 있다. 부잣집 마나님이 물방울 다이아를 구입하는 것보다, 더 큰 충만감을 단돈 6불로 즐기시는 분이 계시다. 바로 시아버님이시다. 연세가 82세이신데 몇 년 사이에 건강이 부쩍 나빠지셨다. 단단하시던 체력과 웬만한 계산은 암산으로 척척 넘겨 버리시던 총명도 수문을 열어 놓은 댐처럼 한 순간 쏴악 빠져나가 버리고, 세월의 이끼로 검버섯 핀 얼굴과 지탱하기 힘겨운 육체에 기억력마저 희미해지셨다.

그래도 잊지 않고 매주 두 번, 좋아하는 햄버거 대신 3불어치 복권을 사고 발표되는 날을 손꼽으며 기다리신다. 그 며칠 동안 '당첨이 되면'이라는 꿈 속에서 즐거워하신다. 비록 지금까지 큰돈은커녕 본전도 못 건졌지만 실망도 안하고 항상 '다음 번에는'으로 윤색된 기대감으로 대박 터지기를 기다리신다.

목요일과 일요일 아침, 일찍 울리는 전화는 분명히 아버님이 거신 것이다. 밤새 어찌 참으셨는지 대뜸,

"애야, 번호 불러라."

하시면 신문을 뒤적여 당첨번호를 천천히 불러드린다. 제대로 받아 적으셨는지 걱정이 되어 읽어보시라고 확인해 본다. 초등학교 때 받아쓰기 시험 보듯 신중하게 되받아 넘기시는 아버님의 리듬에 맞추어 번호를 읽다보면, 미처 마무리 인사를 할 새도 안 주고 서둘러 전화를 끊으신다. 빨리 한 줄 한 줄 차례로 맞혀 봐야 했기에…. 혼자서 책상에 앉아서 대단한 의식을 치르듯 몇 번씩 되짚으실 것이다.

식구들이 많아 매년 크리스마스 때면, 일일이 선물을 살 수 없기에 번호를 뽑아 일인당 15불 상당의 선물을 준비한다. 지난해 작은아들이 뽑은 5번이 바로 할아버지였다. 둘째고모를 담당하게 된 큰아들은 무엇을 사야할까 며칠 내내 고민을 했다. 그러나 작은아들은 여유를 부렸다. 큰아들이,

"너 할아버지 뭐 사 드릴 거야?"

"응, 로터리 티켓. 할아버지가 제일 좋아하시잖아."

담담히 이야기를 해 모두 좋은 생각이라고 맞장구를 쳤다. 가족들 모두가 인정하는 아버님의 유일한 오락이자 취미가 아닐까 하는 생각이 든다.

오늘도 쓸데없는데 돈을 낭비한다고 싫어하는 어머님 눈치가 보이셨는지 슬쩍 전화를 하셨다.

"애! 이번엔 상금이 밀려서 엄청나다는구나. 복권 좀 사와라."

"네. 그런데 아버님. 상금 타시면 어디에 쓰시려고 그렇게 열심히 사세요?"

"어디다 쓰긴. 너무나 많지. 엄마랑 여행도 가고, 고향에 가서 선산도

손질하고, 제 집 한 칸 못 지닌 자식들 하나씩 장만해 주고, 손자들 학비 대주고, 또 차도 한 대씩 굴리게 해주고 싶다. 그 동안 뭐 했는지, 참."

"그런데 아버님. 만약 복권에 당첨되시면 저한테 제일 많이 주셔야 돼요."

"왜?"

"당첨 번호도 매번 알려 드리고, 복권도 사드리잖아요. 전 투자자예요."

"그러마."

시아버지와 며느리는 구두계약을 했다.

평생 가족들의 생계를 양어깨에 짊어지고 자신이 지니신 모든 진액을 다 빼 내주시고 빈껍데기로 남은 분. 가지고 계신 재산이 많지 않아 자식들에게 떡 시루 떼어 내주듯 한 뭉터기씩 나누어 줄 수 없음을 한탄하신다. 이민 생활에 허덕이는 자식들이 안타까워 헐값에 팔아치우고 온 한국 땅값의 차액을 두고두고 마음 쓰려 하신다. 이젠 생의 막다른 골목에 다다른 한계점을 통감하며 마지막 기대로 복권에 집착하고 의지하신다.

부모의 마음은 가난한 자식에게 효도 받는 애잔한 기쁨보다 차라리 부자인 자식에게 버림받는 아픔을 감수하고픈 내리사랑이란다. 하나라도 더 집어주고 싶은 심정이시리라.

지난주에 아버님이 갑자기 혼절하셔서 달려갔었다. 우황청심환을 드시고 손발을 따드리니 한 시간쯤 후에 정신을 차리셨다.

"아버님 괜찮으세요? 또 놀래키시면 제가 복권 안 사 드릴 거예요."

반가운 마음에 눈물이 핑 돌며 괜한 응석을 부려보았다.

"응, 안 사주면 내가 사지 뭐."

농으로 받아넘기신다.

3불어치 안에는 시아버님의 소박한 꿈이 담겨졌기에 손에 꼭 쥐면서 행복해 하신다. 당첨되기를 바라는 아버님과 달리, 사 드릴 때마다 나는 다음 번을 기대하며 기다리시게 당첨이 안 되기를 바라는 나쁜 며느리가 된다. 3불로 사는 행복이 아버님에게 끊임없이 오래 오래 이어지기를 바라는 마음에서이다.

장발과 힙합바지

누구에게나 몸과 마음이 한껏 자라던 시절이 있다. 부모들이 입혀준 삶의 기성복 안에서 발산되지 못한 자아 때문에 반항하던 때이기도 했다. 비록 함량 미달이지만 스스로는 성숙했다고 믿었기에 인정받고 싶은 것이 자식들의 마음이었다. 그 세대를 거치며 자라왔지만 '그래도'라는 사회적 통념의 틀에 자식들이 맞추며 자라주기를 바라는 것이 또한 부모들의 마음이다. 그래서 생긴 미묘한 감정의 대립이 세대차이라 표현되며 물과 기름처럼 겉돌기에 자연히 부딪치게 된다.

세월이 지나 내 자신이 부모가 되고 보니 현실과 이상의 차이를 깨닫게 되었다. 자식 키우는 일이 수학 공식이나 교과서처럼 일률적일 수 없을 뿐더러 마음먹은 대로 되지 않는다는 것을 알게 되었다.

"도대체 요즘 아이들은 이해가 안되니 원… 우리 때는 어디 꿈이나 꿀 일이니…"

올망졸망 칠 남매를 키우며 하시던 엄마의 넋두리를 그대로 되뇌는 자신을 발견할 때가 있다. 이 말도 대물림이 되는가 보다.

십대인 아들 둘을 키우는데 가끔 돌출된 행동을 하지만 그래도 부모의 말에 순종하는 편이었다. 그런데 어느 날부터인가 꼭 집어 표현할수는 없지만 다른 낌새가 느껴졌다. 초반에 기를 잘 들여야 한다는 생각에 얼른 손아귀에 다시 잡아넣으려 조금 강하게 반응을 보였다. 그런대로 따라와 주리라는 기대와 달리 가만히 있지 않고 손가락 사이로 삐죽삐죽 빠져나가려 했다. 감정의 줄다리기가 시작된 것이다.

어릴 때는 새것이라는 기대감만으로도 엄마가 사다 주거나 고른 옷을 군말 없이 입었다. 언제부터인가 마음에 안 든다는 불평을 하더니이제는 아예 자기들끼리 가서 구입한다고 돈만 달라고 한다. 며칠 전큰아이가 모아둔 용돈으로 바지를 사왔다. 힙합 스타일의 검정색 진바지인데 바지통이 넓고 깊어 바닥을 쓸고 다닐 정도였다.

그런 옷을 입었다는 이유만으로 불량기 있는 아이라고 단정을 짓던나였는데 내 아들이 바로 그런 것을 입겠단다. 그것까지도 십보 양보하려 했는데, 기장이 길다며 단을 안으로 접어 넣고 스테이플로 군데군데꾹꾹 박아 버렸다. 내 눈에도 거슬리는데 다른 사람들이 볼 때 나쁜 아이로, 그렇고 그런 부류로 인식을 할 것이라 생각하니 기가 막혔다.

세탁소에 가져가 고쳐 입자고 제안하니 수선비로 5불은 줘야하기에그냥 입겠다며 능청을 부렸다. 바지값보다 고치는 비용이 더 들더라도엄마는 용납이 안 된다고 우기며 세탁소에 갔다. 고집스런 모습을 보여야 아들의 기가 꺾일 것 같아서였다.

그냥 내놓기 멋쩍어 선수를 치며 한 마디 했다.

"요즘 아이들은 왜 이런지 모르겠어요."

"다 그렇다우. 유행이라나 뭐라나. 이러는 것도 한때라 생각하구려."

아무렇지도 않게 대꾸하는 세탁소 아주머니를 뒤로하고 돌아서다가 그분들도 전에 우리를 보면서 똑같은 말씀을 하였겠지 하는 생각에 웃음이 나왔다.

내가 여중생 때로 기억된다. 둘째언니의 남자친구가 처음으로 집에 방문하던 날이었다. 부엌에 진동하는 기름냄새만큼 집안에 기대감이 가득 찼었다. 온다는 시간이 한참 지나서 장발머리에 검은 안경의 청년이 현관문을 밀고 들어섰다. 어른들의 당혹스러운 시선과 우리들의 감탄어린 눈길이 동시에 그의 몸으로 쏟아졌다.

큰길가에 장발과 미니 스커트를 단속하는 경찰이 있어서 골목길로 돌아오느라 늦었다는 변명을 길쭉한 정종병과 함께 내밀었다. 장발과 통기타는 그 시대 젊은이들의 대명사였다. 정치 경제적으로 과도기였던 때에 현실과 정부에 대한 불신과 반감을 표출하는 한 방편이었던 것이다.

"요즘 애들이란 도대체 쯧쯧…."

엄마는 저녁상을 차리는 내내 같은 말씀을 반복하며 혀를 차셨다.

부모님들에게 충격으로 다가섰던 형부가 지난여름 여행 차 LA에 왔었다. 십 년이 넘는 공백기간 동안 서로가 많이 변해 같이 늙어 가는 듯했다. 이런저런 이야기 끝에 개방적이고 애정표현이 대담해진 요즘 젊은이들로 화살이 돌아갔다.

"멀건 대낮에도 남의 눈을 의식하지 않으니… 민망해서. 어디다 시선을 두어야 할지 모르겠다니까…."

우리 땐 상상도 못했던 방종과 혼란스러움을 당연하다는 듯 누리는 그들을 보면 당황되고 기가 막힌다고 했다. 세월이 정수리부분을 스쳐 지나가 옆 머리카락을 빌려 살짝 덮은 모습에서 그 옛날 멋진 장발의 흔적은 지워진 지 오래다.

자라나는 세대는 빠르게 변화하는 흐름에 튕기듯 앞으로 나가는 것 같다. 반대로 나이가 들어가는 우리는 자신이 겪어왔던 감정을 시간 위에 내려놓고 후퇴해 가고 있다. 답답하고 고루하던 의식을 그대로 답습하며, 자식들에게 같은 단속과 간섭을 하는 내 모습에서 지난날의 엄마를 만나게 되니 말이다.

사춘기 시절 한 번쯤 또래의 유행에 휩쓸려 보는 것도 그들 나름의 특권일 것이다. 우리가 그랬던 것처럼 자식들도 그 과정을 거쳐 어느틈엔가 제 위치를 지키며 사회의 어른이 되어 갈 것이다. 변화하는 세상을 인식하고 그 시대에 맞는 새로운 풍습과 도덕이 필요하다고 생각한다. 더욱이 이곳에서 태어나 자랐기에 우리 자식들은 더 많은 혼란을 겪어야 할 것이다. 정서적이나 문화적 배경이 다른 이중문화권의 틈새에서 곡절의 어려움을 이겨 나가야 하기에 우리의 틀에 맞추려 강요하지 말고 인정해 주어야 하리라.

크게 어긋나지 않는다면 기다리고 바라봐 주는 여유가 필요하다고 다짐하지만 순간적인 감정이 먼저 나를 지배할 때가 많다. 세탁소로 돌아가 바지를 도로 찾아올까 망설이다가 그만 두었다. '그래도'라는 내 적정선에서 걸리기 때문이다.

나중에 아들도 크면 나와 비슷한 위치가 되어 고민할 때가 있으리라. 그때 나를 이해해 주지 않을까….

눈물의 색깔

눈물방울에 프리즘을 대면 무지갯빛이 나올 것이다. 기쁘거나 반가워서 나오는 눈물, 이별이 아쉬워 삼키는 눈물, 고통을 참느라 맺히는 눈물, 서러움에 쏟아지는 눈물뿐 아니라 감격, 체념, 저항, 사랑, 회한 등 일일이 열거할 수 없을 정도의 감정들이 상황에 따라 그 안에서 제 나름의 색을 띠고 있기 때문이다. 때론 서로 얽혀 딱히 이것이라 표현할 수 없을 때도 있다.

'눈물' 하면 슬픔이 번서 연상되시만, 그 안에 담긴 득유의 빛깔과 찝찔한 감칠맛을 좋아한다. 어려서부터 '울보'라 불려져 친근감이 들어서인지도 모른다. 잔병치레를 자주 했고, 막내인 탓에 집안의 응석받이로 자라, 눈물 몇 방울이 해결책이 된다는 이치를 일찌감치 터득했었다. 눈 깜박이는 인형이 갖고 싶다고 울면, 누군가에 의해 내 손안에 들어왔다. 추운 겨울날 등교할 때, 손이 시리다고 울면 언니와 오빠가 교대로 교실까지 책가방을 들어다 주었다.

단순히 욕심을 채우기 위한 일차원적인 눈물도 차츰 격이 달라졌다.

책을 읽다가 주인공들의 감정에 빨려들어 책장에 방울방울 무늬를 만들며 울었다. 중학교 2학년 때는 재학생 대표로 졸업식 날, 송사를 하다가 스스로 도취돼 울먹이는 바람에 운동장에 모인 사람들을 눈물바다로 만든 기억이 난다.

진실을 밝히지 못하고 지금까지 비밀로 새겨둔 눈물도 있다. 이민 오기 전의 일이다. 시댁 가족들이 모두 미국에 있어 한국에서 친정식구들과 약혼식을 치르고, 몇 달 후에 미국으로 가 결혼식을 할 상황이었다. 마침 셋째언니의 결혼식이 있어 방안 가득 들어찬 혼수품만큼이나 집안이 북적댔다. 일일이 챙겨주는 가족들 안에서 행복해하는 언니를 보니 부럽기도 하고 서럽기도 했다. 살붙이 하나 없는 낯선 땅에서 인륜지대사를 혼자 감당해야할 내 처지가 암담하고 처량하다는 생각이 들어서였다.

새 옷을 입어보는 언니 앞에서 나도 모르게 참았던 눈물이 쏟아져 내렸다. 평소 시샘이 많던 내가 그 옷이 탐나서 그럴 것이라고, 내 눈물의 의미를 오해한 언니들이 다음날 똑같은 것으로 사다 주었다. 그것이 아니라고, 옷 때문이 아니었다고 핑계가 아닌 설명을 하고 싶었지만 행복하게 진행되는 언니의 결혼식에 나로 인한 그늘을 만들고 싶지 않아서 내 슬픔을 말하지 못했다.

얼마 전엔 울다가 웃어 버린 일도 있었다. 무료함을 달래기 위해 가끔 가게에서 한국 드라마 비디오를 대여해 본다. 그날은 치매에 걸린 시어머니와 며느리 그리고 가족들이 겪는 고통과 사랑을 담은 내용이었다. 절절한 사랑이 슬프도록 아름다워서 드나드는 손님들에게 부끄러운 줄도 모르고 엉엉 울면서 보았다. '내가 며느리라면, 혹은 나이 들어 자식들에게 저런 고통 주며, 의식이 퇴화되는 상태로 살아가는 시어머니라면' 하는 가정을 해보니 더욱 가슴이 아팠다.

그때 마침 시아주버니가 볼일이 있어 가게에 들렀다. 들어서자마자 눈이 충혈된 채 엉엉 우는 나를 보더니 깜짝 놀라며 남편을 불러 밖으로 데리고 나갔다. TV를 끄고 얼굴을 매만지고 있는데 잠시 후 들어선 두 남자의 얼굴엔 옅은 웃음이 번져 있었다.

"형님한테 혼났잖아. 우리가 부부싸움을 한 줄 알았대. 내가 아내에게 폭력이나 휘두르는 파렴치한으로 몰릴 뻔했잖아. 그러기에 슬픈 드라마는 보지 말라니까. 가뜩이나 눈물이 많은 사람이…"

남편의 볼멘 소리에 이어,

"제수씨! 놀래키지 말아요. 나는 내 동생이 큰일을 저지른 줄 알았잖아요."라는 시아주버니의 말에 채 닦아내지 못한 눈물을 달고 웃어 버렸다.

고장난 수도꼭지처럼 내 눈물은 나이가 들어도 줄어들지 않는다. 남편의 한 마디에 서운해서 울고, 아이들의 작은 행동에 감동해서 눈물이 난다. 상대방의 눈에 눈물이 글썽이면 금방 전염되어 주르륵 흘러내린다. 때론 혼자서도 운다. 특별한 이유도 없이 고독하다고 느끼거나, 우울할 때 그렇다. 무심히 내다본 창가로 노을이 물들었을 때는, 너무나 아름다워 눈물이 맺힌다. 기도하던 중 감사할 일이 떠오르면 코끝이 찡해지기도 한다.

눈물의 매력은 의사표현 없이도 감정을 전달시키는데 있다. 또 한참을 울고 나면 감정의 찌꺼기들이 씻겨 내려 마음이 가뿐해지고 상쾌해진다. 기뻐서든지 슬퍼서든지 눈물이 나올 때는 참지 말고 실컷 우는 것이 상책이다. 눈물은 인정의 발로요, 인간미의 상징이라고 생각한다. 감정이 살아있다는 증거요, 마음이 여리다는 표시이기도 하다.

눈썹 위에 매달린 눈물 방울에 무지갯빛이 머물 듯, 인생의 모든 희로애락 또한 그 안에 담겨져 있다. 그래서 잘 우는 내가 싫지 않다. 내 별명이 울보라는 것을 스스로 즐긴다.

아버지의 마지막 소망

바람결처럼 스치며 마음에 그려지는 그림도 잠재의식 속에 가라앉은 소망일 수 있을까?. 아버지의 장례식을 치르고 안정된 후에 이런 의문이 들었다. 동물도 죽을 때는 고향 쪽으로 머리를 돌린다는데 아버지는 이곳 미국 땅에 묻히고 싶어 하셨다.

여행 차 오셨을 때였다. 마침 아는 분의 장례식이 있어 참석하시고는 그 절차에 반하셨다. 한국에서의 장례와 비교하면 가격도 저렴하고 깔끔한 처리에다 편리하기 때문이라고 하셨다. 연세가 드신 분들은 삶을 정리해야 하는 시기라 생각해서인지 그런 과정들을 그냥 봐 넘기시지 않는가 보다. 마지막 가시는 길이 자식들에게 짐이 되지 않으면서도 초라하지 않기를 바라는 심정이 아니셨을까.

한국에서는 절차와 형식이 간소화되었다고 하지만 아직도 전통을 중요시해 여간 부담이 되는 것이 아니다. 거기다 얄팍한 상술이 얹혀지고, 인부들과의 은근한 밀고 당기기, 며칠 밤낮으로 이어지는 손님접대에 경제적인 것 뿐 아니라 정신적 육체적으로 지치게 마련이다. 망자에 대한 그리움을 되새기고, 사랑하는 사람을 잃은 슬픔을 위로받아야 할 가족들에게 모든 절차는 버겁기까지 하다.

장례를 효의 연장으로 보기에 자식의 입장에서는 최선을 다하려고 노력한다. 그 심정을 노려 과정을 따지거나 간소하게 하려면 불효자로 몰리기 십상이라 울며 겨자 먹기로 끌려가다 없는 살림에 빚까지 얻게 된단다. 미국에서는 이런 형식에 치우치지 않는 편이라 허례허식이 배제되고 형편에 맞춘다.

묏자리도 생전에 본인이나 자식들이 미리 가족 단위로 결정해 놓는 경우가 많고 특히 한인사회에서는 상조회가 있어 노인분들끼리 서로 저축하는 셈치고 회원들에게 일이 생겼을 때 정기적으로 돈을 납부한다. 결국 본인의 장례시에 목돈이 지급되니 마지막 가시는 길에 자식 등에게 짐이 되지 않게 미리 예비를 하는 것이다. 또한 전문 장례 설계사가 있어 보험도 들고 모든 절차를 미리 결정을 한단다.

이런 일련의 절차들이 마치 자식이 부모님 돌아가시길 기다린다는 느낌이 들어 미국식 장례 문화가 낯설고 민망했는데 지나고 보니 장점도 많았다. 할부로 부담 없이 납부할 수 있고, 일을 당한 후 허둥대지 않아도 되었다. 한곳에 묘자리를 몇 부지 준비해 놓으면 옆자리에 가족과 있을 수 있다는 것도 심리적으로 사후에도 외롭지 않으리라. 죽은 사람의 지위 고하와 재산정도에 관계없이 비석도 비슷한 크기요, 묘비명도 가족 명의로 간단히 새기기에 더 부담이 없고 편안하다. 생전에 이름 앞에 붙었던 모든 수식어를 다 떼어내고 한 사람의 자연인으로 남겨지기 때문이다.

아버지가 미국여행을 즐기시던 중 4·29폭동이 터졌다. 언니가 새로 여성복 가게를 낸 지 일주일 만에 흑인 동네에 있던 스와밑은 폭도들에 의해 불길에 휩싸여 흉측한 몰골로 남겨졌다. 다운타운에서 악세서리 수입상을 하던 작은오빠의 상점도 모두 털렸다. 갑자기 닥친 불행에 평소 혈압이 높던 아버지는 충격으로 쓰러지시곤 결국 일어나시지 못했다.

한국으로 모셔 가려고 큰오빠가 왔다. 절차도 복잡하고 비용도 만만치 않았지만 아버지의 체력이 오랜 비행을 견뎌 내실지도 의문이었다. 의식은 또렷하셨기에 가시자는 큰오빠의 제의에 고개를 가로저으며 이곳에 계시겠다는 의사표현을 확실히 하셨다. 아버지의 마음을 읽으신 엄마가 본인의 의견을 따르자고 하셔서 오빠는 울면서 포기를 했고 만약을 대비해 로즈 힐에 묘지를 장만해 두었다.

그 후 몇 번의 고비를 넘겨가며 4년이라는 긴 시간을 고통 속에서 살아내셨다. 긴 병에 효자 없다더니 애처롭던 마음도 차차 접히고, 오히려 병시중에 지쳐 부쩍 늙으신 엄마를 더 안쓰러워 할 때쯤 아버지는 그나마 눈을 껌뻑이는 것으로나마 희미하게 잡고 계셨던 삶의 끈을 놓아 버리셨다.

항상 마음의 준비를 하고 있었지만 정작 돌아가시니 그 동안 무심했던 것이 후회되었다. 서로 고생하느니 차라리 가시는 것이 아버지도 편하시리라 생각했던 속내가 죄스러웠다. 평소에 좋아하시던 양복을 입고 곱게 분단장을 하신 채 장미꽃다발에 싸여 누워 계신 아버지는 생전보다 편안해 보이셨다. 어려울 듯 했는데 우연찮게 모든 일이 잘 진행되어 오랜만에 칠 남매가 모두 모여 아버지 가시는 길에 함께 했다. 생전에 그런 모습을 보여 드리지 못한 것을 서로 아쉬워하며 다시 만난 반가움과 아버지를 여읜 슬픔을 동시에 느꼈었다. 울다 웃다, 아버지는 가시면서도 자식들에게 사랑의 자리를 만들어 주신 것이다.

한국에서라면 고위직이나 할 수 있는 경찰의 호위를 앞뒤로 받으며 신호등도 무시한 채 막힘 없는 길로 보내드렸다. 인부들과의 실랑이도 없었고, 겹관으로 모래 한 알 틈탈 새 없이 깔끔히, 뒤뚱거리는 불안한 흔들림도 없이 부드럽게 눕혀 드렸다. 아버지가 타인의 장례를 보고 마음속으로 그리셨을 그림 그대로 말이다.

녹화된 비디오 테이프를 돌려보면서 눈물과 함께 아버지의 마지막 소망을 이루어 드렸다는 흡족함을 느꼈다. 그러나 가끔 묘지에 가면 의심이 들기도 한다. 둘러보아도 대부분 낯선 이름들 틈이라, 물 설고 흙 다른 타국에 정말 머무르고 싶으셨던 것일까. 그 당시 형편상, 자식의 짐을 덜어주려는 최선의 선택은 아니셨을까. 때마다 손보시던 선산 자락이 그립지 않으실까. 아버지의 진정한 마지막 소망이 무엇이었을까. 메아리 없는 질문을 던져본다.

손님은 왕입니다

'손님은 왕입니다'라는 말이 있다. 당연하다. 손님을 왕처럼 모시는 것이 서비스업, 아니 모든 비즈니스의 기본철칙이다. 정성껏 최선을 다하라는 의미일 것이다. 왕이 존재한다면 신하와 하인이 있어야 한 폭의 그림이 될 것이다. 그러면 업주는 신하가 되고 종업원은 하인이 되어야 하나?

요즘은 누군가 나에게 '세상에서 제일 무서운 것이 무엇이냐?' 묻는 다면 일초의 여유도 주지 않고 바로 '손님이요'라고 대답할 것이다. 하루에도 2백 명이 넘는 손님들이 드나드는 곳에서 일하면서 각양각층의 사람들을 만나고 있다. 코리아타운에서 직장을 잡은 후 큰언니는 "사회 생활이 초등학교 졸업생 수준인 순 맹탕"이라며 내 걱정을 많이 했었 다. 그래도 나는 "말이 통하는데 무슨 걱정…."이라며 일축했었다.

내가 담담할 수 있었던 이유는 이민온 후 히스패닉과 백인들을 상대 로 장사하면서 언어로 인해 많은 고통을 받았기 때문이다. 그런데 이제 는 한 마디 할 때마다 속에서 한 번 되새기고 내뱉던 영어 대신 막힘 없는 한국말을 사용하며 일을 하게 되었으니 걱정할 것이 없다는 생각에서였다.

그들이 실실 웃으며 가르쳐 준 말이 나쁜 욕인지도 모르고 따라했던 때가 있었다. 간단한 인사말까지는 알아듣겠는데 한두 마디 길어지면 알아듣지 못해 속으로 진땀을 흘리며 대충 "으흠 으흠…" 하며 대꾸했었다. 마치 다 알아들은 것처럼.

문제가 발생했을 때 상황설명을 제대로 못해 간단한 사건도 큰일로 번져 손님을 놓치고 돈도 잃어 버렸다. 그들이 화가 나 언성을 높이며 욕을 해대면 혼자 속으로 위안을 삼았었다. '그래 너 잘났어. 나도 네가 하는 욕 못 알아 듣지만 너도 마찬가지야…' 하면서 그들이 나를 바보로 생각할지 모른다고 느끼면서도 어쩔 수 없이 미소로 대처했던 때에는 코리아타운에서 일하는 사람들이 부러웠다. 우리말로 편안하게 장사하면 얼마나 좋을까 하고.

그러다 코리아타운에 나오니 스치고 지나는 사람들의 대화도 다 알아듣고 손님들과도 편안하게 농담을 주고받으니 정겨웠다. 마늘냄새를 풍길까봐 음식 먹을 때마다 신경 쓸 필요도 없고 스포츠 중계할 때도 눈치 볼 것 없이 우리 팀을 응원했다.

그런데 요즘은 그립던 그 말들로 상처를 많이 받는다. 상대가 하는 말이 이해가 안돼 답답했던 때보다 그 말 뜻, 그 속 안에 숨겨진 의미를 다 알아차리니 그것이 가시가 되어 가슴에 박혔다. 단지 자신보다 나이가 아래로 보인다는 이유로 첫 대면부터 반말을 한다. '사장님' '선생님' 혹은 '손님' 하면서 존칭을 붙이는데 그 대우가 당연하다는 야!, 자! 하며 명령조로 대하는 손님들이 있다. 정해진 규칙이 있는데 '내가 이곳에 얼마나 오래된 고객인데…'라는 이유로 막무가내식 나름의 변칙 규정을 내세우다가 안 통하면 욕에다 삿대질까지 일삼는 그들 앞에서는 아연실색할 수밖에 없다. 그런 손님들한테 이렇게 되묻고 싶다. '입장을 바꾸어 상대가 당신의 아내이거나 딸이라면 당신은 어떻게 할 것입니까? 직장에서 똑같은 대우를 받고 집에 들어와 하소연을 한다면? 그로 인해 마음의 상처를 받았다면?'

특히 같은 언어를 사용하는 동족인데도 심하게 인종차별을 하는 것을 볼 때면 더 화가 난다. 타운에 부쩍 조선족들이 늘었다. 나와 같이 일하는 직원들 중에도 중국에서 온 조선족들이 많다. 그들도 한국사람이다. 아니 그들은 독립운동가의 후손들이라 해도 과언이 아니다. 그런데 마치 타민족 대하듯 한다. 중국산 물건이 어쩌고 하며 신문에 오르내리면 마치 그 사람들이 그런 것처럼 가시 돋친 질문들을 한다. 한국식의 표현들에 익숙하지 않아 말뜻을 얼른 알아듣지 못하면 놀리기까지 한다. 어느 지방의 사투리쯤으로 생각하면 될 것을 쓰여지는 단어가 다를 뿐인데 아예 아랫사람 대하듯 무시하는 경우가 허다하다.

한국에서 온 이민자들은 고학력 자들이 많다. 그래도 이민 초기에는 청소나 페인트 등 육체적인 노동을 필요로 한 직장을 주로 갖게 된다. 그러면서 외롭고 서러울 때 나오는 넋두리가 '내가 그래도 한국에서는…'으로 시작했었다.

조선족들도 마찬가지다. 그들도 그곳에서는 소위 한 인물 했던 사람들이다. 내가 아는 사람 중에도 유능한 방송국 국장, 원빈 능가했던 꽃미남 탤런트, 학교 선생님도 있다. 우리의 이민 초기와 비슷한 현상이다. 우리 모두 같은 한국인의 핏줄을 타고났고, 소수민족이며 이민자

가족이다.

우리 모두 손님의 입장일 때도, 반대로 종업원이나 업주일 수도 있다. 직업에는 귀천이 없단다. 사람 위에 사람 없고, 사람 아래 사람 없다. 상대의 인격을 존중해 주면 강요 안 해도 스스로 존경을 받게 된다. 그 사람이 사회적으로 어떤 위치에 있든 다른 사람들과 조화롭게 어울리지 못한다면 그가 가진 지식과 부와 권력도 아무런 가치가 없다고 생각한다.

오늘도 많은 곳에서 '왕'으로 군림하실 분들께 부탁한다. '왕은 왕 다와야 합니다. 그래야 온전한 대접과 존경을 받을 수 있지요.' 그러면 반격하실 분들도 있을 것이다. '종업원들은 어떻고?' 하고 반문하실 분도 있을 것이다. 그러니 우리 모두 왕일 수도 하인일 때도 있는 것이 아닌가? 서로 존중하고 챙겨 주는 사회가 되었으면 하고 바란다.

백색 악마의 손길

검은 양복을 입은 젊은 남자 서너 명이 가게 안으로 들어섰다. 검은 색이 풍기는 중압감에 섬뜩한 느낌이 들어 잠시 머뭇거리는데 그들 중에 단골손님인 '죠지'가 함께 있어서 안심이 되었다. 예사롭지 않은 표정이라 어디에 다녀오느냐고 물으니 '빅터'의 장례식에 다녀오는 길이라고 했다.

'빅터… 빅터가 누구더라?'

머릿속을 더듬으니 한 얼굴이 그려졌다. 나이는 22살로 죠지의 친구인데 우리 가게에 같이 오곤 했었다. 영화배우 같은 헌칠한 외모에다 단단한 체격의 매력적인 청년이었다. 성격도 활발해서 금방 친해졌는데 어느 순간 그의 모습이 눈에 띄게 변해갔다. 눈의 초점이 흐려지고, 체중이 현저히 줄어들었다. 최근에는 휑하니 서늘한 얼굴에 퉁퉁 부은 팔과 다리 군데군데 담뱃불로 지진 듯한 흉터가 보였다. 마약을 복용해 살이 썩어 들어가는 것이라고 죠지가 귀띔을 해 주었다.

그를 볼 때면 은근히 설레곤 했는데 이제는 돈을 내밀면 나쁜 것들이 옮겨올 것 같은 불결한 느낌이 들어 께름칙했었는데 그의 부음을 들은 것이다. 한 인간이 무참히 무너져 가는 모습을 방관하고 있었다는 생각에 부끄러웠다. 서툰 영어지만 진심으로 그의 건강에 대해 한마디 쯤 건넬 수 있었을 텐데 하는 아쉬움이 남는다. 도대체 마약이 무엇이기에, 어떤 마력이 있기에 한 번 손아귀에 들어온 사람은 놓지 않고 그 인생을 망치는 것일까.

보통 처음에는 친구들의 권유로, 호기심에, 주위의 압력이나 또는 부모를 통해 마약을 접하게 된단다. 차츰 죄의식은 무감각해지고, 마약하는 친구들과 어울리다가 갱단에 가입하는 것이 다음 단계라 한다. 약 살 돈이 필요하게 되니 다른 범죄를 저지르게 되고, 쉬운 돈벌이기에 그 스스로가 마약밀매 장수가 되기 다반사다.

약도 처음에는 대마초인 마리화나로 시작해 강도나 양이 증가하게 된다. 뿐만 아니라 정도가 깊어지면 환각 상태에서 운전을 하다 타인의 생명줄까지 좌지우지하거나, 자살을 하는 불상사를 초래하기도 한다. 결국 빅터도 헤로인 과다 복용으로 자살 아닌 자살을 한 셈이다. 히스패닉이 주로 모여 사는 동네에서 일을 하는데 하루에도 몇 명씩 마약 중독자와 밀매자를 접하게 된다. 아까운 인생을 탕진하는 그들이 답답하고, 그들의 가족들이 겪을 고통이 안쓰럽다.

요즘은 인종과 연령을 뛰어 넘어 악의 세력이 확장되어지기에 더욱 불안하다. 한인커뮤니티도 더 이상 예외 지역일 수가 없기 때문이다. 잘 나가던 젊은 변호사가 마약 자금을 마련하기 위해 수 차례 은행 강도를 하다 체포되었다. 대량의 밀수와 그 연락책의 핵심부에 한인이 있었기에 교포사회를 놀랬켰다. 청소년 간에는 마약값 때문에 납치를 하거나 폭력이 오고가기도 하고, 심지어 도둑을 위장해 자신들의 집을 돌아가며 털기도 한단다.

충동적인 청소년층을 확보하기에 가격이 싸지고 사용방법이 간단해졌다고 한다. 쉽게 접할 수 있는 이점에다 중독성이 강해 한번 탐닉하기 시작한 마약의 굴레는 인간의 이성을 마비시켜 질질 끌려 다니게 만든다. 다섯 명에 한 명이 대마초를 피워 본 경험이 있다니 결코 수수방관하고 있을 수만은 없는 일이다.

얼마 전, 일 관계로 만난 분의 가정이 마약 중독으로 고통을 겪은 모습을 보았기에 그 심각성이 더 피부로 느껴졌다. 외형적으로는 어느 한군데 나무랄 곳 없는 화목한 가정으로 비추어졌었다. 경제적 안정을 이루고, 금지옥엽 외동딸을 키우며, 부부간의 애정 또한 다정다감해 한 폭의 그림이었다. 아등바등 사는 우리와 비교되며 은근히 부러워했는데 우연한 기회에 그분의 눈물을 보게 되었다. 자식을 키우는 같은 부모의 입장으로 도움이 될 것이라며 자신의 경험을 들려주었다.

어느 날 철썩같이 믿었던 딸에게서 마약에 중독된 증세를 느끼게 되었단다. 하늘이 무너지고, 땅이 꺼지는 느낌이었다고 한다. 일시적인 현상이었으면 하는 착각에 하루하루 시간을 끄는 동안 딸은 점점 나빠졌다. 남보기 부끄럽고 흉잡힐까봐 쉬쉬하며, 이리저리 숨기고 감추었단다. 마약 중독 자체가 음성적이라 심각한 상태에 이르기 전에는 노출이 되지 않아 조기 발견과 치료가 쉽지 않기 때문에 그 지경에 이른 것이다.

'이러다 말겠지. 근본이 착한 아이니까. 친구 탓일 거야.'

부부간에도 한 동안 서로에게 책임을 전가하고 원망하며 그로 인해 상처 위에 더 날카로운 생채기가 나 몇 배의 고통이 보태어졌다. 어르기도 하고 달래도 보고 위협도 사정도 해보았지만 이미 딸은 부모가 조절할 수 있는 단계를 벗어나 있었다. 결국 마약 전문 치료 기관을 수소문해 치료를 받았고, 차츰 증세가 호전되어 이젠 마약 방지 프로그램에 다니며 가족 관계도 많이 회복되고, 서로 아픈 부분을 다독이고 끌어안게 되었단다. 일이 좋은 방향으로 해결돼 듣는 나도 마음이 덜 아팠다. 어설픈 내 위로를 받아 줄 정도로 그분의 마음도 많이 편안해진 상태였다. 지옥의 문안에 들어갔다 나온 기분이었다고 그 시간들을 표현했다.

이민 온 후로 생활의 기반을 다지려 밤낮을 잊은 채 일에 매달리느라 딸에게 소홀했던 것이 후회된단다. 이중 문화권에서 딸이 겪었을 혼돈과 보살핌을 받지 못한 외로움이 그녀를 마약의 손길에 무방비 상태로 내몰았으리라고 그분들은 추측했다.

전문가들에 의하면 자녀들이 마약 남용의 위험에 빠지지 않게 하는 가장 강력한 무기는 부모가 마약에 관한 대화를 나누는 것이라 한다. 자녀가 마약을 복용한 흔적이 엿보이면 전문가와 상담하고 예방하는 노력 또한 요구된단다. 끊임없는 관찰과 이해, 사랑과 인내가 필요한 때인 것 같다. 마약에 대해 무지해서 그 또한 아는 바가 없다. 이제부터라도 관심을 가져야겠다는 생각을 했다. 사춘기의 아들을 키우는 부모로서의 임무이고 책임이리라.

빅터의 죽음으로 많은 생각을 하게 되었다. 죠지에게 그들이 좋아하는 성인들의 그림이 붙은 큰 초를 몇 개 봉투에 담아 주었다. 빅터의 명복을 빌고, 백색가루의 유혹에 넘어가 인생에 검은 그림자를 드리우는 이웃이 더 이상 생기지 않기를 바라는 마음에서이다.

덤으로 얻게 되는 기쁨

남에게 장미를 건네준 손에는 꽃향기가 배어 있다. 타인에게 무언가를 나눠주고 베푼 뒤에 느끼는 충만감은 도움을 받을 때보다 몇 배의 큰 행복을 가져다준다.

오늘은 그런 의미에서 보람있는 하루였다. 관할 구역의 경찰관들에게 점심식사를 대접했다. 매년 한번씩 상인협회와 음료수 업체의 도움을 받아, 근처에서 마켓을 운영하는 한인 상인들이 벌이는 행사이다. 갈비를 숯불에 굽는 냄새와 16가지가 넘는 음식들이 푸짐해 식욕을 돋우었다.

간간이 서툰 영어로 음식에 대한 설명도 해 주고, 접시에 담아주며 'Thank You'라는 인사도 잊지 않고 건넸다. 비번을 빼고 180명 정도 된다는 경찰들이 밀물과 썰물처럼 몇 차례 훑고 지나가 누가 누군지 분간이 안 되었지만 서로 간에 나눈 '감사'의 마음이 하나로 만들어주었기에 친근감이 들었다.

점심식사 한끼가 그들에게 도움이 안 되는 것은 당연한 일인데도 반가워 해 주었다. 음식에 대한 칭찬과 요리법도 물어오고, 한복의 우아함에 찬사를 곁들여 답례의 인사를 해 올 때는 준비한 우리들도 흐뭇했다.

전쟁을 겪으며 자라난 세대가 아닌데도 '경찰' 하면 민중의 지팡이라는 인식보다는 '순사'라는 일제의 잔재 때문인지 겁부터 났다. 죄진 일이 없어도 주눅이 들고, 가까이 하기에는 어려운 사이라는 생각이 깊었다. 운전 중에 옆이나 뒤에 경찰 차가 서 있으면 마음이 두근거려 파란 불이 들어와도 선뜻 출발을 하지 못했다. '괘씸 죄'에 걸리거나 괜히 신경을 거스르기 싫기 때문이다.

몇 차례 이런 행사를 거듭하면서 만나게 되는 경찰의 모습에서 내가 가졌던 선입견이 조금씩 변했다. 가끔 순찰중의 경찰이 물건을 구입하러 들어오면, 음료수를 공짜로 주지만 받지 않을 정도로 공과 사를 구분했다. 주민의 신분 조사중에도 정중하고 예의 바르게 대한다.

어떤 사회에도 옥의 티는 있게 마련이다. 지난 이야기이지만 과잉방어로 폭력을 휘두른 경찰로 인해 LA에 폭동이 일어나 무고한 주민들이 많은 피해를 입었다. 마약과 관련되어지거나 각종 비리를 저지른 경찰들의 문제가 아직도 법정에 오르내리고 있다. 또한 은근히 인종차별을 해서 그들 사이에서도 껄끄러운 관계를 유지하는 경찰관도 있다고 한다.

경찰관들 나름의 애로사항이 많다고 한다. 직업자체가 생명을 담보로 하는 데다 과도한 업무, 조금만 지나쳐도 '과잉방어'라는 족쇄로 매도되기에 경찰을 지원하는 사람들이 차츰 줄어드는 추세라 한다. 온갖 흉기가 난무하고, 날로 흉포화하는 범죄의 최전방에 서야 하는 그들의 임무는 날로 무거워 지는데 말이다.

밤교대를 준비한다는 자그마한 체격의 여자 경찰이 두꺼운 방탄 조끼를 입은 채 자신의 키 만한 장총을 걸쳤다. 무겁지 않느냐는 나의 질문에 한 눈을 질끈 감아 윙크로 답하는 당당함에 감탄을 했지만, 곧 미안한 생각이 들었다. 주민들의 안녕과 사회 질서구현을 위해 애쓰는 그들에게 감사보다는 조그만 일도 확대시켜 비판하거나 곱지 않은 시선으로 바라보았던 자신이 부끄러웠다. 급한 일이 생기면 연락하라고 담당 경찰관이 준 명함을 지갑에 넣었다. 그 명함을 사용할 위급 상황이나 나쁜 일이 생기지 않기를 바라면서….

곱게 차려 입은 한복을 벗으며, 몇 시간의 노동으로 인한 피곤함보다 즐거움이 몸과 마음을 가득 채웠다. 우리의 작은 성의 표시에 기뻐하는 그들을 보며 자주 이런 자리를 마련하지 못함이 안타까웠다. 점심 한끼에 다른 의미를 얹는 것은 우습지만 감사의 표시에다, 한인들의 단합됨을 보여주고, 한국 음식을 소개했다는 것도 덤으로 얻은 수확이었다.

큰일을 해 낸 것 같은 뿌듯함이 밀려들었다. 이렇게 음식과 문화와 마음을 같이 나누고 즐길 수 있다는 것이 너무 즐거웠다. 의미가 깊고 보람된 하루였다. 경찰들을 위한 자리였는데 돌이켜보니, 내가 얻은 것이 더 많았고 행복해 나를 위한 잔치였다는 착각이 들었다.

말 한 마디에

"말은 인간에게 숨기기 위해서가 아니라 터놓게 하기 위해서 만들어졌고, 배반하기 위해서가 아니라 교제를 진행시키기 위해서 만들어졌다"라고 로이드는 말했다. 우리가 깨어 있는 시간의 약 70%를 말하거나, 읽고 쓰는 정보교환에 소비한단다. 이중 약 33%를 말하는데 사용한다니 '말'이 빠진 생활은 상상 할 수가 없다.

자신의 느낌을 표현하고, 감정을 전달하는 수단이요, 생각을 정리하거나 다른 사람들의 것들을 받아들이는데 필요 충분 조건이다. 말과 함께 인류문명이 발달되어 왔다고 해도 과언이 아니기에, 그 안에 넓게는 시대적 배경과 역사의 흐름이, 좁게는 개인의 지방색과 성격, 나이와 살아온 환경, 또한 세대간의 의식차이까지 배어져 나온다. 그래서 말하는 품새를 보면 그 사람의 인격과 성품이 드러나게 된다고 한다.

더욱이 이민 생활에서는 '말'이 말로서 끝나는 것이 아니라, 그 안에 많은 의미가 부여되기에 사랑하며 가꾸어야 할 의무가 우리에게 있다. 영어권에서 틀릴까봐 스트레스를 받으며 말하다가도 우리끼리 모국어를 나눌 때 느껴지는 포근함과 친근감은 긴장을 해소시키는 역할을 해준다. 또한 자녀들이 모국어를 배울 수 있는 교육장이 바로 가정이고, 부모는 선생님이 되기에 올바르고 정확한 말을 구사해야 한다. 무심코 나눈 한 마디가 바로 그들에게는 교과서가 되기 때문이다. 자녀들뿐 아니라 타 인종들에게도 큰 영향을 미친다.

어느 날 가게에 단골 손님인 호세가 들어서며, 어눌한 한국어로 인사를 했다.

"안녕~~~하세요 미친놈."

자기 딴에는 자랑하려고 한 것인데 듣는 우리는 기가 막혀서 입이 딱 벌어졌다. 무슨 뜻인지 아느냐고 물었더니, 그가 일하는 가게 주인이 한인인데 자신을 '미친 놈'이라고 부른다. 남자를 대변하는 호칭쯤으로 알고 있다는 말에 아연실색 할 수밖에 없었다.

'아름다운 우리말을 다 제치고 하필 욕을 가르쳤을까?' 하는 생각에 얼굴도 모르는 사람이 미워졌다. 그렇다고 사실대로 그 뜻을 알려주면 한인끼리 얼굴에 침 뱉는 격이고, 그냥 두자니 좋지 않은 우리말이 퍼질 것 같아 걱정이 되었다. 그래서

"안녕하세요, 친구!"라는 인사말이 더 좋으니 다음부터는 미친놈 대신 친구로 부르라고 일러주었다.

한 번 뱉어버린 말은 주워 담을 수 없으니 신중히 사용해야겠다는 생각이 들었다. 더욱이 외국인들에게는 한글에 대한 자부심을 갖고, 한마디라도 표준말과 고운 말을 가르쳐 주어야겠다.

말 안에는 감정이 내재되기에 무례하거나 부주의한 말 한 마디가 싸움의 불씨로 잉태되기도 하고, 상대의 마음에 상처를 주거나 분쟁을 일

으킨다는 것을 염두에 두어야 한다. 들어서 편안하고, 하면서 즐거운 말을 나눈다면, 따뜻하고 행복함을 서로 나눌 수가 있으리라. 부정적인 말보다 희망을 주고 용기를 심어 넣는 긍정적이면서 부드러운 말이 사용되어진다면 우리의 삶도 그리 뻑뻑하지 않을 것이다.

얼마 전 아시는 분의 딸이 아빠에게 꾸중을 듣고는,

"손으로 한 대 맞는 것보다, 말로 맞는 것이 더 아파"라고 하더라는 소리에 적절한 표현이라며 맞장구를 쳤다.

말 한마디로 천냥 빚을 갚는다지 않은가? 밑천 안 드니 손해 볼일도 없고, 좋은 인간관계를 유지시켜 줄 테니 좋고, 아름다운 우리말을 전파시키는 외교까지 하는 셈도 되니 '일석 몇조'가 될까.

내가 방금 나눈 말 한 마디를 풀어 셈해 봐야겠다.

밤에 울려 온 전화

한 밤의 전화 벨소리는 유난히 크고, 두려움의 무게로 떨려온다. 그 소리는 의식의 한 자락에 채 잠들지 못한 신경줄을 건드려 두 번 넘게 울리지 못하고 받게 만든다. 그날도 잠을 청한 지 얼마 안돼 비몽사몽을 헤매는데 자지러지게 울려대는 통에 깜짝 놀랐다.

눈꺼풀로 내려앉는 불안을 털어 버리려 한 차례 눈을 비비고 수화기를 드는 동안 가게에 알람이 울린 것인가, 연세 드신 어른들께 혹시라도, 하며 항상 마음 밑바닥에 깔려 있는 덩어리들이 앞뒤를 다투며 떠오른다.

깊은숨을 몰아 쉬며 수화기를 드니 생각지도 않았던 음성이 흘러 나왔다.

"막내야, 흑흑… 언닌데 흑흑… 우리 가게 불났어. 흑흑…."

큰 울음사이에 간간이 섞인 단어들을 내용도 파악하지 못한 채 급히 남편을 깨웠다. 옷을 입는 둥 마는 둥 걸치고 달려가는데 마음은 자동차보다 몇 발 앞서 날아갔다.

"별일 아닐 거야, 그렇지? 어느 한 구석 조금 불에 그을렸겠지!"

누구에게라기보다 자신에게 최면을 걸 듯 같은 말을 반복하며 나쁜 생각을 몰아내려 애썼다.

어떻게 온지 모르게 다다른 길, 맞은편에 새벽공기를 뒤흔드는 소방차 불빛의 어수선함에 온 신경세포들이 아우성을 쳤다. 차를 대강 세우고 뛰어 내리니 매캐한 냄새가 코를 진동하고 소방대원들은 이미 임무를 마치고 호스를 걷어들이고 있었다. 가게 문 앞에는 어린애 몸체만한 선풍기가 화기를 빼내기 위해 윙윙 돌아가고, 검은 물은 질척거리며 길가에 얼룩무늬를 만들었다.

가게 안에 들어선 순간, 참았던 눈물이 흘러 내렸다. 설마 했던 것이 현실로 되어 눈앞에 펼쳐졌다. "어떻게 어떻게"를 연발하며 발자국을 떼어놓으니 구석구석 젖어든 두려운 어둠이 마음을 더욱 무겁게 내려 앉히고, 숨쉬기조차 힘든 칼칼한 연기로 막막함을 들이마셔야 했다.

소방수들의 큰 장화에 이리저리 채이며 뒹구는 캔, 뜨거운 불길에 뒤틀리고 오그라든 장난감들, 터지고 깨진 병들, 질벅이는 물 속에 빠진 캔디들, 막 튀겨낸 팝콘처럼 열기에 속내를 보인 과자봉투들, 그나마 성한 것들마저 까맣게 그슬리고 물세례를 받아 축 늘어져 있었다.

몇 시간 전까지 해도 진열대에 가지런히 앉아 필요한 손길을 기다리던 물건들이 그 누구의 잘못이 아닌, 벽 속에 가려진 전기로 인해 이렇게 아수라장이 된 것이다. 자잘한 물건 하나까지도 언니와 형부의 피와 땀으로 여물어진 결실들인데 무심히 짓밟고 다니는 소방수들의 발길에, 대수롭지 않게 농담을 하며 웃는 그들에게, 조금 전까지 불길을 잡으려 땀 흘려 애쓴 노고에 감사는커녕 남의 불행 따위는 안중에도 없는 듯한 태도에 미움 섞인 짜증이 얼굴로 후끈 달아올랐다. 좀 살살 다루지. 금전으로 환산되기 이전에 그 하나하나가 얼마나 소중한 것들인데….

숨이 막히고 눈이 따가운데다 헝클어진 가게를 더 이상 보기가 괴로워 주차장에 가보니 두 분이 창백한 얼굴로 서 있었다. 넋을 잃은 언니에게 달려가 부둥켜안고 엉엉 소리내어 울었다. 온 가게를 휩쓸었던 불길보다 더 뜨거운 슬픔이, 아픔이 가슴에서 전해져 왔다. 형부가 괜한 헛발질로 애꿎은 땅을 차고 있었다. 갑자기 밀려들어온 불행을 거부하고픈 몸짓일 것이다.

무슨 말인가를 해야 한다고 머릿속에서는 재촉을 하는데 입안에서만 맴돌 뿐 위로의 말조차 할 수가 없었다. 내 표현력의 미숙과 어휘력의 부족함에 스스로 화가 났다.

"왜 나한테 이런 일이 생긴 거니? 내가 무슨 죄를 지었나봐. 난 정말 열심히 살려고 노력했는데… 내가 뭐 잘못했나봐. 잘못 살아왔나 봐."

언니가 던지는 넋두리에 어떻게 답변해야 할지 몰라, 그건 아니라며 강한 부정과 함께 꺼억꺼억 서럽게 울 수밖에 없었다. 이런 뜻하지 않은 불행 앞에서 누구를 원망하고 탓하기보다 자신의 살아온 길부터 뒤돌아보는 겸손함에 조금 전 소방대원들에게 괜한 불평섞인 투정을 한 내가 부끄러웠다.

십 년 동안 쌓아왔던 공든 탑이 한 순간 화마의 손길에 휩쓸려 잿빛 연기되어 날아가 버리는데 가만히 서서 발만 동동 굴러야했던 두 분의 애타는 심정을 겪어보지 않은 사람은 짐작할 수 없을 것이다.

살아가면서 천재지변이나 불의의 사고는 본인의 의지와는 상관없이 새벽녘에 울리는 전화벨처럼 불시에 찾아든다. 그리고는 평상시 삶의 리듬을 깨어버리고 크고 작은 상처를 준 후 미련 없이 떠나 버린다. 그 흔적인 상처의 치유는 피해자인 우리의 몫으로 남겨진다.

누구보다도 열심히 살아왔던 두 분이기에 이 아픔이 오래 머물지 않 았으면 좋겠다. 고요히 흐르는 물에도 그 높낮이와 속도가 다르듯이, 끊임없는 시련을 겪으며 삶의 굴곡 속에 살게 되는 것이 인생의 과정이 라 한다.

당장은 감당하기 힘든 고통이지만 받아들이는 마음의 자세와 대처하 는 방법에 따라 잃는 것보다 얻는 것이 많도록 만드는 것이 삶의 숙제 이기도 하리라. 전화위복의 기회가 되어 배가 된 기쁨을 누렸으면 하는 마음이 간절하다.

더 있어 보았자 소용없으니 그만 돌아가자며 언니의 등을 다독이는 형부의 차분한 모습에서 그 삶의 깊이를 깨달았고, 안으로 삭이는 자제 력에 듬직함을 느꼈다. 참담한 기분으로 발길을 돌리다 다시 한번 언니 를 보듬어 안았다. 온몸에서 풍기는 화마의 냄새가 슬픔을 대변하듯 코 를 자극했다.

3부

사랑으로 채우는 항아리

언니야 노올자

　기다림이 얹혀진 시간은 더디게 흐른다. 지난 2주를 비디오 대여점 문턱이 닳도록 드나들었는데 드디어 오늘 녹화 테이프가 나왔다. 연예인이 잊고 지냈던 학창시절의 친구를 찾는 프로그램인데 셋째언니가 나온다는 소식을 전해 들었다. '친구야 놀자'를 외치면서 그 시절로 돌아가 서로의 추억을 되짚어 보는 정겨운 시간을 갖는다.

　어릴 적 언니에게 가수 하춘화가 여중 때 같은 반 친구였다는 이야기를 들었다. 프로그램의 작가가 언니에게 출연섭외를 했는데 TV에 자신의 모습이 어떻게 나올까 걱정이 되어 거듭 거절을 했단다. 결국 둘째언니가 '미국에 있는 가족들이 TV를 통해서라도 너를 보면 반가와 할 텐데…'라며 부추겨서 마음을 바꾸었다고 한다. 방송국에서 자신을 멋지게 꾸며 줄 것이라 예상하고 기초화장만하고 갔는데 아무런 도움을 못 받아 결국에는 대책 없이 '생얼(?)'로 녹화를 하게 되어서 당황했단다. 아줌마가 겁도 없지….

　강산이 세 번이나 변한 36년의 세월을 훌쩍 뛰어넘은 이제, 하춘화는 세월의 무상함을 거듭 강조하며 친구를 못 찾을까봐 걱정을 했다. 단발머리에 교복차림의 사춘기 소녀를 시간의 발자국인 주름이 얼굴에 굴곡을 만들었고, 부끄러운 듯 봉긋 솟아오르던 앞가슴 대신 나잇살이 붙어 두루뭉술해진 몸매의 아줌마 모습 안에서 찾기란 쉽지가 않을 것이다. 서로를 추억의 장으로 잡아끌며 '맞아 맞아' 하며 맞장구를 치고, '언제? 난 안 그랬어!' 발뺌을 하면서 옥신각신 정을 나누는 모습이 재미있었다.

무뚝뚝하여 종순이 대신 뚱순이로 불렸던 언니는 TV속에서 그때 그 사람이 아니었다. 마치 자신이 연예인인 것처럼 떨지도 않고 천연덕스럽게 그 시절의 에피소드를 줄줄이 풀어놓았다. 이왕이면 좀 더 오래 화면에 나오기 위해 시치미를 뚝 떼고 앉아 있다가 마지막에 움직이는 벨트를 탔다는 언니의 엉뚱함을 전해 듣고 긴가민가했는데 정말로 그녀가 자신을 찾지 못하도록 천연덕스럽게 앉아 있는 모습에 웃음이 나왔다.

내 인식 속의 언니는 10년 전 아버지의 장례식 때 이곳에서 칠 남매가 다 모였을 때에 멈추어 있다. 지금의 내 나이쯤이었을까. 반가움에 두 눈 가득 눈물을 글썽이는데 같이 보던 큰언니가 "쟤도 많이 늙었다, 그지?" 하며 내 얼굴을 바라보았다. 순간 둘이 마주보다 누가 먼저라고 할 것도 없이 "서울 식구들이 우리를 보면 똑같이 말하겠지?" 하며 씁쓸한 미소를 지었다. 흐르는 세월을 누가 막겠는가. 내가 중학생일 때 언니는 직장생활을 했었기에 자랄 때는 나이 차이가 많다고 느꼈었는데 이제는 같이 늙어가는 중년의 아줌마들이 아닌가.

칠 남매 중 딸이 다섯. 오늘의 주인공인 뚱순이—종순언니는 선도 안 보고 데려간다는 딸 부잣집 셋째 딸이라 청소 잘하고 알뜰한 짠순이 살림꾼이다. 큰언니가 들려준 이야기이다. 추운 겨울밤, 속이 출출할 쯤 창밖에서 '찹쌀떡, 메밀묵'을 외치는 소리가 골목 안을 메아리치면 언니들이 돈을 추렴해서 사다 먹고는 했었단다. 셋째언니는 동참을 안하고, 같이 먹자는 유혹도 물리친 채 이불을 머리끝까지 올려 덮고 자는 척을 했단다.

그랬구나. 맞장구를 치며 내가 큰언니에게 내가 겪은 일을 말했다. 맛동산이라는 과자가 처음 나왔을 때, 바삭거리며 씹히는 재미와 땅콩의 고소한 맛에 반해 그때 우리방의 대장이고 유일한 직장인인 셋째언니에게 "맛동산 파티하게 딱 이백 원만." 하고 조르면 "자, 잠자면 다 잊어" 하며 이불을 뒤집어쓰고 돌아누워서 나를 많이 서운하게 했었다.

탁구공을 치듯 옛 이야기를 주고받다가 큰언니와 나는 "우리 다섯이 다 모인다면 얼마나 좋을까" 하며 그리운 얼굴들을 떠올렸다. 철없이 부모의 그늘에서 온갖 허물을 서로 덮어주며 감싸주던 피를 나눈 형제들과 지낸 시간이 제일 행복했다. 요즘은 핵가족 시대라 자녀를 많이 낳지 않는 세대에 살지만 지나고 보니 칠 남매가 북적대며 살던 그때가 더 재미있고, 어른이 된 후에도 많은 추억을 공유하며 나눌 수 있어 더 좋은 것 같다.

각자의 생활의 터전이 다르고, 삶의 무게가 제각각이라 모두 한 자리에 모이기가 쉽지 않다. 더 시간이 흐르기 전에, 더 늙기 전에 딸 다섯이 한자리에 모여 추억의 우물에 두레박질해가며 옛 이야기를 맘껏 나누고 싶다. 엄마가 살아 계실 때 같이 여행도 가고, 메밀묵도 무쳐 먹고, 찜질방에도 가서 서로 등의 때도 밀어주면 얼마나 좋을까. 어릴 적 막내라 잘 삐쳐서 언니들이 양보를 많이 해 주었는데 이제는 그 중에서 내가 제일 나이가 어린 아줌마이니 심부름을 맡아 해야 되겠지.

언니의 새 옷에 눈독 들였다가 몰래 밑단을 줄이거나 허리 양쪽을 옷핀으로 줄여 입고 나갔다가 돌아와서 급하게 원상복귀를 해놓고 시치미를 떼고는 했었다.

이제는 두루 뭉실 비슷한 체격이라 그때처럼 눈 가리고 아옹하지 않아도 서로 돌려가며 입을 수 있으리라. 같이 늙어가니까⋯. 빨리 모였으면 좋겠다. 그래서 오늘 TV에서 처럼 같이 추억을 더듬으며 '그래그래 맞아. 그때 내가 그랬지' 하며 맞장구도 치고, '아니야 난 안 그랬어!' 하며 옥신각신 사랑의 다툼을 나누었으면 한다. 모든 시름과 아픔을 그 사랑으로 덮어버리고 마음껏 응석을 부리고 싶다. 지금도 큰언니의 그 늘에서 막내라는 방패막이를 휘두르며 은근히 속을 썩이고 있다. 나이가 들어도 막내는 막내이니 받아 주겠지.

그리움을 가득 안고 언니들이 놀러와 주기를 기다린다. 나의 사랑하는 네 명의 언니들, 정말 보고 싶다.

'언니야 놀자! 언니야 노올자!'

사랑으로 채우는 항아리

채운다는 것은 비워지기를 기다린다는 암시를 넌지시 비추인다. 항아리에 쌀을 담을 때마다 느끼는 기분이다. 빈 독에 쌀 포대를 거꾸로 쏟아 부으면 뽀얀 안개를 일으키며, 알알리 튕기는 명쾌함이 있다. '짜르르' 내려 쌓여지는 것을 바라보고 있으면, 부피만큼의 뿌듯함이 마음속에 차 오른다.

부엌 한켠에 자리잡은 항아리는 데리고 들어온 자식마냥 분위기에 어울리지 못하고 겉돈다. 질그릇 특유의 투박한 표면에 난초가 어색하게 새겨져 있고, 연륜을 나타내듯 군데군데 실금이 흘러 지나갔다. 그 틈새를 때우려는 풀자국이 덧칠해져서 볼품 없지만 부엌의 다른 현대적 용기들보다 더 애착이 간다. 어릴적 어느 집이나 장독대가 있어서 자연스레 고향집과 연상이 되어지는 그리움 때문일지도 모른다.

식생활의 기본 양념인 간장, 된장, 고추장 등을 담은 크고 작은 독들이 일가를 이루며 당당히 주거환경의 한 자리를 차지했었다. 햇볕이 좋은 날, 장독 뚜껑을 열어 해바라기를 시키고, 수시로 닦아 반들반들 윤을 내시는 엄마의 모습을 자주 봤다. 집안에 흉사가 있으려면 멀쩡하던 장맛이 먼저 변한다는 미신 때문인지, 가족들의 먹거리에 대한 정성인지 우리네 엄마들은 장독대에 유난히 애착을 갖고 계셨던 것 같다.

미국에 와보니 시어머니 또한 뒤뜰에다 장독대를 만들어 놓으셨다. 크기와 무게가 만만치 않았을 텐데 번거롭게도 이민 짐에 묻어 들이셔서 고집스레 이국 땅에 한국을 옮겨 놓은 것이다. 환경은 변했지만 혀 끝에 길들여진 입맛은 그대로라 고추장, 된장을 담가 먹었다. 재료와 물맛이 다른 탓인지, 계절이 밋밋해서인지, 한국에서의 달짝지근하고 깊은 맛이 우러나오지 않는다고 시어머님은 늘 속상해 하셨다. 그러다 분가를 하면서 내 몫으로는 두 개가 남겨졌다. 무슨 용도로 쓸까 고민 하다가 중간독은 쌀단지로, 작은 것은 소금단지로 결정했다.

그 중간독에 쌀 한 포대를 부으면 3분의 2가 찬다. 꽉 채우는 것보다, 모자란 듯한 것이 왠지 여유가 있고, '더'라는 희망을 가질 수 있기에 마음에 들었다.

아침마다 항아리에서 가족들이 먹을 양의 쌀을 꺼낼 때 기분이 참 좋다. 사랑하는 이들을 위해서 따뜻한 식사를 준비한다는 행복감 때문이리라. 배부른 포만감과 건강도 뒤따르며, 하루의 활력소를 넣어줄 발전소 역할을 해주길 바라는 마음을 쌀과 함께 담는 것이다. 하루 세끼 밥만 먹고사는 것도 아니고, 먹는 것이 삶의 목적도 아니지만 쌀독의 바닥이 보이는 속도가 빠를수록 즐겁고 흥분된다. 무언가 책임완수를 한 것 같은 충만함과 눈에 띄지 않는 변화가 집안에서 쑥쑥 돋아나는 든든한 기분이다.

작은 항아리에서 이런 소중한 매력이 느껴지는 것은, 그 어수룩한 모

습 안에 잠재되어진 채워 넣을 수 있는 여유와, 퍼낼 수 있는 풍요로움
을 닮고 있어서인지 모른다. 오늘도 독에 쌀을 부으며 행복도 함께 내
마음에 담는다. 내가 가진 좋은 것을 가족들에게 아낌없이 내어주고,
비워지지 않게 다시 채워 넣는 사랑으로 항상 준비된 항아리가 되고 싶
다.

　나 자신 또한 삶의 공허를 느끼지 않게 스스로를 가꾸며 채워나가고
싶다. 내 안에 담겨진 것이 있어야 퍼내고, 나눌 것이 있을 테니까. 올
해는 가버리지만 내년으로 가득 채워져 연결되듯이 자연의 섭리도 우
리에게 끊임없이 베풀어준다. 어제와 오늘 그리고 미래가 기다리듯이
한 해를 보내는 문턱에서 다시 한번 그 뜻을 새겨본다.

잠 못 들었던 밤

　오랜만에 느껴보는 편안함이다. 비를 피해 아랫목으로 스며든 습기조차 낯설지가 않았다. 그러니까 3년 전 남편을 따라 나선 미국행 이후 처음 가져본 휴가인 셈이다. 친정아버지가 중풍으로 쓰러지셨다는 기별을 받고 허겁지겁 달려나온 친정행이었다. 다행히 상태가 호전되어 한시름 놓고, 잠시 접어 두었던 가족들과 회포를 풀었다.

　장마철이라 질퍽대며 나다니기도 불편했고, 원래 목적이 병문안이었기에 주로 집안에서 시간을 보내며 그 동안 묵혀 두어 어색해진 응석을 부려 보았다. 내 요구가 턱밑으로 채 떨어지기도 전에 일어서시는 엄마께 몇 년째 잊고 지냈던 여자들만의 행사인, 봉숭아물을 들여 달라고 했다.

　여름이면 엄마는 딸 다섯을 둘러 앉히고 손톱에 봉숭아 꽃물을 들여 주셨다. 장독대 앞에 가지런히 피어있는 봉숭아꽃과 잎을 따서, 작은 절구에 담아 백반을 넣어 콩콩 찧으셨다. 그것을 손톱에 살포시 얹고 잎사귀로 감싼 후 명주실로 총총 묶어 주셨다.

밤새 백반 탓인지, 동여맨 실 탓인지 손가락이 씀벅씀벅 쑤셨지만 그 고통쯤이야 참을 수 있었다. 잠버릇이 나쁜 나는 아침에 일어나면 반 정도가 손가락에서 빠져나가 이삭줍기를 해야 됐다. 덕분에 베갯잇과 이불에까지 물이 들게 만들었다.

봉숭아물 들이기는 고려시대부터 무당들이 귀신을 쫓기 위한 방편으로 사용했었단다. 귀신이 싫어하는 붉은 색을 신체의 일부에 들이므로 귀신도 쫓고 병마를 이겨낸다는 미신에서였다. 정성을 들이시는 엄마에게도 주술적인 의미가 담겨 있었을 것이다. 뒤웅박 팔자라는 여자의 일생이기에 불행의 그림자가 당신의 딸들에게는 드리워지지 말라는 바람이었으리라.

이런 애절한 뜻과는 달리, 우리는 첫눈이 올 때까지 봉숭아물이 손톱에 남아 있으면 첫사랑이 이루어진다는 속설을 믿고 있었다. '사랑'이라는 달콤한 환상에 현혹되어 손톱이 길어져 잘라내야 할 때마다 안타까워했다. 내 기억으로는 단풍의 위세에 눌려서인지 아무도 그때까지 간직하지 못했던 것 같다.

어디서 구해오셨는지 그 날밤 엄마는 봉숭아를 준비하셨다. 엄마와 둘이 마주앉고 보니 주위가 너무 허전했다. 머리를 맞대며 미래를 꿈꾸던 언니들은 각자의 사랑을 만나 해마다 자리를 하나씩 비웠다. 물들은 농도와 색이 달랐듯이 나름의 가정을 꾸미며 살아가고 있다.

"언니들에게 소집령을 내린 후 같이 할 걸 그랬나봐" 했더니 엄마의 안색이 금세 달라졌다. 눈동자 안에 꽃물이 빠알갛게 반사되더니 그만 이슬이 맺히고 말았다. 슬그머니 손을 잡으며 엄마도 같이 물들이자고 했더니,

"이 나이에 무슨 봉숭아물이니…" 하며 물러 앉으셨다. 그렇지 않아도 떠나 보내고 나면 한동안 눈에 밟힐텐데, 그 꽃물이 빠져나갈 때마다, 멀어져 갈 딸의 모습에 가슴앓이하기가 겁나시나보다.

"장마철의 봉숭아는 물이 잘 안 드는데…."

혼잣말로 흘리시는 말씀 안에는 사랑의 미련이 묻어났다. 엄마와 내 마음에는 창 밖에 장맛비보다 더 굵은 빗줄기가, 꽃물보다 더 진한 아쉬움이 흘러내리고 있었다. 처량 맞은 빗소리 때문이었을까. 동여맨 손가락 때문이었을까. 휴가 길의 그 밤은 깊은 잠에 빠져들 수가 없었다.

파티 안에 잔치를

파티하면 화려함이 연상된다. 격조 높은 음악이 넘치고, 찰랑찰랑 흘러내리는 샹들리에의 불빛, 우아하게 한껏 멋을 부린 숙녀들과 말쑥한 정장차림의 신사들이 어우러져 왈츠를 추는 모습, 와인과 곁들인 깔끔한 음식 등…. 영화에서 보아왔던 장면들을 퍼즐의 조각처럼 모아 파티라는 그림을 완성시켜 본다.

이민을 떠나올 당시 나이가 어리기도 했지만 미국 사람들은 파티를 즐긴다는 선입견을 갖고 있었다.

"얘, 화려한 한복 한두 벌은 준비해야 되지 않겠니? 만약을 대비해서 말이야…"

친구들도 같은 생각이었는지 한 마디씩 보탰다. 분홍색 공단에 공작새 무늬가 색색으로 수 놓여진 화려한 것과 겨자 빛깔에 꽃무늬가 날염된 깨끼 한복을 준비해 이민 짐 속에 꾸려 넣었다. 지금 생각하니 웃음이 나온다. 집안의 행사, 아이들 학교에서 한국을 소개하는 시간과 근처 경찰들의 점심식사를 대접하는 행사 등에 입기는 했지만 정작 내가 그렸던 파티에 입고 갈 기회는 없었다.

매일 파티를 하는 줄 착각했던 미국인들뿐 아니라, 다른 나라에 뿌리를 내려야 하는 우리들의 삶은 하루해가 짧을 정도로 움직여야 하기에 파티는 사치였다. 사는 것 자체가 빡빡해서 삶을 즐길 만한 마음의 여유가 없었다. 다른 이유로는 히스패닉계 사람들 속에서 살다보니 내가 꿈꾸던 상류사회 파티에 참석하기는 언감생심, 상상 속의 장면일 수밖에 없었다.

그나마 내가 참석해 본 파티의 소감은 간소함과 흥겨움이었다. 미국에 온 지 얼마 안돼 가게의 단골손님인 마리오의 결혼식이 있었다. 식장에는 못 가고 그의 집 뜰에서 하는 피로연에 가기로 했다. 구경 삼아 다녀오라는 가족들의 권유도 있었고, 외국인의 결혼 파티라 호기심이 발동을 했다. 들떠서 무엇을 입을까 이것저것 걸쳐보는 요란스러운 내 뒷모습에 빙그레 웃음으로 바라보는 남편의 심중을 그 당시에는 몰랐다. 이민 올 때 혹시나 하고 준비해온 매듭걸이를 곱게 포장해 선물로 준비했을 뿐 아니라 나도 정성껏 차려 입었다.

그의 집이 가까워 올수록 꿍짝대는 음악소리가 흥겨웠고, 번쩍이는 사이키 조명이 골목 안에서 어지럽게 숨바꼭질 쳤다. 주렁주렁 어지럽게 달린 풍선으로 환상이 깨지기 시작하더니, 쭈뼛거리고 들어선 잔칫집은 초라하기까지 했다. 한쪽에 놓인 음식상에는 포테이도 칩, 음료수, 야채 샐러드, 핫도그, 케이크 등이 올려져 있었다.

먹으라고 권하기에 무언가를 집어들어야 했는데 손이 갈 길을 몰라 헤메게 되어 민망했다. 배에서는 꼬르륵 소리가 계속 신호를 보냈지만 음식이 기호에 맞고 아님을 떠나 도저히 먹을 것이 없었다. 의외인 것은 그 가운데서도 그들은 흥겹게 어우러져 이야기를 나누고 신나게 춤을 추었다. 말이 안 통하고 스텝도 밟을 줄 모르기에 꿔다 논 보릿자루로 주린 배를 안은 채 있는 내 모습이 파티의 초라함보다 더 형편이 없었다.

한 번은 큰 와인회사에서 '시가 나이트'라는 경찰 후원 모금 파티가 있었다. 사업적인 차원에서도 필요한 것 같아 남편과 주위 분들이 어울려 갔다. 명색이 경찰 후원모임이니 이전의 다른 파티와는 달리 푸짐하리라는 생각에 마음껏 즐기고 오라며 선심 쓰듯 보냈다. 한참 후 돌아온 남편은 라면이라도 빨리 끓이라고 독촉을 했다. 그 자리 역시 배고픈 파티였단다. 여러 번 허기를 겪고 난 후에 이제는 간단한 요기부터 한 다음에 가는 요령을 터득했다.

미국 생활에 조금 익숙해져 주위를 둘러볼 여유가 생기고 보니 파티가 많기는 했다. 우리와 생소한 여러 이름의 파티들—브라이덜 파티(새 신부와 식사하며 결혼 준비를 한다). 베이비 샤워(태어날 아이를 위해 산모에게 미리 선물을 준다). 할로윈(귀신 복장을 한 채 집집마다 돌며 캔디를 모은다). 프롬 파티(졸업 전 학생들의 쌍쌍 파티) 등— 일일이 열거할 수 없을 정도이다.

관습의 차이에서 오는 것인지 모르지만 한국과 미국의 파티 의미는 확연한 차이점이 있다. 한국은 어른들이 보릿고개를 넘기며 살아온 시절이 있었기에 먹거리에 집착이 많다. '상다리가 휘어지게'라는 표현이 있을 정도로 초대한 집주인은 잘 차려야 예의인 줄 알고, 손님은 푸짐해야 대접을 잘 받았다고 인정을 한다. 돌아갈 때 싸서 보내는 여유로운 인심도 있다. 그러다 보니 모임의 취지는 없어지고 흥청거림으로 변하기 일쑤이고, 때론 온 동네 잔치가 되기도 한다.

미국은 풍선한 나라임에도 간단히 차린다. 그날 모임의 목적을 인지하고 그것을 축으로 자유롭게 이야기를 나누며 화기애애한 분위기를 연출한다. 흥이 나면 음악에 맞춰 춤도 추고 기분 좋게 있다가 정해진 시간에 헤어진다. 적당한 선에서 즐기면서도 낭만과 예절이 깔린다.

미국의 파티 안에 한국풍 잔치가 적절히 섞여지면 어떨까 하는 생각을 해 보았다. 정과 인심으로 차려진 풍성한 음식으로 배를 불릴 수 있는 잔치와 분위기를 여유롭게 즐기면서도 예절이 있고 부담감이 없는 파티라면 만족할 것 같다. 몸과 마음, 또 정신이 저절로 배부르고 즐길 수 있는 그런 자리였으면 좋겠다. 금강산도 식후경이라고 배고픈 파티는 흥이 나지 않기도 하지만, 먹다보면 끝나는 자리 또한 돌아서면 허전해지기 때문이다. 파티와 잔치가 합쳐진다면 금상첨화이리라.

종종 걸음

여유는 자기자신에게 주는 작은 선물이다. 일손을 잠시 멈추고 커피 한 잔을 음미하는 것도 그중 하나이리라. 출근길의 혼잡함 속에서 평소 즐기던 음악을 들으며 운전을 하고, 사무실 창으로 찾아든 노을을 감상하면서 지친 심신을 달래는 여유는 삶의 윤활유 역할이 되어 줄 것이다.

아래 골목에 있는 친한 분의 가게에 볼일이 있어 운동 삼아 걸어갔다. 젊은 멕시칸 남녀가 몇 발자국 앞서 걸어가는데 어찌나 느린지 그들의 행보에 맞추다보니 슬슬 짜증이 났다. 비스듬히 스쳐 가로수 틈새로 비집고 지나가는데 나를 보고 아는 체를 했다.

언뜻 보니 우리가게에 가끔씩 오는 손님들이라 걸음을 멈추지 않은 채 간단히 손을 흔들어 인사를 했다. 잠시후 뒤에서 끼득이는 웃음소리가 들리며 뒤통수로 스물스물 무언가가 꼼지락거리는 것 같아 무의식적으로 돌아보게 되었다. 눈이 마주치자 그들은 머쓱해하며 여자는 웃음을 가리려는 듯 손이 입으로 향했고 남자는 나를 향해, 한국말로 "빨리 빨리!!!"를 외치며 가라는 손시늉을 했다.

내 얘기를 한 것 같은 직감이 들어 신경줄이 팽팽히 당겨졌다. 무엇이 그들로 하여금 등뒤에서 흉을 보게 만들었을까 하는 궁금증에 머리가 와글거리며 시끄러웠다. 혹시 나의 뒷모습이 문젯거리를 제공했나 보다 하고 느끼는 순간 언젠가 읽은 책 속에서 한국인은 비바체의 뱁새걸음이고, 서구인들은 안단체의 황새걸음이라 표현했던 구절이 떠올랐다.

그렇다면 내 걸음걸이가 그들을 웃게 만들었는지도 모른다. 키도 작은데 쫓기듯 종종걸음을 치는 내 모습이 그들이 보기에는 우스웠을 수 있다. 동양인, 특히 한국인들은 성격이 급하다고 그들이 내린 나름의 평가를 확인시켜준 셈이 된 것 같다.

한인들이 상권을 많이 쥐고 있는 다운타운이 가까운 관계로 가게에 오는 손님들 중 간단한 한국어를 구사하는 멕시칸들도 꽤 있다. '안녕하세요?' '아저씨!' '얼마예요?' 등도 하지만 특히 '빨리 빨리'는 억양까지 똑같이 따라한다. 그 말을 들을 때마다 단어 하나로 인해 한국인들에 대한 인상이 잘못 인식되어진 것 같아 안타깝게 생각했다.

우리와는 달리 터키는 말끝마다 '수하힐리!(천천히) 수하힐리'를, 중국 사람은 대륙의 광활함에서 오는 넉넉함 때문인지 '만만디, 만만디…'를, 그날 그날을 즐기며 사는 낙천적인 멕시칸들은 웬만한 일은 '마냐나(내일)…'로 넘기며 살아간단다. 그들에게는 천천히 할수록 미덕이요 선인 것이다.

그런데 왜 우리 민족은 이렇게 조급증을 내며 살아가는 것일까. 번갯불에 콩 볶아 먹고, 쇠뿔도 단김에 빼라고 했다. 오늘 할 일을 내일로 미루는 것이 부덕이요, 게으름의 소치로 질타를 받는 생활 관습 속에서 살아와서인지 모른다.

굳이 민족성까지 들먹일 필요도 없이 나의 하루하루가 그렇다. 전에는 그다지 급한 성격이 아니었는데 갈수록 변해가는 내가 느껴진다. 가끔 손님이 들어와 물건을 고르느라 가게 안을 돌면 계산대 앞에 선 나는 기다리기에 답답해져 짜증이 난다. 돈 내느라 부스럭거리며 가방을 한없이 뒤지거나, 뒤에 손님이 밀리는 것도 아랑곳 않고 잔돈을 한 움큼 세고 있는 손님이 있으면 답답증이 치밀어 소리 안 나게 입안으로 궁시렁대며 흉을 본다.

관공서에서 담당자가 늘어선 줄을 보고도 느리게 일 처리를 하는 것을 보면 밀쳐 버리고 내가 하고 싶은 충동이 인다. 유원지에서 외국인들은 단 몇 분의 즐거움을 위해 당연하다는 듯 한가로이 기다리는데 시계까지 들여다보다 결국 짜증이 나서 줄을 이탈한 적이 한두 번이 아니다. 무엇이 바쁘고 급한지 돌아보면 아무 것도 아닌데 그 당시에는 왜 그렇게 마음이 조급했을까.

내 걸음새에 두 사람의 눈이 계속 따라 붙는 것 같아 부자연스러워지며 발자국이 떨어지지 않았다. 보폭을 늘이고 의식적으로 천천히 걸었다. 몸 동작이 늦어지니 마음까지 따라 한 박자씩 처지며 그 틈새를 비집고 전에는 보지 못했던 것들이 눈에 띄었다.

막 지나친 집 앞뜰에 귀여운 검은 점박이 강아지 두 마리가 발이 성긴 잔디밭에서 서로 엉겨 뒹구는 모습. 다음 집에는 앉은뱅이 놀음을 하듯 어깨동무하며 울타리 밑으로 고개를 내민 아주 작은 노란 꽃잎들. 현관 문 앞에 허름한 의자를 놓고 해바라기를 하며 차를 마시는 노부부의 모습에서 평화로움이 느껴지고, 건너편 고등학교 운동장에서는 체육복을 입은 학생들이 달리기하고 공치는 모습에서 활기가 전해져 왔다.

새로운 보물이라도 발견한 듯, 마음까지 살짝 들뜨며 그전에는 왜 이런 것들을 놓쳤을까 잠시 후회도 해본다. 한 보폭 더 빨리 걷는다고 시간이 저축되어 필요할 때 빼내어 쓸 수 있는 것도 아닌데 말이다. 결과에 빨리 당도하고 싶은 욕심과 무언가를 이루어야 한다는 강박관념에서, 그 과정을 단축시키려는 부작용으로 떠밀리다시피 살아 왔었나보다.

마음의 작은 여유로움이 나에게 주는 선물, 그 특혜를 누리며 살아가고 싶다. 몸과 마음이 가벼워지며 스쳐 지나가는 이들에게도 밝은 눈인사를 보내며 뒤에 오는 그들과의 간격이 좁아드는 것이 느껴진다.

내가 탐내는 곳

편안한 공간에서 한 시간은 그 몇 배의 효과를 발휘한다. 세상의 분주함과 혼탁에서 차단된, 진공관 안에 들어 있는 느낌이라 덤으로 얻은 듯해 마음의 여유가 생긴다. 단지 책들과 함께 숨쉰다는 것만으로 왠지 머릿속이 꽉 찬 쾌감을 갖게 하는 곳이 도서관이다.

도서관에 가면 미국인들의 실용주의의 실체와 만나게 된다. 다양한 종류의 서적들, 최첨단의 컴퓨터를 통한 무진장한 정보들, 넉넉하고 안정된 분위기가 사람을 반하게 한다.

미국에 와서는 넓고 버려진 땅들이 아까워 한 구석 뚝 떼어준다면 하는 허튼 바람을 가져 보기도 했지만 도서관에 다녀오고 나서는 마음이 달라졌다. 그곳이 탐났다. 돈 들여 책을 구입해야 된다는 부담감에서 벗어나 조금 시간을 투자해 내 것으로 만들 수도 있고, 그 안의 넘치는 모든 것을 공유하고 나눌 수 있는 매력 등이 장점으로 다가왔다.

처음 도서관에 갔을 때 입이 쩍 벌어졌다. 내 개념으로 도서관은 시험준비를 위해 공부하는 장소이다. '절대 정숙' '조용히'라는 표어가 군데군데 붙여져 있어 침 넘어가는 소리에도 신경이 쓰이는 그런 곳이다. 크기와 시설 면에서 완벽함이 풍겨 나왔다. 입구에서부터 감탄사를 입꼬리에 흘리며 작은아이를 따라 2층에 있는 어린이 전용방으로 갔다.

안쪽에는 공연을 할 수 있는 작은 무대가 있고, 무지개 · 달 · 별이 뒷배경으로 걸렸다. 다섯 명의 아이들이 여자 선생님과 열심히 연극 연습을 하고 있었다. 원으로 펼쳐진 카펫 위에 대여섯 살 아이들이 쪼로록 앉아, 백발 할머니가 읽어주는 그림 동화에 귀를 기울이고 있었다. 다섯 대의 컴퓨터 앞에서 게임을 즐기는 고사리손들이 앙증맞았다. 간간이 울음소리 다툼도 들려 어수선하고 자유 분방하지만 보이지 않는 어떤 질서가 느껴졌다.

실생활 교육을 미국인들은 어릴 적부터 자연스레 터득한다. 유치원을 가기도 전에 '스토리 타임'을 이용해 도서관에 다니다가 학교에 들어가면, 정기적으로 그 이용법을 배운다. 독서를 권장하는 정책에 따라 일주일에 한 번씩 학교 도서관에, 두 달에 한 번씩 큰 공공도서관을 견학한다. 책을 대출하는 방법, 책을 다루는 법, 그 안에서의 에티켓 등을 배운다.

작은아이가 다니는 학교에는 '키와나 클럽'이 있어 일주일에 한 권씩 책을 읽고 독후감을 써내면 연필이나 스티커에서 시작해 등급에 따라 피자 교환권, 극장 입장권을 주며 권장한다. 도서관에서도 외부인사를 초청하는 등 각종 이벤트를 연다.

이런 일차적인 서비스에서 끝나는 것이 아니다. 한 번은 큰아이가 숙제를 위해 필요한 책을 대출 받으려 했는데 아무리 찾아도 없었다. 직원이 컴퓨터로 조회를 하더니 빌려간 사람이 3일 후면 반납하는 날인데 그때 다시 오거나, 다른 도서관에 있나 알아봐 줄 테니 그쪽으로 가 보겠냐고 했다. 우리에게 선택할 수 있는 여러 조건을 제시하며 최대한 도움을 주려 애쓰는 모습이 돌아서는 발걸음을 가볍게 했다.

아이들이 각기 자신들의 일을 볼 때면 나도 자유시간을 갖는다. 아래층에 내려와 한국서적을 꺼내 푹신한 소파에 몸을 담고 한가하게 주위를 돌아본다. 모두들 자신만의 작은 영역을 확보하고 나름의 세계에서 독서 삼매경에 빠져 있는 모습들이 아름답다. 차분한 분위기지만 그네들의 머릿속에는 손안에 든 세계를 소화시키려 빠른 회전을 할 것이라 생각되니 '정중동'이라는 표현이 떠올려졌다.

프랜시스 베이컨은 "대화는 재치 있는 사람을, 글을 쓰는 것은 정확한 사람을 만든다. 그러나 훌륭한 인품과 감정이 풍부한 사람을 만드는 것은 독서이다"라고 했다. 책을 통해 얻는 지식과 간접 경험들이 살아가는데 밑거름이 되어주고, 지혜로운 삶으로 이끌어 주리라.

책 속에 빠져들어 있자니 이곳이 내 집의 안방인 것 같은 착각이 들었다. 유익한 곳, 참 편안한 곳, 내가 탐내는 곳. 바로 도서관이다.

해야 하나 말아야 하나

경우를 밝히면 박해진다는 생각에는 변함이 없다. 약육강식 시대에 어설픈 인생관이겠지만 이기는 편보다 지는 것이, 차지하는 것보다 양보가 더 마음이 편안하니 말이다. 세상사 흑과 백의 논리처럼 명백하고, 덧셈 뺄셈 해서 딱 떨어지는 답이 나오는 것이 아니기 때문이다.

우리부부는 둘 다 우유부단해서인지 맺고 끊음이 분명치 않다. 물에 물 탄 듯해서 때론 손해도 보고 눈에 안 띄는 이용도 당해 왔다. 그 순간에 매정하게 결단을 내리지 못 해서 당하는 불이익에 후회가 되기도 했지만 '지난 일'이라는 토를 달면서 단념해 버리곤 했다. 물론 주관적인 내 관점에서 판단한 것이지만.

지난주 남편과 가벼운 언쟁이 있었다. 그냥 우리가 손해보고 넘기자는 남편과 운이라도 띄워 보자는 나의 의견차이 때문이다. 가짜 돈 100불을 받았기에 사건이 시작되었다. 아랫동네에 새로 가게를 연 한국 분들이 계시다. 타 주에서 직장생활을 하다 이곳으로 옮기며 마켓을 구입하셨다.

장사는 처음이라 힘들지만 들고나는 사람구경과 손에 잡히는 현금 만지는 재미에 열심히 하면 먼저 주인보다 매상을 더 올릴 수 있다는 의욕에 부풀어 계셨다. 마음이 앞서가니 자잘한 일까지도 우리에게 자주 물어 오신다. 시시콜콜 대답해 드리기 귀찮기도 했지만 그래도 선배 격이니 성심껏 대해드렸다.

그날 아침, 아주머니가 머니오더—우편 전신환—을 만들러 오셨다. 500불이 필요하다며 백불 짜리 한 장에 나머지는 20불을 가져 오셨다. 나이 드신 분 앞에서 확인하며 세어 보는 것도 민망스럽고 버르장머리 없다고 생각하실까봐 받는 즉시 반으로 접어 고무줄로 묶어 놓았다.

한 시간쯤 흐른 뒤에 은행에 가려고 돈을 계산하기 위해 고무줄을 푸는데 제일 안쪽에 있던 백불 짜리가 짙은 초록색을 띄는 게 이상했다. 아니나 다를까 한쪽에 'USA100'이라는 가는 줄이 보이질 않았다. 펼쳐 보았다면 단박에 알아 차렸을 텐데 예의 차린다면서 그냥 받아둔 나의 잘못이 컸다.

남편을 불러 이야기하니 난감해 했다. 입장을 바꾸어 생각해서 나라면 이런 상황에 얼른 수긍을 하겠냐는 것이다. 바로 코앞에서 확인되질 않은 일인데 이제사 왈가왈부 한다면 어떤 쪽으로 결론이 난대도 어색하고 찜찜해질 것이니 잃어 버렸다 생각하고 넘기자고 했다.

그의 말에도 일리가 있고 유쾌한 대화도 아닌데 어디서부터 풀어나가야 할지 나 또한 용기가 나질 않아 망설여졌다. 그런데 백 불이라는 돈이 적잖은 무게로 가슴을 눌러왔다. 보태어 이번 기회가 그분들에게 좋은 경험이 될 것이라는 실리적인 핑계가 나를 부추겼다. 앞으로도 계속 장사를 해야하는데 돈을 식별하는 방법을 알고 계셔야지 또 다른 피해를 막을 수 있는 것이다. 나도 장사초기에 많은 수업료를 가짜 돈에 받친 후에야 터득한 산 경험이 있기 때문이다.

남편이 나간 사이에 전화를 했다. 벨이 울리는 동안 내 마음은 아주머니가 보이실 두 가지의 반응, 즉 그럴 리 없다는 강한 부정과 그랬었냐 미안하다는 긍정이 널뛰기를 했다. 죄송하다는 첫 마디로 자초지정을 설명드렸다. 놀라서 단숨에 달려오신 아주머니께 오해하시지 말라는 당부와 함께 돈을 내밀었다.

다행히 그 돈을 보시더니 귀퉁이가 찢어진 것이 어제 자기 남편이 받았던 돈이라며 지불했던 손님까지 더듬어 내셨다. 답답했던 속이 확 뚫리며 마음이 놓여 진짜와 가짜를 구별하는 방법을 아는 한도 내에서 자세히 설명을 드렸다.

"장사하기 참 힘드네. 알려 줘서 고맙수."

하며 돌아서는 아주머니의 구부정한 등이 안쓰러워 괜히 사실을 밝혔나 후회가 되었다. 그러나 그냥 넘겼다면 그분을 볼 때마다 나 혼자 앙금이 남아 껄끄럽고 불편했을 것이다.

이번 일을 겪고 나니 두루뭉실 굴리는 것만 최선책은 아니라는 생각이 들었다. 돌아서서 가슴앓이 하는 것보다 적당한 선에서 집고 넘어가는 것이 서로에게 깔끔한 정리가 될 수 있었다.

다행스럽게 아주머니가 돈을 기억해 내셨으니 망정이지 그렇지 못했다면 이일은 다른 방향으로 흘러갔으리라. 어쭙잖은 호기가 서로에게 상처를 주어 지금같이 좋은 관계를 유지하기 어려웠을 것이다. 돈을 돌려 받았다는 기쁨보다 감정 상하는 일없이 원만하게 해결되었다는 안도감에 깊은숨을 몰아 쉬었다. 어떻게 사는 것이 얼굴 붉히지 않고, 남에게 피해를 입히거나, 억울하게 당하지 않는 올바른 길인지 모르겠다.

잃음으로써 얻는다는 역설이 머릿속에 맴돌았다.

문방삼우

머릿속에 떠오르는 글상을 묶어두려 연필을 찾았다. 손이 갈 만한 곳을 뒤져보았지만 눈에 띄지를 않기에 급한 대로 볼펜을 쥐었다. 좀전까지 잡힐 듯 맴돌던 단어들이 하나 둘씩 슬그머니 꼬리를 내리더니 우르르 흩어져 버렸다. 연필을 사용해야 글이 잘 풀리는 버릇이 나에게 있기에 지금같이 급할 때는 답답함을 느낀다.

그것은 글쓰기를 즐기던 때부터 지금까지 나를 붙잡고 늘어지는 버릇이다. 종이 위에 연필심이 사각사각 굴러다니는 소리와 손끝에 전해지는 느낌이 기분을 상쾌하게 해 주며 머릿속에 자극을 준다. 연필로 쓰고, 지우개로 고쳐가며 몇 번씩 종이에 반복해 옮기다 보면 팔이 아프고 글씨체도 엉망이 되지만 그 보상으로 글의 흐름은 부드러워짐을 깨닫게 된다. 요즘 들어 쓸데없는 고집이요, 불필요한 습관이고, 버려야 할 버릇이라는 생각이 들지만 벗어나기가 쉽지 않다.

그 동안 글을 쓰는 목적은 변했지만 연필을 즐기는 것은 그대로이다. 굳이 따지자면 초등학생 시절에는 말로 옮기기 위해서였다. 웅변을 했는데 내가 말하고자 하는 내용을 원고지 위에 풀어 적었다. 정성 들여 또박또박 쓴 글에 선생님이 빨간 볼펜으로 틀린 부분을 지적해 주시면, 다시 고쳐 원고지 위에 정서를 했다. 손에 들고 다니며 달달 암기를 한 후 목소리에 강약을 넣어 변화를 주고, 적당한 부분에 제스처를 취하면서 내 주장을 전달해야 했다. 볼펜과는 달리 연필로 쓴 것은 손때에 닳고닳아 시간이 지나면서 글씨가 흐려져 보이지 않게 되지만 이미 눈에 익고 머리에 담았기에 또 그만큼 열심히 연습했다는 증거이기에 신경을 쓸 필요가 없었다.

중학생 때에는 보이기 위해서 글을 썼다. 봉긋 솟아오르는 가슴처럼 세상에 대한 호기심과 무지갯빛 꿈이 부끄러움을 머금고 머리를 슬쩍 내밀던 시기였다. 예쁜 노트에 명시를 적어 넣고 그림으로 장식한 후 친구들과 돌려보는 것이 유행이었다. 누구의 것이 잘 꾸며졌느냐가 평가의 기준이 되고, 뒷장의 소감 난에는 읽은 사람의 명단이 많을수록 인기가 있다는 증거이기도 했다.

손재주가 있는 친구들은 전시를 해도 될 정도로 잘 만들었고, 청소년을 대상으로 하는 심야 라디오 프로의 신청엽서가 뽑히는 즐거움을 누리기 위해 앞다투어 보냈다. 모두 색색의 볼펜과 물감을 이용했지만 나는 연필을 고수했다. 내 나름대로 남들과 다르다는 자부심으로 총천연색의 무리 안에서 흑백의 묘미를 살린다고 고집했다.

고등학생 때는 어설픈 겉멋이 나를 부추겼다. 문학을 공부한다는 허영에 들떠 기성작가들이 한다는 행동을 흉내내려 했다. 책상 위에 원고지를 잔뜩 쌓아 놓고 작은 네모 칸을 하나씩 채워 나가다 시상이 막히면 작은 칸 안에서 답답하게 눌려 있는 단어를 지우개로 지웠다. 그것도 마음에 안 들면 두 손으로 마구 구겨서 방바닥으로 던져 버렸다. 파지가 나서 등뒤에 많이 쌓일수록 좋은 글이 나올 것 같은 느낌이 들었고, 열심히 하고 있다는 생각이 든 것은 자기 만족에다 과시였는지도 모른다. 대학시절이나 직장생활에서도 다른 것은 볼펜으로 했지만 글을 쓸 때면 연필이어야 했다.

내가 연필을 좋아하는 것은 지울 수 있다는 장점이 있어서이다. 볼펜이나 만년필은 지우거나 고칠 수 없지만 연필은 수정이 가능하기에 마음에 여유가 생긴다. 글을 쓴다는 것은 내 안에 든 생각과 사상 혹은 철학 등을 밖으로 끌어내는 것이기에 어렵고 힘든 작업이다. 인생이 시행착오를 겪으며 경륜을 쌓고 그 깊이를 터득해가듯 글쓰기도 마찬가지이다. 어설픈 눈으로 바라보고, 설익은 마음으로 느낀 것을 표현해야하기에 물 흐르듯 단숨에 글을 완성할 수가 없다. 초고를 마친 후 수정을 거듭하면서 나만의 색깔을 찾아나가고 문장도 훨씬 매끄러워진다. 그러기에 연필이 글쓰기에 적격이다. 실패할 것을 미리 계산에 넣기에 좌절도 덜하고 큰 실망을 하지 않고 고칠 수 있기 때문이다.

반복을 거듭하다 보면 습관이 되어 몸에 배게 된다. 너무 익숙해 의식적으로 행동하지 않아도 자연스레 우러나오는 움직임들이 바로 그것이다. 그 사람의 성격을 나타내고 타인에게 개성으로 보여지고 남과 다른 색깔을 띠게 만드는 것이 바로 습관에서 나오는 행동들이다. 그러다 보니 환경과 경험을 벗어나지 못하고 습관이라는 울타리 안에서 뱅뱅 돌게 되는 단점이 있다.

요즘은 컴퓨터가 발달되어 널리 사용되고 있다. 연필로 쓰여진 글보다 컴퓨터로 활자화된 글이 읽기도 편하고 정리된 느낌이라 보기에도 좋다. 연필로 쓴 내 글도 컴퓨터로 정리된 뒤에 보면 내용 자체가 달라 보이는 착각이 든다. 글이란 내용도 중요하지만 보여지는 느낌 또한 무시할 수가 없나보다.

친한 문우는 컴퓨터 앞에 앉아야만 글상이 떠오른다며 나에게 그런 습관을 들여 보라고 권유한다. 연필로 쓰다보면 팔도 아프고, 어차피 나중에 컴퓨터로 옮겨야 하니 비능률적이라고 했다. 그녀의 말에도 일리가 있어 글상이 떠오를 때 그 앞에 앉아 보았지만 스크린 보랴 글자판 보랴 정신이 분산되어 번번이 실패를 해 습관이 무섭다는 것을 실감했다.

아직까지는 연필과 지우개 그리고 원고지를 향한 마음과 습관을 바꿀 수가 없나보다. 컴퓨터에 글을 옮기고, 원고지로는 몇 장 정도 되나 가름해보기 위해 도구란에 있는 원고지로 옮겨 보기도 한다.

지금도 원고지를 구할 수 있다면 책상 위에 가득 쌓아놓고 싶다. 사각거리며 귀를 간지럽히는 연필로 그 안을 가득 채운다면 좋은 글이 나올 것 같다. 조상님들이 '문방사우'라며 필기 도구를 벗처럼 즐기던 것처럼 나에게도 연필과 지우개 원고지가 그렇다.

그러나 무시할 수 없는 것이 시대의 흐름이니 컴퓨터에 직접 글을 풀어내려는 노력도 하고 연습을 해서 차츰 바꿔 나가는 것도 나쁘지는 않을 것 같다. '컴맹'이라는 말로 고집과 습관을 미화시키다 보면 너무 뒤처질 것이니 고쳐야 될 텐데….

화려한 외출

일상에서 벗어나 하루쯤 자신을 위해 사치를 부려 보는 것도 삶의 활력소가 된다. 귀한 생일선물을 받았기에 언니와 화려한 밤외출을 시도했다. 나풀나풀 긴 드레스에 하이힐 그리고 구슬 지갑이 몸에 어색했지만 한껏 멋을 부렸다.

월트디즈니 홀에서의 조수미 데뷔 20주년 공연. LA 다운타운을 스치고 지나며 먼발치로 보았던 디즈니 홀. 전형적인 회색의 높은 빌딩 숲과 대조를 이루며 기울어지고 구부러지고 휘어진 스테인레스 빌딩. 은빛 닻을 올리고 검은 파도를 가르며 항해하는 거대한 범선처럼 보였다. 아니, 범인의 근접을 막으며 신전을 지키는 신성한 은빛 봉화같기도 하다.

성장(盛裝)을 한 사람들이 곳곳에서 그 건물을 배경으로 사진을 찍었다. 나도 그 대열에 끼어 카메라 렌즈 안에 그 웅장한 모습을 담으려 이리저리 재어 보았지만 차고 넘쳐서 안타까웠다. 스테인레스스틸의 표면에서 반사되는 빛으로 주위의 식물이 죽고, 열기와 빛이 근처 빌딩에 나쁜 영향을 준다는 불평에 겉표면을 깎아내었는 데도 눈이 부셨다.

LA 태생인 프랭크 게리가 완공까지 10년이 걸려 만든 건물이다. 구속받지 않고 자유로운 디자인을 추구하는 건축가인 그는 기존의 논리와 규칙 그리고 질서를 파괴한다는 평가를 받고 있다. 외양이 특이해 이미 다운타운의 명소가 되었지만 눈에 뜨이지 않는 내부시설 또한 그에 못지 않다고 한다. 2,265석의 좌석, 홀의 공간과 표면 재료는 기계장치로 증폭되지 않는 개인 악기와 노래 원음이 명확하고 적절한 진동수에 의해 전달될 수 있도록 음향시설에 심혈을 기울였으며, 앞으로 그가 설계한 6,125관의 파이프 오르간이 설치될 것이라 한다.

안으로 들어서니 하이힐이 푹푹 파묻힐 정도의 부드러운 주황색 무늬의 카펫과 구름 속을 헤집고 다니듯 은색 물결이 조화를 이루었다. 원목 나무의 자연스러운 마무리, 그리고 군데군데 놓인 파란색의 소파가 불균형을 이룬 듯 하면서도 다른 멋이 느껴졌다. 어디를 둘러보아도 보는 각도에 따라 건물 내부가 다른 모습이었다.

설렘을 가득 안고 메인 공연장을 들어서다 언니와 나는 그만 자리에 얼어붙었다. "와!" 더 이상의 말이 필요 없었다. 무대를 중심으로 관객이 빙 둘러앉는 친근한 배치도, 곧게 천장으로 뻗친 무질서한 모양새의 나무 조형물, 그 딱딱함을 덮는 늘어지듯 쳐진 커튼, 앞사람으로 인해 시야가 가려지지 않게 엇비슷 배치된 좌석 등 모든 것이 완벽한 조화를 이루었다.

디즈니 홀에 대한 놀라움이 채 가라앉기 전에 어두워진 조명 속에서 '세계 최고의 레제로 콜로라투라(경쾌하고 우아한 목소리의 기교적으로 뛰어난 소프라노), 밤의 여왕'으로 불리는 조수미가 등장했다. 화려한 드레스차림의 그녀가 허리를 굽혀 인사하는데 그 도도함이 일순간에 청중을 압도했다.

한국인으로서는 최초로 세계 5대 오페라 극장의 프리마돈나로 데뷔한 그녀. 카라얀으로부터 "100년에 한두 명 나올까 말까한 목소리의 주인공", 주빈 메타는 "신이 주신 목소리", 프랑스 르몽드지에는 "요정들도 조수미의 노래에 귀를 기울였다"라고 평가할 정도의 극찬을 받는 그녀. 애국주의로 과대평가를 받는 성악가라는 악평도 따르는 그녀. 바로 조수미. 그녀가 바로 내 눈앞에 서 있었다.

잔잔한 피아노 반주가 흐르고 그녀 특유의 맑고 높은 목소리가 그 리듬을 타고 천천히 우리들의 손을 잡아끌며 자신의 음악세계로 안내를 했다. 몽글몽글 구름 위를 살포시 걷듯이 밝고 맑은 고음이 끊어질 듯 조심스레 이어졌다. 푸른 창공 위를 그녀의 하늘거리는 드레스자락을 날개 삼아 훨훨 날다가 먹구름을 꼭꼭 찔러 시원한 소나기가 퍼붓게 하더니, 곧바로 잔디 위에 앉아 산들바람을 맞는 편안함을 느꼈다. 성난 파도가 휘몰아치듯 강하게 몰아 붙였다가 어느새 모래언덕을 살살 달래듯 스르르 어루만져 주었다. 어두운 밤 잠든 조불수 몰래 별 하나하나를 얄밉게 톡톡 떼어내듯, 은쟁반에 옥구슬 구르듯, 웅장하게 폭포수가 쏟아져 내리다 물 표면에 다달아 소심해져서 방울방울 부서지듯 그녀는 그렇게 나의 감성을 자극했다.

혼신의 힘을 다하는 그녀. 언젠가 한 인터뷰에서 "무대는 나와 청중 사이의 연애이다. 사랑하는 이에게 잘 보이고 싶고, 또 할 수 있는 한 최대의 아름다움과 지성으로 그이의 사랑을 확인받고 싶은 그런 마음이랄까, 때문에 난 사랑하는 사람을 대하듯 늘 설레고 두근거리는 마음으로 내 무대를 준비한다. 그리고 무대 위에 올라 노래로 나의 모든 감정과 혼을 표현한다"라고 했었다. 그녀의 공연을 직접 대하니 그 말뜻을 이해할 수 있었다.

적당한 시간이 흘러 그녀의 고음 따라 잡기에 슬쩍 한숨 돌릴 때였다. 어떻게 눈치를 챘는지 무대를 제압하던 여왕은 사라지고 한 손에 부채를 쥔 태엽인형이 되어 우리 앞으로 돌아왔다. 손에 쥔 부채를 이용해 피아노 연주자와 함께 장난기 가득한 몸 동작과 노래로 청중을 웃음바다로 몰아 넣었다. 강한 카리스마에 숨겨진 천진스러움으로 그녀는 끼를 발산시켰다. 다른 매력은 '조수미 표 드레스'에도 있었다. 원색에 가까운 색상과 화려한 디자인으로 그녀의 몸매를 뽐내고, 곁들인 깃털 장식 등이 왕실 만찬의 주인공 모습이었다. 특히 마지막으로 입은 황금빛 드레스는 금빛 물결이 흘러내릴 듯 출렁거려 우아함에 화려함을 더 했다.

클래식 음악에 문외한인데도 그녀의 열정적인 무대에 시간이 어떻게 흘렀는지 모르게 흠뻑 빠져 있었다. 마지막 곡이 끝나자 모든 청중의 기립박수가 끊이지 않자 몇 번이나 앙코르곡을 불러 답례를 해 주었고, 우리 가곡 「그리운 금강산」으로 서로의 아쉬움을 달랬다.

나의 화려한 외출은 월트 디즈니 홀과 조수미와의 만남으로 추억의 한 장에 강하게 남을 것이다. 돌아오는 차안에서도 그녀의 톡톡 튀는 고음이 귓가에 맴돌기에 그녀가 따라오나 하는 착각이 들어 뒤돌아보니 영화의 한 장면이 방금 나온 그 건물과 겹쳐졌다. 미키 마우스가 뾰족한 단 위에서 지휘봉을 흔드니 물결이 그 리듬에 맞추어 춤을 추던 디즈니 만화영화가.

온몸으로 느꼈던 서커스

책 정리를 하다 특이한 표지 그림이 담겨진 CD케이스를 발견했다. 한쪽은 광대의 얼굴이고 다른 편은 유연한 동작으로 몸을 뒤틀고 접은 듯한 무용수의 모습이었다. 궁금함에 음악을 틀고 커피 한 잔을 손에 들었다. 물방울이 떨어지면서 왕관 무늬를 만들 때처럼 맑게 튀는 듯하다가 갑자기 검은 망토를 휘날려 태양을 덮어 버릴 듯 음산한 음악에 소름이 돋았다.

아하! 이제 생각이 났다. 언젠가 친구와 서커스 구경을 갔다가 사온 것이다. 친구가 서커스 공연을 함께 가자고 했을 때, "이 나이에 웬 서커스 구경을 가니? 아이들 있는 집이나 갈 수 있게 표를 주지." 나의 반문에 어른들을 위한 서커스라고 했다. 얼른 이해가 가지 않았지만 표값이 아까워서 별 기대 없이 따라나섰는데 LA스테이플 센터의 주차장을 가득 메운 알록달록한 텐트들이 장관이었다. 텐트 안에 들어서며 시큰둥했던 마음은 어디로 가고 나도 모르게 동심의 세계로 빠져들었다.

서크 드 솔레이(Cirque de Soleil)는 '태양의 서커스'라는 뜻을 지녔는데 그

날의 공연은 바레카이(Varekai). 집시 말로는 '어디든(Wherever)'이란 뜻이란다. 바레카이는 화산이 모여 있는 깊은 산중에 한 남자가 하늘에서 떨어져 신비로운 물체, 영혼들과 만난다는 내용이라고 했다.

조명이 꺼지며 내 눈앞에 펼쳐진 무대는 장관이었다. 2,544석의 거대한 서커스 텐트 안에 거미줄처럼 얽힌 켄베이어 시설들이 공중을 메웠고, 무대 뒤편으로는 대나무들이 천장을 찌를 듯 빼곡이 들어선 모습이 색달랐다. 곰이나 원숭이 등 동물들과 곡예사들이 보이는 공중 곡예나 마술쇼 정도로 생각했던 나의 선입견은 여지없이 무너졌다.

마치 선과 악의 상징을 나타내듯 하얀 의상에 고운 목소리의 여자와 검정 의상의 무게 있는 음성의 남자가 경쟁이라도 하는 듯 아니 서로를 반박하듯 교대로 노래를 부르며 진행을 했다. 신출귀몰하는 공연자들로 인해 마음을 졸이며 관람을 했다. 두더지가 땅을 헤치고 고개를 내밀 듯 무대 바닥에서 슬그머니 솟아오르고, 공연 내내 대나무 줄기 사이를 누비며 거꾸로 또는 다람쥐같이 이리저리 날으며 곡예를 했다. 때론 그네에 매달리고, 거대한 공을 굴리며, 길게 공중에 늘어진 줄 사이를 서로 일정하게 얽히고 풀리는 아슬아슬한 장면을 연출했다.

아크로바딕은 곡예를 뜻한다고 한다. 기계체조나 서커스에서 보이는 공중 동작이라는데 인체가 보여줄 수 있는 아름다움을 가장 극대화시키고, 여기에 무용과 발레 체조 연극 라임 또 음악을 곁들여 보통의 서커스를 예술로 승화시킨 공연이 바로 '서크 드 솔레이'의 특징이란다. 그들은 유럽피안 스타일의 서커스단으로 프랑스계 캐나다인들이라고 했다.

뚜렷한 줄거리와 그에 맞게 창작된 음악과 안무 무대시설 및 장치

조명 화려한 의상들은 그들만의 독특함을 그대로 드러냈다. 불어로 진행되어 과정을 다 이해할 수 없었지만 그 언어와 불란서 풍의 음악에서 왠지 모를 비밀스러움과 부드러움 속의 까다로움 그리고 신비감을 느꼈다. 또한 공연자들의 매 순간 신기에 가까운 동작들은 마치 관객들을 희롱하는 듯 가슴을 졸였다 풀었다 했다. 눈에 뜨이는 안전장치나 그물도 없이 열 명이 넘는 그들이 가느다란 줄에 매어 들어 올려지고 단지 서로의 손과 발에 의지해 공중에서 재주를 넘고 몸을 활처럼 휘며 두 몸이 하나인지, 다섯이 둘인지 분간할 수 없을 정도로 움직였다. 그 중 누구 하나가 실수로라도 박자를 놓치면 모두가 바닥으로 곤두박질칠 것인데… 한 치의 소홀함 없는 동작들의 연속이었고 완벽한 호흡을 이루었다.

관객들이 소외되지 않게 예상치 못한 순간에 공연자들이 관객석으로 뛰어들고, 때론 머리 위에서 아슬아슬 곡예를 펼치며, 뒤편에서 비누방울을 날려 모두가 혼연일체가 되게 만들었다.

내용을 파악하려 들지 말고 그냥 가슴으로 느껴 보라는 친구의 말에 두리번거리던 시선을 거두고 마음을 열었다. 어려운 듯 하면서 귓가를 쉼 없이 자극하는 음악과 노래는 마음을 가라앉혔고, 마치 뼈가 없는 것처럼 온몸을 자유자재로 움직이는 동작을 그냥 눈에 담았다.

음악에 빠지다보니 어느새 어깨가 으쓱거리고 손가락이 꼼지락거린다. 내 몸이 어느새 무대로 뛰어 올라간 듯 했다. 아니 내 몸이 무대가 아닐까 하는 환상에 빠져들었다. 안에 있는 세포들이 심장의 박동에 따라 각자의 역할에 맞게 움직이고 제자리를 지킴으로 내가 존재하는 것은 아닐까. 그래서 내가 살아있고 숨쉬고 온갖 감정들을 느끼는 것은 아닐까.

　정신적으로는 머릿속에 온갖 생각들이 나의 의지와는 상관없이 상상의 세계를 만들고 그 안에서 끊임없는 다툼과 변화를 통해 '나'라는 사람을 만들어 가는 것인지도 모른다. 육체적으로는 서로 다른 듯 하지만 하나로 뭉치고 때론 흩어지면서 신진대사를 이루기에 내가 존재하는 것이다. 너무 비약하는 것인지 모르지만 서커스를 관람하는 내내 나는 속 안의 무언가를 찾으러 다녔다.

　손가락 끝에도 표정이 있고 발끝으로도 의사를 표현해 낼 수 있는 신체의 신비로움과 그것을 예술로 승화해 내는 노력에 감탄을 했다. 한 동작마다 감정이 실리고 소그룹이 모여 주제를 나타내고, 무대의 모든 것들이 한데 어우러져 한 편의 훌륭한 작품을 만드는 것이 너무 멋있었다. 좋은 경험을 했고 온 몸으로 느꼈던 서커스 구경이었다.

　그 시간으로 돌아가 공연을 떠올리며 향기로운 커피의 향과 음악에 동화되다보니 손가락들이 저절로 박자를 맞추며 움직였다. 의자 깊숙이 기대며 내 몸의 움직임에 따라가 보련다. 상상의 나래를 펼치면서 내 몸의 세포들이 자유자재로 움직일 수 있게 놔두어야겠다. 손가락이 가늘게 리듬을 타며 다른 세포를 깨우려 한다.

피부의 수난시대

　백색 미인을 향한 여성들의 선호와 욕망은 끊임없이 이어져 왔다. 변하는 시대나 지역적 구성에 따라 미인의 기준은 달랐지만, 하얀 피부에 대한 바람은 더 깊어진 것 같다. 클레오파트라는 당나귀 젖으로, 명성황후는 러시아 공사 부인이 준 연백분을 사용하며 하얀 피부를 갖기 위해 애를 썼다는 기록을 읽은 적이 있다. 드라마 「허준」에서도 기생들이 한약재인 당귀를 구입해 세수를 한다는 장면이 나왔다. 화장품 선전이나 광고에서 백색피부를 강조한 것은 미의 기준이 피부에 있기 때문이리라.

　며칠 전 파운데이션을 다 써서 새것을 구입하려고 한국산 화장품을 파는 상점에 갔다. 미국 것에 비해 가격이 비싸고, 용기만 그럴 듯 했지 양이 적다며 주위에서 말들을 하지만 한국산을 고집하는 나름의 이유가 있다. 한국인을 대상으로 연구하고 개발된 것이니 부작용이 덜할 것이고, 이왕이면 우리 나라 물건을 애용하자는 어설픈 애국심의 발로에서이다.

기껏 해야 일년에 두 번 정도 가지만 문 앞에 서면 마음속으로 다짐을 해두는 말이 있다. '이번에는 꼭 필요한 것만을 사야지'라고. 그러나 눈앞에 펼쳐진 화려한 색상의 화장품과 판매원의 유혹 앞에 다지고 다진 나의 여심은 여지없이 무너져 버린다. 요즘 유행하는 색조 화장품을 내놓으며 엉성하고 급하게 부실공사를 한 내 얼굴을 다시 고치고 매만져주었다.

"이것 좀 봐요. 너무나 다르죠? 얼굴이 한결 환해지고 인상이 달라 보이죠? 그리고 피부 톤이 검고 칙칙하니 화이트닝 제품을 한번 써 보세요. 변화된 자신을 느낄 거예요."

새로 개발된 화장품의 특성과 미백효과를 설명해 주었다. 가격이 비싸서 망설이는데 선전기간이라 할인해 준다며 부추겼다. 그들의 권유에 못 이겨서 할 수 없이 산다는 방패막이를 했지만 하얀 피부를 원하는 내 마음속의 눈이 먼저 구입하라고 아우성을 쳤다.

멜팅팟이라 불리는 LA에 사니 여러 민족과 만나게 된다. 피부색이 다양한 만큼 대하는 느낌이 다르다면 너무 비약한 건가. 백인지역에 들어서면 눈에 뜨일 나의 피부색으로 동물원의 원숭이로 보이는 것은 아닐까 싶어 행동에 제약을 받는다. 반면 흑인들과 있게 되면 괜히 우쭐해져 우월감에 빠지고, 같은 동양인과는 동질감에 편안해지는 게 나만의 느낌일까.

자유와 인권의 나라 미국에서도 공공장소에 백인과 유색인종의 출입이 엄격히 구분되었던 시절이 있었다고 한다. 지금도 표면적으로는 드러나지 않지만 피부색을 바탕으로 인종차별을 하기에 백색피부를 동경하는지도 모른다. 유명하고 돈 잘 버는 흑인 운동 선수들의 부인이 대부분 백인 여성들인 것은 그 단면이 아닐까.

어릴 적에 이런 농담을 했던 기억이 난다. 하나님이 사람을 만들 때 덜 익힌 것이 백인이고, 깜박 졸아 태운 것이 흑인이며, 적당히 잘된 것이 황인종이라고 했었다. 피부는 멜라닌 색소의 차이에 따라 결정된다는 과학적인 이론을 굳이 들먹이지 않아도 이제 이런 말은 하지 않는다. 더욱이 이민이라는 지역적 이동과 '세계가 하나로'라는 표현대로 타 인종과의 결혼으로 혼혈이 늘어 피부색만으로 민족을 구분하기가 어려워졌다. 더욱이 과학의 발달로 멜라닌 색소를 생성하거나 억제하는 신약이 개발되어 그 크림을 바르면 흑인도 백인이 될 수 있단다.

초등학교 때 미술시간에 쓰던 크레용 중에 살색이 있었다. 만약 없을 때에는 주황색에 하얀색을 덧칠해 사용했는데 그 소식을 듣고는 어릴 적 일이 떠올랐다. 과연 살색의 기준이 어디에 근거한 것일까. 굳이 하얀색을 섞어야 했을까. 고개가 갸웃해졌다.

자연스러운 것이 가장 아름답다고 한다. 인위적으로 바꾼 피부색이 인생에 큰 의미가 있을까. 자기 만족은 될 수 있을지언정 아름다움과 우열의 가름대는 결코 되지 못한다. 내 피부를 백옥같이 하얗게 만들고, 머리는 금발로 염색을 한다고 가정해보자. 눈동자에 코발트빛 렌즈를 끼워 넣고, 깊은 쌍꺼풀도 만들어 보자. 그리고 거울 앞에서 내 모습을 바라본다면 과연 어떤 기분이 들까.

정말 중요한 것이 무엇인지를 깨닫지 못하고 사는 것 같다. 겉으로 드러난 피부색만 바꾸려고 할 것이 아니라 마음이 먼저 변화되어야 할 것이다. 남에게 피해를 주거나 불편하게 하면서 내 이익을 챙기려는 욕심, 나만 무사하면 된다는 안일한 이기심, 상대를 무시하고 누르는 자만심이 마음속을 검게 물들이고 있는데 얼굴만 하얘지려고 노력하면 무슨 소용이 있을까. 얼굴뿐 아니라 마음을 변하게 해줄 약품을 개발해 낸다면 노벨 과학상이나 평화상은 따 놓은 당상일 것이다.

피부를 곱게 유지하려면 잠자리에 들기 전에 세수를 깨끗이 하는 것이 최고라 한다. 밝은 미소와 건전한 마음자세가 건강한 혈색을 만든다니, 선천적으로 타고난 피부를 바꾸려 애쓰는 것보다, 청결한 피부와 마음이 건전한 미인이 되고 싶다.

화장대 위에 놓인 화장품만 열심히 바를 것이 아니라 환하게 웃는 얼굴도 연습해 봐야지, 죄 없는 피부만 고생을 시킬 것이 아니라…

색다른 예방주사

사춘기에는 정신적 성장을 하며 인생의 언덕길을 박차고 오르는 원동력을 얻는다. 그런데 갱년기에는 육체적 노화를 겪으며 인생의 내리막길로 떠밀리는 것 같다. 그래서 중년의 여성들이 모이면 화제의 중심에 갱년기라는 병명이 자주 오르내린다. 40대에 접어들며 폐경기와 함께 여러 종류의 부인병 증세를 자각하게 되고 노화현상이 일기에 동병상련의 심정이 된다.

그 증세들을 대충 주려보았다. 피부가 건조해져 주름살이 늘어나며, 불면증에 시달리고 두통이 생긴다. 갑자기 더워지거나 추워지며 몸 안의 기류가 변덕을 부린다. 감정의 기폭이 심해지고 성격이 거칠어지는 것을 깨닫게 된단다. '나이가 들어가는 징조야'라며 체념을 하고, 위안을 삼지만 이유 없이 자주 아프고 무기력해져 우울증에 걸리기 십상이다. 가끔 괜한 일로 짜증을 부리고 만사가 시들해지며, 기억력의 감퇴로 낭패를 겪게 되면 '갱년기 증상'이라는 그럴싸한 명색으로 치장을 해 가족들에게 면죄부를 받으려 한다.

중년여성을 괴롭히는 또 다른 병이 있다. 세월의 흐름에 따라 찾아드는 '호르몬 변화'라는 병리적 증상 말고도 심리적 불안을 조장하는 무시 못할 복병이 바로 화병이다. 어릴 적 어른들이 울화병이라는 말씀을 하실 때 그 의미를 이해하지 못했고, 주위의 어른들이 하시는 남다른 행동이 낯설기만 했다.

큰어머니가 그랬다. 어쩌다 큰댁에 가면 부뚜막 앞에 쪼그리고 앉아 속고쟁이 안에서 담배꽁초를 꺼내어 피우셨다. 엄지와 검지 손가락으로 꼭꼭 다듬은 후, 그 사이에 끼고 깊은 한숨과 더불어 연기를 뿜어 내셨다. 여자가 담배를 피운다는 거부감보다 처량맞은 자세가 더 마음에 걸렸다. 한숨에 부엌바닥이 꺼질까봐 걱정이 될 정도였다. 아마도 그분의 한을 담아 내셨던 것 같다.

우리 집에 사시다시피 하시던 아주머니가 계셨는데 '뇌신'인지 '명신'인지 이름이 가물거리는 가루약을 자주 입에 털어 넣으셨다. 그럴 때마다 입가에 하얀 가루가 묻었는데 굵은 마디와 거친 주름이 새겨진 손으로 쓰윽 닦아내시는 신경질적인 모습이 기억에 남아 있다. 동네에서 술주정으로 유명한 남편과 늦게 본 무남독녀 외딸이 병약했고, 가난에 찌든 생활이 그분을 시달리게 했기에 두통과 소화불량으로 습관적으로 복용하셨다는 걸 나중에 얻어들었다.

막내며느리면서도 집안의 대소사를 챙겨야 했던 엄마는 가슴앓이를 자주 하셨다. 며칠씩 자리에 누우시면 아버지는 바람을 쐬자며 두 분이 여행을 떠나시곤 했다. 내가 중학생일 때였는데, 두 아이를 키우면서도 눈에 뜨이는 멋쟁이이던 큰언니가 불면증에 시달리더니 하루가 다르게 바짝 말라갔다. 병원에서는 아무 이상이 없다는 데도 어른들은 둘러앉으면 두런두런 걱정을 했다. 나는 어렸기에 그 깊은 이면의 사정들을 알지 못했지만 요즘 돌이켜 보니 중년 초입의 나이로 이 두 가지의 병이 똬리를 틀고 있었기 때문이리라.

어느새 나도 중년의 문턱에 들어섰다. 세상살이의 여러 문제점들을 거치며 살다보니 어쩔 수 없이 답답함을 안으로 삭여야 했고, 그 앙금들이 바로 화병을 불러온다는 것을 깨달았다. 가슴이 답답하고 무언가 묵직한 덩어리가 명치께에 탁하니 걸린 듯한 느낌이 바로 그것일 것이다. 우울하고 불안하며 자꾸 안으로 움츠려 들게 되고, 반대로 어느 순간 폭발하면 내 감정을 자제할 수 없기에 스스로 놀라게 된다. 이것이 화병으로 인해서인지, 갱년기 증상인지 구분이 안 되지만 어느 쪽이라도 달갑지 않은, 아니 거부하고픈 불청객임에는 틀림이 없다.

이런 기분에서 벗어나기 위한 방법은 사람의 생김새만큼 다양하다. 수다를 떨거나 노래방에 가서 목이 터지게 노래를 부르면 속이 시원해진다는 아주머니가 있다. 한국 드라마 비디오를 잔뜩 빌려다 보는 것으로 풀기도 한단다. 음악을 들으며 진하게 탄 커피를 우아하게 마시는 것으로, 또 경제적 여유가 있다면 쇼핑을 하거나 여행을 하는 이도 있다.

어떤 방법이든지 자신에게 맞는 것을 찾아내 그 감정에 휘둘리지 말고 이겨내야 하리라. 화는 스트레스이고, 이것이 기의 흐름을 막아 질병을 불러오기 때문이다. 결국 갱년기와 화병은 중년여성의 삶의 동반자인지도 모른다.

이것을 이겨낼 색다른 면역 예방주사를 맞는 것으로 중년기의 대비책을 삼으면 어떨까. 그 동안 우울하고 서운했던 감정을 털어내자. 일인 다역을 동시에 훌륭히 소화해 내야 한다는 강박관념에 스스로 채근해 대면서, 한편으로는 칭찬과 보상을 받으려던 기대를 던져 버리자. 남편과 자식에게 느끼는 허탈함과 소외감을 무시하자. 시댁에 대한 의무감을 덜어내자. 그리고는 나 자신을 위해 시간을 할애하고 나만이 즐기는 소일거리를 찾아내 성취감을 갖자.

옛날 엄마들처럼 한숨과 체념으로 남은 삶을 보내고 싶지 않다. 사춘기처럼 오춘기로 불리우는 갱년기를 인생의 또 다른 장을 여는 보람되고 알찬 시기로 만들고 싶다면 지나친 욕심일까.

세 번의 필터

불안하고 걱정스러운 생각은 우리의 내면을 가난하게 만든다. 걱정에서 시작된 한 점이, 반복되는 생각 속에서 상황을 부정적으로 몰아가며, 점점 자라나 남겨진 기쁨을 앗아가 버리기 때문이다.

지난 2주 동안 일상적인 생활 속에서도 명치끝에 돌멩이 하나가 매달린 기분이었다. 한국에서 온 전화 한 통이 그 원인 제공을 해주었다. 술 한 잔 걸친 큰오빠는 둘째언니가 아프다며 무언가에 화가 난 듯한 음성이었다.

심상치 않은 느낌에 연락을 해 보니 자궁 안에 물혹이 있는데 크기 때문에 수술을 해야 된단다. 의학 쪽에는 문외한이면서도 그 물혹이라는 것에 의심이 갔다. 양성이 아니라 악성이라면 하는 불길함이 목으로 삼켜지며 돌멩이 위에 묵직함으로 얹혀졌다.

'걱정할까봐 숨기는 것은 아닐까, 아니면 언니도 모르는 상태여서 가볍게 말한 것은 아닐까, 혹뿐 아니라 자궁까지 들어내야 한다면 언니가 여자로서 얼마나 마음의 상처를 받게 될까.'

시계추처럼 흔들리는 걱정이라는 돌덩이로 마음속의 벽이 퍼렇게 멍들었는지 뭉근히 아팠다. 보다못한 남편은 "걱정도 병이다. 그건 니가 연속극을 너무 많이 봐서 그런 거야"라며 면박을 주었다.

혹시나로 가정되어진 병명 때문에 다른 가족에게 돌려가며 전화를 해댔다. 누구의 말에도 믿음이 안 가고 한 마디 마디마다 되새겨 보며 꼬투리를 잡으려 애썼다. 요즘 중년의 여자들이 흔히 받는 수술인데 대수롭지 않다고들 했다.

어제 수술을 마치고 나온 언니와 통화를 했는데 안정된 음성과 형부의 들뜬 듯한 말투에서 비로소 그동안 막혔던 속이 시원히 뚫렸다.

"언니는 왜 사람을 놀래키고 그러냐? 그나저나 다이어트 안해도 자동으로 한 근 정도는 빠져나갔겠네?"

반가움의 눈물을 찔끔거리며 언니에게 건넨 농담으로 걱정의 찌꺼기들을 털어 내었다.

이번 일뿐 아니라 매사가 이런 식이다. 소심한 성격 탓을 해보지만 그때뿐이다. 그렇지 않아도 세상사는 녹록치 않아, 기습적으로 우리를 덮쳐 뒤흔들어 놓거나 삼키려 한다. 그런데 보태어 앞서는 걱정으로 문제점을 크게 비약시켜서, 만나기도 전에 포기하거나 더 깊은 수렁으로 밀어넣곤 했었다.

걱정에 대한 비유 한 토막이 있다. 걱정의 40%는 절대 현실로 일어나지 않는다. 걱정의 30%는 일어난 일에 대한 것이다. 걱정의 22%는 사소한 고민이다. 걱정의 4%는 우리의 힘으로는 어쩔 도리가 없는 일에 대한 것이다. 나머지 걱정의 4%만이 우리가 바꿔 놓을 수 있는 일에 대한 것이다. 결국 걱정의 96%는 이미 자신의 통제권을 벗어난 것이니 쓸데없는 걱정을 하며 살아간다는 결론이 나온다.

둘째언니의 일을 겪고 나니 비생산적인 일로 잃어버린 시간과 헛되이 써버린 마음들이 아까웠다. 부스러기가 되어 흐지부지 떨어져 뒹구는 소중한 감정들이 비명을 지르는 듯했다. 풍성했던 정서들도 이런 데 소모해버리기에 점점 메말라 가는 것이리라. 그래서 삶의 방식에 변화를 주어야겠다는 자각이 들었다.

'세 번의 필터.'

걱정거리가 내 생각의 문턱을 넘으려 할 때, 그것을 세 번의 필터에 거른 후 받아들이자는 것이다.

첫 번째 필터가 '멈춰'라고 말하는 것이다. 나쁜 방향으로 향하기 쉬운 생각에 일단 제동을 걸어 멈추게 한다. 두 번째 필터는 심호흡을 깊게 하며 마음을 가다듬는 것이다. 한 박자 쯤을 들이므로 올바른 판단과 행동의 지시를 유도해 본다. 세 번째 필터는 내면의 소리에 질문을 하는 것이다. 행복하길 원하냐 불행하길 원하나. 물론 행복 쪽의 손이 번쩍 올려질 것이다.

언니의 몸에서 아무짝에도 소용없는 나쁜 부분을 제거했듯, 이렇듯 세 단계를 거치면 찌꺼기나 불순물은 걸러지고 순전한 결정체만이 남겨지리라. 상황에 압도당하지 말고, 마음의 평정을 유지하게 되면 모든 일을 긍정적으로 받아들여질 것이다. 여유롭고 풍요로운 마음을 만들고 싶다.

걱정의 새가 머리 위에 맴도는 것은 어쩔 수 없으나 머리에 둥지를 트는 것은 막을 수 있다고 하지 않는가…

4부

그와 그녀

그와 그녀

'그'라고 불러야 하나, '그녀'라고 해야 되나 혼란스럽다. 일단 그가 남들에게 보여지기를 원하는 대로 '그녀'라고 불러야겠다. 그녀는 가끔 가게에 오는 손님인데 오늘은 얼굴이 벌겋게 달아오른 채 가게 안으로 급하게 들어섰다. 문가에서 서성이는 폼이 구입할 물건이 있어서는 아닌가 보다.

그녀는 늘씬한 각선미를 자랑하려는 듯 변함없이 짧은 미니 스커트를 입었다. 배꼽이 드러나는 면 티셔츠 안의 두 봉오리는 팽팽히 솟아올라 옷에 옆으로 길게 주름이 잡혔고, 잘록한 허리와 군살 없는 아랫배는 여자인 내가 보아도 부러웠다. 짙은 속눈썹이 눈을 껌뻑일 때마다 그림자를 드리워 얼굴에 어린 우수가 어색함과 잘 어우러졌다. 어깨선이 각지고 넓은 것이 흠이라면 흠일까, 완벽한 몸매를 갖추었다. 평소에는 그녀가 무안해 할까봐, 내 스스로도 멋쩍어 똑바로 보지를 못했는데 문에 살짝 기대어 옆으로 서 있기에 편안하게 훔쳐 볼 수가 있었다.

잠시 후 경찰차의 사이렌 소리가 점점 가까워지더니 '끼익' 하는 소리와 함께 그녀가 퉁겨지듯 뛰어나갔다. 아이들이 패싸움을 하거나 교통 위반자를 잡은 것이겠지 짐작하며 나도 구경 삼아 나갔다. 의외로 그녀가 경찰과 이야기를 나누고 있었고, 조금 떨어진 곳에 몇 명의 남자 고등학생들이 다른 경찰에게 무언가를 설명하는 듯했다.

구경꾼들이 하나 둘씩 모여들었다. 궁금한 마음에 옆에 있는 사람에게 무슨 일이냐고 물어 보았다. 그의 설명으로는 그녀가 공중 전화를 사용하고 있었는데 뒤에서 '남자냐 여자냐' 하면서 약을 올렸단다. 저희들끼리 시비가 붙은 척하며 그녀를 밀치고, 부딪치며 창피를 주었다고 한다.

그만 두라는 그녀의 제지를 무시하고, 놀리는 강도가 점점 세어지자 화가 나서 경찰에 신고를 했다. 결국 경찰의 중재로 아이들은 사과를 했고, 화가 누그러진 그녀도 받아들이며 한낮의 해프닝은 끝이 났다.

그녀는 여장 남자였다. 그런 사람을 우린 트랜스젠더라고 부른다. 성전환 수술을 받아 가슴도 나오고 외형적으로 여자가 된 것이다. '아담스 애플'이라는 남성만이 가질 수 있는 목울대도 없다. 현대의학의 발달이 이룬 성과라고 해야 되는지, 주어진 성별이 몇 번의 수술을 통해 바뀌어진 것이다. 인간이 인간의 의지대로, 인간의 힘으로 재창조 되었다고나 할까.

해부학적인 성과 정신적인 성이 불일치하는 성주체성 장애를 가진 환자, 또는 타고난 성(Sex)과 행동이나 태도에 의해 성적 역할이 일치하지 않는 사람을 성정체성장애자라고 의학적으로 구분한다. 남자인 겉모습에 여성 성이, 여성인 신체에 낯선 남성이 도사리고 있어 자기가 주인이라며 아우성을 쳐대는 형상이라 표현해 본다.

얼마전 TV에서 '여자보다 예쁜 남자'라는 제목으로 하리수라는 사람이 나온 쇼프로를 본 적이 있다. 그녀는 3대 독자 집안에 대를 이을 아들로 태어났지만 평범한 삶을 살아갈 수가 없었다. 세월이 흐를수록 그의 안에 숨겨진 여성적 성향은 점점 뚜렷해져 한 몸 안에 두 사람이 살아가는 이상야릇한 생활을 했다. 결코 평탄하지 못한 학창시절을 지내고, 군 신체검사시에는 '정신병'으로 병역 면제를 받았단다. 세월이 흐를수록 주객이 전도되니 고민 끝에 일본으로 건너가 수십 차례의 수술을 거쳐 내면뿐 아니라 외모까지 바라던 대로 완전한 여자가 되어 돌아왔다. 자식이 일반적인 삶을 벗어난 것에 가장 많이 저항했지만 또 제일 먼저 받아들여 준 사람은 바로 부모님이었다. 결국 법적으로도 여성으로 거듭나 주민등록증 번호도 바뀌었다.

하리수라는 한 여성으로 거듭 태어나기까지 그녀가 겪은 여러 고초와 번민은 같은 입장이 아닌 사람은 감히 상상도 못할 것이다. 현재 여자의 삶에 만족하고 행복하다는 그녀. 한 남자를 사랑하고 있다는 고백을 수줍게 하는 모습에서 어쩔 수 없는 그녀의 선택에 누가 손가락질을 할 것인가. 여자보다 더 완벽한 외모와 미모를 갖춘 그녀의 모습에 모두 감탄을 했다. 그러나 웃을 때도 얼굴이 팽팽히 당겨지는 부자연스러움은 감출 수가 없었다.

평범한 삶을 사는 사람들이 아니기에 눈에 띄는 것은 당연하리라. 동성애자를 대할 때의 떨떠름한 느낌과 트랜스젠더라는 반남반녀를 볼 때의 낯설음과 어색함은 또 다르다. 성에 대한 편견이 의식 깊숙이 박혀 있기에 그들을 편안하게 받아들이기가 쉽지 않다. 눈길이 한 번이라도 더 머무르는 것은 막을 수가 없다.

선천적으로 주어진 대로 살아갈 수 없는 운명으로 태어난 사람들이다. 그들도 한 인간이며 인격체이기에 자신의 삶을 영위할 권리와 의무가 있는 것이다. 자신의 정체성을 찾으려 애쓰는 사람에게 비정상이라고 손가락질 할 수는 없다. 남자이면서도 여자의 길을 가야하는 그들의 고충과 심리적 갈등 말고도 알게 모르게 받아온 차별대우, 사회의 편견 그리고 그로 인해 가족들이 겪는 고통은 그렇지 않아도 힘든 그들을 더욱 움츠리게 만들었으리라.

다수의 정상인이 소수의 그들에게 거부 반응을 보이고 부당하게 대우하는 것은 옳지 못하다는 생각이다. 하리수라는 여성을 단지 호기심으로, 상업적으로 이용하기 위해 그녀의 심리를 파헤치고, 일거수 일투족을 좇는 등의 비뚤어진 관심을 보이는 것은 또 다른 마음의 상처를 주는 것이리라.

어쩌면 오늘의 이런 일을 그들은 수도 없이 겪었을 것이다. 그녀는 목이 탔는지 맥없이 가게로 들어와 생수를 한 병 샀다. 돈도 내기 전에 벌컥대며 들이켜는 그녀의 모습을 보며 목뿐 아니라 삶의 갈증도 풀어졌으면 하고 바란다. 이제부터라도 몰래 훔쳐보거나 멋쩍어 하며 시선을 다른 곳에 고정하는 어리석음을 저지르지 말아야겠다. 평범하지 못한, 그래서 몇 배로 힘든 그들일 테니까….

그림 같은 바람

'백옥 같은 피부'는 여성들의 소망이다. 이목구비가 완벽하더라도 피부가 받쳐주지 못하면 그 빛을 잃고 만다. 하얀 도화지에 그림을 그려야 물감이 선명하게 제 색을 찾듯이 여성의 아름다움 중 그 첫 번째 요건은 바로 피부가 아닐까.

까무잡잡해 '깜씨'라는 별명으로 불리기도 했던 나는 뽀얗고 투명한 피부의 소유자를 보면 부러움이 앞선다. 파운데이션을 바르지 않아도 잡티가 보이지 않는다거나, 아침에 곱게 한 단장이 저녁때까지 흐트러짐 없다면 감탄까지 하게 된다.

선천적으로 타고난 사람도 복이겠지만 후천적으로도 열심히 가꾸어야 할 것이다. 나이가 들어감에 따라 피부가 노화되고 외부적인 요소들이 고운 피부를 간직하고픈 여성의 꿈을 방해하기 때문이다. 세월의 흔적과 만연된 공해들도 물론이지만 스트레스와 강한 자외선, 약물에 의한 영향들을 주원인으로 꼽을 수 있단다.

고운 피부는 아니지만 잡티는 없었는데 어느 날 눈밑에 거뭇거뭇 자리잡은 불청객을 발견하곤 충격을 받았다. 기미였다. 특별히 미용에 신경을 쓰는 성격이 아니었는데도 자꾸 거울을 들여다보게 되었다. 넓혀지지 않았나, 검어지지 않았나 걱정이 되었다. 그 원인이 무엇일까 곰곰이 되짚어 보니 피임약 때문이 아닐까 하는 나름의 결론에 이르렀다.

둘째아이를 낳고는 임신할 계획이 없었기에 의사의 권유로 약을 복용하게 되었다. 그 부작용으로 위가 덧나더니 얼굴에까지 영향이 미쳤던 것일까. 피임약 속에 든 여성 호르몬이 멜라닌 형성 세포를 자극하고, 주위로 흩뿌려주는 역할을 해 기미가 발생한다는데 43%의 여성에게 이런 현상이 나타난단다.

한번 눈에 거슬리니 거울을 볼 때마다 온 신경이 눈 밑의 기미로 향했다. 피부도 곱지 않고, 때 지난 여드름도 자꾸 돋는데 기미까지 자리잡는다는 생각을 하니 짜증이 났다. 한 달쯤 벼르다 피부과를 찾아 진찰을 받았다.

"할머니 얼굴에 기미 있는 거 봤어요? 없죠? 그때까지 기다릴래요? 아니면 치료를 받으실래요?"

의사가 할머니라는 말에 저울질해볼 시간적 여유도 없이 "그럼 치료를 받아야죠." 하고 말았다.

잠시 후 간호사가 주사를 놔주고 얼굴에 무언가를 발랐다. 간단한 연고쯤으로 알고 누워 있던 나는 얼굴 전체가 화끈거리고 따가워짐에 외마디 비명을 질렀다. 그 치료가 '화학적 박피술'이란다. 얼굴에 화약약품을 발라 인공 화상을 입혀 피부 각질층을 얇게 벗겨내 기미를 제거하는 방법이었다.

내 형편에는 적절한 치료 방법이 아니었다. 집안에서 외출을 삼간 채 지내야 되는 상황인데 하루종일 사람을 상대해야 하는 나로서는 감당할 수가 없었다. 햇볕은 물론이고 형광등 불빛에 노출되어도 피부가 얼룩진다며 파운데이션을 두껍게 발라야 한다고 했다. 흉년에 갈라진 논바닥처럼 쩍쩍 들고일어나는 살갗이 보기에도 흉했으며 화끈거리고 옥죄는 피부가 고통스러워 진통제를 먹어야 할 정도였다.

보는 사람들 또한 거북스러웠을 것이다. 허물을 벗는 나의 얼굴을 호기심과 걱정으로 묻는 손님들에게 일일이 설명하기도 힘이 들었다. 여름방학이라 타 주에 있는 가족들이 휴가차 오고, 서울 손님들도 오셨는데 그런 모습이라 민망스러웠다. 찬찬히 설명을 듣지 않고 덤벙된 자신에게 화가 났다. 한번쯤 정확한 과정을 확인시켜 주지 않은 의사가 원망스럽기까지 했다. 꺼풀을 벗고 나온 속살의 촉촉함과 보드라움에 그나마 위안을 삼았지만 그것 또한 일시적인 현상이었나 보다. 앞으로 두 번 더 박피술을 해야 된다는 말에 고통스러웠던 과정이 떠올려져 다시 할 용기가 나질 않았다. 처음 치료시 관리를 잘못했는지, 하다 말아서인지 그 이후 피부가 더 나빠졌다.

역사상 고운 살결을 지닌 네로 황제의 아내 포페아는 깨끗한 피부를 유지하기 위해 수백 명의 화장 노예를 거느리며 당나귀 젖으로 목욕을 했단다. 서양에서는 로마시대부터 오줌과 벼를 비누로 사용했다는 기록이 있단다. 우리 나라에서도 곰삭은 오줌으로 비누를 삼았고, 창포뿌리나 당귀가루 등을 즐겼다고 한다.

피부는 총 면적 16만cm에 평균 1mm의 두께, 몸무게의 15%를 차지하며 표피, 진피, 피하지방 조직으로 이루어져 있다. 햇빛 속 자외선이 인체에 침투하지 못하게 하고, 세포 변이를 막아주며 외부로부터 각종 세

균과 유해물질을 각화 현상으로 함께 떨어져 나가게 하는 자생 능력 또한 갖고 있다. 미용뿐 아니라 의학적으로도 신체의 중요한 부분이기에 잘 지키고 가꾸어야함은 물론이다.

아름다움을 추구하는 것은 여성들의 숙제이다. 화장품 광고에 나오는 미인들의 고운 피부를 보면 그녀와 같아지고 싶다는 바람에 충동구매를 하기도 한다. 외모에 무신경하다면서도 여성의 본능은 그렇지 않은가 보다. 입에 발린 소리인 줄을 알면서도 예뻐졌다거나 젊어 보인다는 칭찬에 약해지고 기분 좋아짐은 어쩔 수가 없다.

얼떨결에 박피술까지 해 보았지만 별 효과를 얻지 못했고 고통만 받았기에, 억지로 무언가를 한다는 것은 생각지도 않게 되었다. 그저 청결을 유지하고 피부에 맞는 화장품을 사용하는 것이 내가 할 수 있는 최선책이 아닐까? 조금 부지런을 떨어 오이 마사지라도 한다면 더 좋을 것이다.

'백옥 같은 피부'는 나와 연결이 안 되는 그림 같은 바람이기에 그냥 부러움의 대상으로 남겨 두어야겠다.

늦기 전에 챙겨야 할 숙제

억만금을 주고도 살 수 없는 것이 건강이라고 한다. 건강에 대한 과신으로 무관심하다가 몸에 이상을 느낀 후에야 '아차' 하는 경우를 많이 보아왔다. 전에는 모르던 낯선 병들이 산업사회의 부산물로 새록새록 생기기도 하는 반면, 못 고친다던 불치병도 획기적인 치료약의 개발로 물리치곤 한다. 먹고사는데 급급하던 세대에는 건강에 신경쓸 여유가 없었지만, 기본 생활권이 유지되는 세상이기에 관심의 초점이 되어가고 있다.

이런 심리를 알아차린 건강보조식품이 속속 개발되어지고 매스컴의 힘을 빌어 날개 돋친 듯 팔리고 있는 현상이다. 지난해 전 세계적으로 판매된 비처방약품이 825억 달러에 달했으며 이 가운데 3분의 1 이상을 건강보조식품이 차지했단다. 나라별 판매액은 일본이 일인당 135달러, 다음이 미국으로 95달러라고 한다. 암 치료제에서 가볍게는 다이어트 약품까지 그 종류가 셀 수 없이 다양하다.

그 바람을 타고 약이라면 비타민제도 싫어하는 우리 집에까지 꽤 들어와 있다. 건강에 많은 신경을 쓰셔서 그에 관련된 서적도 꾸준히 읽으시는 시아버님 덕분이다. 두통에 좋다는 중국제 환약에서부터, 나뭇잎에서 추출된 근육통에 바르는 물약 등…. 지금은 사용법도 잊혀진 여러 약병들이 어떤 것은 뚜껑도 뜯지 않은 채 서랍 속을 은신처로 삼고 있다.

화학 성분 말고도 식초에 땅콩을 절이고, 버섯씨를 병 속에 키운 뒤 그 물도 마셔보고, 계란 노른자를 볶는 등 여러 민간요법들이 '써 보니까 좋더라.' '만들어 먹어 보니 신기하게 효과가 있더라'라는 유비 통신을 타고 몇 다리 건너다보면, 만병통치약으로 둔갑이 되기도 한다.

아시는 분은 순수 식물성 화장품을 구입했다. 그 동안 화학 성분에 찌들은 세포에서 독성을 제거하고 새로운 피부세포를 형성해 젊음을 유지시켜 준다는 감언이설과 거절할 수 없는 지인의 권유라 거금을 들였다. 사용한 후 한 달쯤 지나 얼굴에 거뭇거뭇한 반점이 생기더니 눈 밑에 세로로 잔주름이 잡히더란다. 피부과에서 진찰을 받았는데 약품성 알레르기라고 하기에 들인 돈이 아깝기는 했지만 그 화장품을 당장 끊었다. 당뇨 치료에 좋다는 약을 복용했는데, 혈당량이 오히려 증가되어 병원에 입원했다는 사람의 이야기도 들었고, 다이어트 약을 복용했다가 반대로 살이 찐 경우도 보았다.

몇 년전 한국에서 세포를 젊게 해 준다는 약이 유행을 했었다. 구해 달라는 부탁을 받고 다섯 병을 보냈는데 얼마 후 신문에 그 약의 부작용에 대해 실린 것을 보고 기절할 뻔했다. 암세포를 지닌 사람이 그 약을 복용하면 세포가 기하급수적으로 자라나 치명적인 악영향을 끼친다는 것이었다. 약화를 자초해 누군가에게 불행이 덮친 것은 아닐까 하는 걱정으로 한동안 한국에 전화 걸기가 꺼려졌었다.

　이렇듯 건강보조식품의 남용으로 버려진 돈은 금전적으로 환산할 수 없이 많다. 더불어 최근 5년간 미국에서 2천6백여 건의 부작용이 보고되고 184명이 사망했단다. 인공적으로 합성된 신약이나 동·식물 광물질 등에서 나온 제품의 제조나 판매는 부작용이 입증되기 전까지 FDA (미 식품의약국)의 허가를 거치지 않기에 더 범람하게 되나보다.

　병원에서 겁나는 수술이나 비싼 치료비를 물지 않아도, 오래 앓지 않아도 간단한 약으로 완쾌가 될 수 있다면 그 이상 바랄 것이 없는 일이다. 의약품에 대해서는 문외한이지만 들리는 성공사례들처럼 모두에게 좋은 효과를 보이지는 못하리라는 생각이다. 체질이 맞지 않거나, 잘못된 투약 방법으로 제대로 효능을 발휘하지 못할 수도 있다. 약 하나가 만병 통치나 만인 통치약이 된다면 어불성설이기 때문이다.

　지푸라기라도 잡으려는 절박한 심정이거나, 건강할 때 지키자는 안전제일주의이건 간에 올바른 사용법이 가장 중요한 것 같다. 약을 과신함에서 오는 남용과, 모르고 사용하는 오용으로 우리의 몸이 알게 모르게 고통을 받고 있다는 것을 깨달아야 할 것이다.

　심한 독감으로 병원에 가신 시아버님이 영양제 한 병을 놔 달라고 부탁을 하니, 의사가 집에 가서 따뜻한 밥 한 공기 드시는 것이 더 좋다며 '하루 세 끼 영양가 있는 식단'이 최고의 건강유지법이라고 권했다. 어릴 적 원기소를 한 알이라도 더 먹으려고 오빠와 다투던 나에게 '밥이 보약이여!' 하시던 친척 할머니의 말씀이 겹쳐졌다.

　넘쳐나는 건강보조 약과 식품 속에 휩쓸려 돈과 시간 또 건강을 낭비하지 말고, 자신에게 맞는 올바른 건강법을 찾아내는 것이 바로 각자의 숙제인 것 같다.

데이비드 사이먼 박사는 완전한 건강을 위한 7가지 열쇠를 발표했다.

"생활 환경에서 독성을 제거하라. 배고픈 만큼만 먹어라. 사랑하는 마음을 키워라. 자연의 리듬을 타라. 열정적으로 즐기며 일하라. 섹스의 중요성을 인식하라."

하나같이 평범하기에 자신의 기존 생활이나 건강에 대한 그릇된 인식을 돌아보게 하는 말이다.

돈으로 사는 아기

아이가 상품화되어 간다. 최근 정자, 난자 은행들이 인터넷을 통해 구매광고를 인터넷을 통해 활발히 내놓는다고 한다. 국제 정자 매매시장의 규모가 1000억이 넘는다니 생로병사를 운명으로 받아들이려는 나는 '쉰 세대'에 끼일 판이다.

멋진 신상명세서를 갖춘 즉, 체격 미모 학벌 지능지수 혈통 등, 최고의 조건을 갖춘 사람들의 것이 뽐내며 팔려 나가길 기다린다. 마치 상점에서 물건을 구입하듯 고르고 골라 흥정한 후에 돈을 지불하면 된단다. 1978년 최초의 시험관 아이가 탄생한 후에 생명과학 부문에서 놀랄만한 발전을 했다. 복제 양이 태어나고 복제 인간까지 현실화시킬 수 있다니 어디까지 이어질지 겁이 나기도 한다.

신이 내린 목소리라는 찬사를 받는 유명 소프라노의 인터뷰 기사를 읽었다. 결혼은 하기 싫지만 돈과 시간이 된다면 정자 은행을 통해 임신하고 싶단다. 더 나이 들기 전에 여자로서의 특권인 출산을 경험하고, 평소에 좋아하던 아이를 키우고 싶다는 것이다. 몇 년전 헐리웃의 최고

인텔리로 인정을 받는 한 여배우의 임신을 둘러싸고 정자 은행을 통한 체외 수정에 관심이 쏠렸다. 평소 그녀의 소신대로 남자와의 관계없이 그녀만의 아이를 가진 것인지, 아빠가 누군지 알리고 싶지 않은 연막전이지는 모르지만 전자일 확률이 높다고 한다.

평범한 우리네 정서로는 쉽게 받아들여지지가 않았다. 마치 식물이 곤충이나 새를 통해서 수정을 하고, 암컷이 알을 낳고 그 위에 수컷이 정자를 뿌리는 물고기의 수정 과정과 무엇이 다를까. 인간과 동물의 사이에 놓인 간격이 좁혀지는 느낌이다. 물론, 모든 사람이 이 방법을 선택하는 것은 아니다. 일부의 특정층이나 앞서가는 사고방식을 소유한 사람들 사이에서 나올 만한 일들이다.

성 관계를 갖지 않아도 임신이 가능하다는 것은 커리어를 쌓아가며 나름의 세계를 구축하려는 여성들에게는 남성들로부터 해방되는 돌파구 역할을 할 수 있다. 반대로 남성들은 종족 유지를 위한 생물학적 대상으로 여성을 대하지 못할 것이며, 절대의 무기를 빼앗긴 상실감에 그 위상이 주춤거릴 것이다. 페미니즘의 승리라고 해야 하나?

'만약'이라는 선제하에 유행의 날개를 달고 넓게 퍼져 나간다면? 수요에 맞추어 공급이 따르듯 좋은 조건을 갖춘 유전자는 프리미엄까지 얹혀지며 팔려 나갈 것이다. 그러다 보면 신종 사업으로 발전되어 한몫 단단히 챙기는 사람도 있을 것이다. 결국 생면부지의 사람들이 자신도 모르는 사이에 반쪽의 핏줄을 갖고도 모르는 채 부대끼며 살아가는 해프닝이 발생하지 않을까. 잘난 사람들만이 판치는 세상. 상상만으로도 어색해서 허튼웃음을 흘렸다.

돈으로 아이를 산다는 것은 지독한 이기심의 발로이다. '내 돈 가지고 내 마음대로'라는 사고방식이 생명의 존엄성과 자연의 섭리를 무너뜨릴 수는 없다. 나중에 아이가 자라나서 자신의 아버지를, 근본을, 뿌리에 대해 묻는다면 어찌 대답할 것인가? '돈'이라고 답할 것인가.

그뿐 아니라, 성(性)의 또 다른 존재의미는 사랑하는 이성간에 육체로 나누는 밀어로, 삶을 유지하는데 무시할 수 없는 본능이기도 하다. 그것으로 인해 따라붙는 부수적인 세상사를 감수하며 삶의 진수를 깨닫게 되는 평범한 진리가 그 안에 있다.

돈으로 살 수 없는 것이 세상에는 아직도 많은데….

장난감과 아이들

아이들은 놀면서 자란다. 놀이나 장난감은 성장기의 필수로 그 세대의 얼굴이 반영되어지고, 그 안에서 세상을 배워 나간다. 혼자서 즐기거나 혹은 친구와 어울리는 매개체로 신체발달을 도와주고, 지능을 키워주며, 사회성을 발달시키는데 중요한 역할을 한다.

누구나 겪어본 일이겠지만 아이들을 키우면서 그것 때문에 잦은 실랑이를 벌이게 된다. 사달라고 조르는 아이와 그들의 마음을 부모가 원하는 쪽으로 돌리려는 회유 사이에서 의견의 차이가 서로 충돌하기 때문이다.

부모의 입장에서는 교육적이며 가격도 저렴한 것이 그 중심 골격이 된다. 단지 노는 데서 끝나는 것이 아니라 학습효과도 높이고 사고력을 키울 수 있는 것을 선호한다. 아이들의 요구에 따라 유행을 좇다보면 획일화된 형태로 개성이 무시되고 창의력을 발달시킬 수 없다는 생각에서이다.

아이들로서는 그들의 욕구를 위해 주장을 굽히려 들지 않는다. 흥미를 유발시키고 또래 사이의 소외감에서 벗어나기 위한 소유욕이 그들을 충동질해댄다. 더불어 얄팍한 상술의 입김이 유행의 돌풍을 일으키며 그들의 마음을 더 자극해 떠밀리듯 휩쓸리게 한다.

얼마 전 작은아이와 장난감 상점에 갔다. 자석에 끌리듯 한참 유행인 게임기 쪽으로 향했다. 그곳에 설치된 선전용 게임기에 매달린 아들 뒤에서 구경을 하다 기절할 뻔했다. 두 사람이 싸우는데 그 정도가 보통 험한 것이 아니었다. 각기 특유의 흉기를 휘두르고 신체의 일부가 잘려져 나가며 뻘건 피가 뚝뚝 떨어졌다. 잠시 후 상대방의 심장을 한 손에 빼내 들고 승리의 환호성을 외치며 기뻐하는 것이었다. 더욱 기가 막힌 것은 죽인 시간을 따져 보너스 점수까지 챙겨주었다. 포상을 받은 것이다.

이렇게 때리고 찌르는 행위에 쾌감을 느끼게 하고 상대를 밟고 일어서야 내가 산다는 경쟁심리를 부추긴다. 비슷한 종류의 게임들이 진열장에서 뽑혀 나가길 기다리고 있었다. 그 표지 그림들이 한결같이 폭력적이어서 외면했지만, 앞에 모여 있는 조무래기들은 초롱초롱한 눈빛들에 감탄사까지 연발하며 떠날 줄을 몰랐다.

요즘 아이들은 주로 손바닥만한 게임기나 컴퓨터에 많은 시간을 소모한다. 집안에서 뿐 아니라 차 안이나 식당 등 움직이는 장소까지에도 손에 들고 다니며 즐긴다. 그래서일까. 아이들의 성격이 과격하고 거칠어져 간다. 네모난 기계 안에서 일어나는 사건들이 가상의 세계라는 것을 인식이나 하고 있을까. 반복되어지는 상황들이 현실로 착각되어지는 것은 아닐까. 그 주인공들에 감정이입이 되어 같이 느끼게 되는 것은 아닐까. 걱정이 꼬리를 물고 머릿속에 똬리를 틀었다.

부딪치고 뒹굴기는 마찬가지겠지만 우리 때에는 자연과 더불어 놀았다. 냇가에서 송사리를 잡으며 종이배를 띄웠고, 풀잎을 꺾어 피리를 만들어 불었다. 쓰다 버린 종이로 딱지를 접고, 신문지를 모아 꼬리를 길게 늘어뜨린 연을 만들어 하늘 높이 날리곤 했다. 흙을 만지며 나무 뒤에 몸을 가리는 숨바꼭질도 하면서 자연과 교감하였다.

풍성한 자연 안에서 재료를 찾았기에 같은 형태의 놀이를 해도 항상 새로웠고 넉넉했다. 자연과 친화력이 생겨 생명의 소중함과 계절의 변화를 통해 순응하는 이치를 깨닫고는 했다. 거기에다 지금처럼 일대 일이 아니라 여럿이 어울려 놀았기에 다툼도 많았지만 포용과 협동심, 그리고 양보를 배울 수 있었다.

현재 장난감의 형태로 미래가 예징된다면 너무 비약된 것인지 모른다. 장난감 안에 아이들의 세상이 있기에 성격 형성에 많은 영향을 미치는 것은 당연한 일이다. 놀면서 자연스레 배워나가는 느낌들이 무의식중에 삶의 밑그림이 되어버리는 것이다. 그때 새겨진 무늬가 세월이 흐른 뒤 행동으로 배어져 나오기에 현재뿐 아니라 미래도 만날 수 있기 때문이다.

부모 자식간의 줄다리기를 떠나 이런 중요한 의미가 담겨져 있기에 장난감은 신중히 골라야 할 것이다. 결국 몇 바퀴 돌다가 두 사람의 바람을 충족시킬 장난감을 찾지 못하고 아쉽게 발걸음을 옮겼다. 돌아오는 길에 전에 내가 하던 놀이나 장난감 중에 아이와 같이 즐길 수 있는 것이 무엇일까 생각해 보았다. 돈을 주고 사는 완제품은 만드는 즐거움을 앗아가고, 상상력을 유발시키지 못한다. 모자란 듯 하지만 풍요로움이 있었고, 평범한 사물에 생명력을 불어 넣어줄 수 있었던 그 시절의 놀이가 그립다. 연을 만들어 날려볼까, 바람개비를 만들어 달리기 해 볼까…

현대인의 필수품

문명의 이기를 제대로 활용하는 것도 삶의 지혜이다. 얼마 전 프리웨이를 달리던 중 예상치도 못했던 일을 겪었다. 매캐한 탄내가 나는 듯하더니 운전대에서 연기가 피어올랐다. 가뜩이나 운전이 익숙지 않아 평소에도 긴장을 하는데 너무나 놀라서 갓길에 차를 세웠다. 당황해서 어찌 할지 몰라 쩔쩔매다가 정비소를 하는 지인에게 휴대폰으로 전화를 했다. 전기가 합선이 된 것이니 걱정하지 말고 운전하라는 답변에 놀란 가슴을 쓸어 내렸다.

돌아오는 길 내내 만약 이런 상황에서 '휴대폰이 없다면?' 하는 생각을 하니 십년감수한 기분이었다. 아마도 어쩔 줄 몰라하며 차안에서 눈물 깨나 흘리고 있었을 것이다. 그 일이 있고 나서 기계치인 나는 외출 시에 운전면허증 챙기듯 휴대폰을 지참한다. 낯선 곳을 찾아갈 때 지도책과 더불어 좋은 길잡이 역할을 해냈다. 차에 문제가 생겨도 허둥대지 않고 대처할 방법을 알 수 있어 덜 불안하다. 급히 연락할 일이 있을 때 발을 구르지 않아도 빨리 전달할 수 있기에 편리하다. 또 요즘은 교통

사고시에 현장을 촬영해 사고처리를 정확하고 원활히 할 수 있어 좋다고 한다.

그러나 좋은 점만 있는 것이 아니다. 휴대폰으로 발생하는 유해성과 안전성도 고려해 봐야 한다. 극장 도서관 등 장소를 가리지 않고 시도 때도 없이 울려대는 전화벨 소리는 분명 소음 공해이다. 앞차의 운전자 머리가 정각 6시에서 5분 정도 좌우로 방향이 꺾어져 있다면 통화중이라는 몸짓이다. 그로 인해 교통 체증이 만들어지고, 잠깐 신경을 돌린 사이 사고를 일으키는 주범이 되기 일쑤이다.

또한 소비를 부추기고 사행성을 조장하는데 일조를 한다. 매년 계약 기간을 갱신할 때 자의반 타의반, 최신형으로 교체하기에 물자가 낭비된다. 우리 집 책상서랍에도 3대가 헝클어져 있는데 버리자니 아깝고 재활용할 방법을 모르기에 이리저리 밀리며 홀대를 받고 있다. 전화요금도 만만치 않다. 무엇이 그리도 바쁜지, 그 상황에서 꼭 필요한 통화인지 생각해 볼 겨를도 없이 쉽게 손이 가기 때문이다. 더욱 휴대폰에서 방출되는 전자파가 인간 혈액세포의 염색체에 이상을 가져 올 수 있고 뇌종양에 연관성이 있다는 연구발표가 나오고 있다.

이런저런 득과 실을 따져보는 것이 무색할 정도로 휴대폰은 이제 현대인의 생활 필수품이 되어 버렸다. 미국에서는 9천4백만 명이, 한국에서는 2천7백만 명이 휴대폰을 소유하고 있고 계속 늘어나는 추세라고 한다. 요즘은 한 사람이 두 개 이상을 가지고 사업용과 개인용으로 사용한다. 한 집안에서 가족끼리도 휴대폰으로 대화를 하는 형세라 오죽하면 '호모 텔레포니쿠스(전화하는 인간)'라는 신조어가 탄생했을까.

필요에 의해서 뿐 아니라, 상업성에 힘입어 많이 달라졌다. 군인들의 무전기만 했던 크기가 손바닥에 쏙 들어오더니 이젠 손가락 두 개 정도로 작아졌다. 전화를 걸고 받는 일차적 용도뿐 아니라 음성, 문자 메시지, 게임기, 계산기, 전자수첩, 동영상도 되고 음악도 저장해서 들을 수가 있고 인터넷까지 기능면에서도 다양해졌다. 요즘 한국에서 나온 신형은 위치추적 장치까지 있어 상대가 말하지 않아도 알 수 있어 거짓말 탐지기처럼 사용되기도 한단다. 일률적이던 벨소리도 개성에 맞는 것을 선택할 수 있을 정도로 나날이 발전되고 있다.

신문과 방송에서 쏟아지는 광고 또한 세련과 합리성으로 포장하고 효율성을 자랑함으로 유혹을 하기에 70대 노인에서부터 초등학교 어린이들까지 신체의 일부처럼 지니고 다닌다. 편리한 것에 안주하려는, 참을성 없는 속전·속결주의인 현대인의 속성을 잘 대변해 주는 것이 바로 휴대폰인 것 같다.

과하면 부족함만 못하단다. 자신이 좀 불편하더라도 타인을 배려할 줄 아는 자세 즉, 공공장소에서 큰소리의 통화나 운전 중에는 금하는 등 최소한의 지켜야할 예의는 지켜야 하지 않을까. 자제하며 적절히 활용할 줄 아는 지혜가 필요하다. 휴대폰을 사용하기 위한 인간이 아닌, 인간의 편리를 위해 존재하는 휴대폰이길 바라본다.

점과 미래

    과거는 지나간 시간이기에 아쉬움과 그리움으로 되돌아본다. 그러나 미래는 한치 앞도 내다볼 수 없는 불확실성에 대한 두려움이 희망이라는 기대를 제치고 먼저 찾아든다. 인생에 있어서 가장 큰 관심을 갖게 되고, 미리 알 수 있다면 하는 바람이 드는 것도 바로 나의 미래이다. 또 다른 후회와 낭패를 겪지 않고 외부의 능력에 의지해서라도 앞으로의 일에 대한 궁금증을 풀고 싶은 것이 사람의 심리이다. 그래서 주술적인 힘 즉 길흉화복을 예측하는 점을 본다.

    신문을 펼치면 그냥 건너 뛰지 못하고 눈이 잠시 머무르는 것이 '오늘의 운세'란이다. 신년이 되면 따로 토정비결을 보지는 않지만 재미 삼아 여성 월간지 뒷면에 나오는 '올해의 운세'를 읽는다.

    80년대에는 다방에 가면 테이블마다 동그란 재떨이가 놓여 있었다. 그 주위에 띠를 나타내는 12동물의 그림이 있고, 100원짜리 동전을 넣고 단추를 누르면 그 날의 운세가 적힌 종이가 돌돌 말려서 나왔다. 길가에 사주관상이라고 쓴 종이와 새가 든 새장을 놓고 꾸벅꾸벅 졸던 할

아버지들의 모습은 점과 연관된 추억 속의 한 장면이다.

결혼 전 친정엄마는 남편의 생년월일을 알아오라고 하셨다. 일륜지 대사라는 딸의 결혼을 앞두고 고심 중이셨다. 유난히 잔병치레를 많이 해 턱밑에 두어도 안심이 안될 막내딸을 먼 타국에 데려가 살겠다는 사 윗감이 불안했기 때문이었다. 일단 궁합을 보고 나서 결정을 하신다고 했다. 지금 기억으로는 서너 군데 갔는데 한 역술가는 천생배필이라 했 고, 다른 무속인은 궁합은 좋은데 액이 끼었으니 액풀이를 하면 백년해 로를 한다고 했다. 결혼을 승낙하시고 공공연한 비밀로 봉천동 산길을 몇 번 오르내리시더니 부적이 든 빨간 봉투를 내 가방에 넣어 주셨다.

대체적으로 점집을 가면 온방 가득 걸린 울긋불긋한 그림 때문에 으 스스한 한기가 돌아 섬뜩하고, 남녀노소를 불문하고 툭툭 건네는 반말 투에 주눅이 들어서인지 돌아서 나오면 들은 내용을 다 잊어버리고는 했다. 주위의 한 분은 큰 곤경에 처하거나 답답한 일이 있을 때마다 점 집에 간다. 다녀와서 나에게 전해주는 내용이 지난번과 판이하게 다른 듯도 하고, 그 소리가 그 소리 같아 복채로 내고 온 돈이 아깝지 않느냐 고 물어 보았다. 속으로 끙끙 앓고 있으니 한번 다녀오면 '내 운이 나빠 서 액땜하느라', '이번 위기만 넘기면 대운이라니' 하며 체념을 하거나 기대를 갖는 등 한쪽으로 마음을 굳히게 되니 오히려 스트레스를 덜 받 는다 답변을 했다. 좋은 이야기는 들으면 안심이 되고, 나쁘다는 것은 조심하게 되어 자기 자신에게 경각심을 갖게 된단다.

한 역술인은 역술상담의 포인트는 앞으로 닥칠 일에 대해 주의사항 을 주는 것이라고 했다. 인생은 지도도 없고 되돌아갈 수도 없는 길이 기에 사고 위험을 피해가고 지혜롭게 대처하도록 도와주는 것이라는 설명이었다.

점을 치는 행위는 인류의 역사와 함께 시작되었다. 서양의 점성술, 크리스탈점, 타로카드점, 숫자를 이용한 동전과 주사위점 등이 있고, 동양에는 거북점과 쌀점, 새점 등 열거할 수 없을 정도로 많다. 이것으로 미루어 보아 동서양을 막론하고 오래 전부터 사람들의 생각과 생활에 밀접한 영향을 끼쳤다는 것이 짐작된다.

합리적인 사고방식으로 산다는 미국에도 이런 미신이 자리를 잡고 있었다. 커다란 손이나 카드가 그려진 간판이 걸린 집들, 또 카니발이 열리는 한 구석의 천막에는 집시풍의 여인이 점을 봐준다. 오래 전에 본 「사랑과 영혼」이라는 영화에서 영매가 수정구로 영감에 의존해 산 사람과 죽은 사람을 연결해 주는 장면이 나왔다.

요즘에는 점의 형태와 인식도가 변했다. 어머니 세대에는 점집에 가는 것이 공공연한 비밀이었고, 부적을 사서 베갯속이나 지갑에 몰래 넣어 주시곤 했다. 그러나 이제는 인터넷이나 카페형 점집을 비롯해 TV에서 광고를 할 정도로 열린 공간이 되었다. 무조건 맹신하거나 때론 두려움이나 신비하게 받아들이던 때와는 달리 젊은이들은 원하는 부분만 받아들이며 놀이 삼아 즐긴단다. 점은 교과서가 아니라 참고서라고 신세대들은 표현을 한다지만 큰 회사의 면접장에 역술가들이 자리잡고 앉아 관상을 보는 것도 낯설지가 않다.

역학은 사람의 타고난 본질인 천기와 지기의 작용 즉, 자연의 흐름을 통계로 푸는 것이라 종교와는 상관이 없다고 한다. 하지만 어머니 세대처럼 이사하는 날, 장 담그는 날 등을 비롯해 실생활을 점에 의지하다 보면 일종의 종교가 되어버린다. 미신이 되어 집안 구석구석 신들이 있다고 믿게 되는 것이다. 그러므로 결단력과 판단력이 흐려지고 낭패를 당한 경우 책임전가를 하거나 운으로 돌려버리는 방관자가 되어버린다.

믿거나 말거나, 반신반의하지만 일단 듣고 나면 마음이 쓰이기에 나는 어느 순간 점에 대한 미련을 털어 버렸다. 가끔 가슴이 답답한 일이 생기면 마음 한 구석이 시험에 들기도 한다. 누군가 내 대신 점집에 가서 가려운 곳을 긁어주었으면 하다가도 얼른 마음을 돌린다. 그 동안 효험을 보지 못했다거나 꼭 신앙적인 문제가 아니더라도 내 인생을 타인에게 의지하고 싶지 않기 때문이다.

과거는 이미 내 손에서 떠나갔지만 미래는 바로 코앞에서 기다린다. 그리고 그 사이에서 건널목 역할을 하는 현재에 서 있는 것이다. 내 인생을 책임져야 할 사람은 나 자신이기에 차라리 후회를 하더라도, 엎어지고 깨지더라도 내가 개척을 해 나가야 하리라. 미래는 현재의 노력 여하에 달렸다는데 복채 낼 돈으로 책을 한 권 사보며 내 삶을 살찌우거나, 멋진 카페에서 따끈한 커피 한 잔을 마시며 인생을 설계하고 즐기는 편이 더 현명할 것 같다.

가을이 담긴 편지

그리운 사람이 보내준 편지를 받아 쥔 양손 가득 반가움과 기쁨이 채워졌다. 발신인과 내 이름을 거듭 확인하고, 얼굴을 어루만지듯 정성스레 더듬었다. 두둑한 느낌이 장문의 내용이리라. 편지를 받은 기분이 뭐랄까. 손바닥에 전해오는 부피감으로 흥부가 탐스럽게 익은 박을 타며 잔뜩 기대감에 부풀었듯이, 쏟아질 보물을 기다리는 그런 기분이라면 엉뚱한 비교이고 지나친 과장일까.

통신수단이 발달되어 천리먼길에 있어노 바로 곁에 있는 것처럼 내화를 나눌 수가 있다. 전화가 그 대표주자로 얼굴을 마주보며 화상통화를 할 수 있고, 휴대폰의 보편화로 어디서나 시도 때도 없이 연결되는 편리한 문명의 이기 속에서 살고 있다. 편지로 써서 붙이고 답장을 기다리는 것은 시간낭비요 고리타분하다고 생각하는 세대라 그 안에 담겨진 기다림의 미학을 느끼지 못한다.

그러나 편지는 쓰기 전에 받아볼 상대를 생각하고 내용을 추리는 동안, 마음은 벌써 그 곁에 가 있게 된다. 얼굴을 마주하고 나누기 껄끄럽거나 부끄러운 내용도 담아낼 수 있고, 봉투를 열어보기 전에 궁금증이 유발되며 비밀이라도 간직한 듯 설레게 만드는 매력도 있다.

어떤 내용이 나를 반겨줄까 궁금해하며 봉투의 이음새를 뜯었다. 살짝 들여다보니 무언가 칼칼한 낯선 내음이 코끝을 간질였다. 그 안에는 곱게 물든 낙엽 여러 장이 숨을 죽이고 있었다. 단풍잎이었다. '어머나!'를 연발하며 바싹 마른 이파리가 부서질 세라 살짝 손바닥에 올려놓았다. 자동차 미니어처처럼 보통 보아왔던 나뭇잎보다 작고 귀여웠다. 마치 난쟁이 나라에서 온 것처럼….

며칠 전 전화 통화중에 동부 시카고에는 벌써 가을의 풍취를 물씬 풍기며 단풍이 곱다고 하시기에 사계절이 불분명한 남가주의 날씨를 원망했다. 잊어버린 계절의 특색이 아쉬웠고, 그로 인해 그때 그 시기에만 느낄 수 있는 정감을 놓쳐 버린 것이 안타깝다고 덧붙였다. 그 말을 기억해 두었다가 이렇게 곱게 물든 낙엽을 보내 주신 것이다. 코에 대보니 마른 풀 특유의 냄새와 그분의 손길이 스치고 지나간 향기를 가늘게 맡을 수 있었다. 나에게 가을과 함께 사랑을 담아 보내 주신 것이다.

감사한 마음에 단풍잎을 봉투에 넣고 본론인 편지를 꺼내다 깜짝 놀랐다. 원고지 위에 굵직하고 시원시원한 필체가 마치 그분인 양 나를 반겼다. 원고지구나! 몇 년 만에 대하는 원고지인가. 너무나 반가웠다. 미국에서는 원고지를 구할 수가 없어 글을 쓸 때마다 채워지지 않는 허기가 있었는데 그런 내 마음을 읽으셨는지 글 열심히 쓰라는 격려의 속뜻을 읽어 낼 수 있었다.

한 줄 한 줄 읽어 내려가니 작은 단풍잎의 비밀을 알 수 있었다. 보통의 크기로는 모양이 변형될 것이기에 봉투에 들어갈 만한 것을 찾느라 온 동네를 한 바퀴 돌며 주운 것이란다. 아, 그랬었구나. 낙엽을 밟으며 운치를 즐기고 인생을 회고하는 여린 정서가 있기에 그분이 그렇게 세월을 거꾸로 맞이하시는 것 같았나보다. 상대가 좋아할 만한 것을 생각해내며 신경을 쓰는 잔잔한 배려는 후덕함에서 나온 것일 게다.

편지만으로도 반가운데 낙엽으로 가을을 만났고, 원고지로 안 보이는 격려까지 받았으니 오늘은 너무 행복한 날이다. 지난 며칠 동안 신문이나 TV 그리고 만나는 사람마다 대화의 중심에 뉴욕의 테러와 응징 보복, 전쟁 같은 낯선 단어들로 가득 차 묵직하고 칙칙했는데, 시원한 가을바람이 모든 것을 날려버린 것 같다.

이 결실의 계절에 사랑을 한아름 안은 느낌이다. 조락의 계절에 가족을 잃어 슬픔에 빠진 사람도 있는데 살아 있으므로 이런 넘치는 사랑을 받을 수 있다는 것이 행복하다. 오늘 이 시간은 다시 오질 않는다는 소중함도 알기에 매일매일을 열심히 사는 것도 사랑의 기본요소이리라. 사랑한다는 것은 스스로 성숙해지는 일이기에…. 한 통의 편지가 나에게 많은 것을 깨닫게 해주었다.

낙엽이 떨어진 거리를 걷는 상상을 해 본다. 머리 위와 어깨를 스치는 낙엽의 유혹을 은근히 즐기며 바람에 날리는 가을의 향기를 맡아보자. 발 밑에 부서지는 낙엽의 촉감을 느끼며, 발이 촉촉해지는 것쯤은 신경쓰지 말자. 마음이 맞는 사람과 낙엽을 던지며 가을을 맘껏 맞아보고 싶다. 결코 사치는 아니리라.

편지 안에 깃든 사랑과, 가을을 담은 낙엽 그리고 용기를 준 원고지… 멋진 선물을 받았으니 답장을 써야 할텐데 서두를 어떻게 해야할지 걱정이다. 그분 덕분에 행복한 가을을 맞이했다.

낙엽과 가을걷이

어느새 가로수 밑에 낙엽이 수북이 쌓이고 있다. 언뜻언뜻 지나치며 초록잎 사이에 하나 둘씩 빨갛게 물든 것을 보았는데 가을은 벌써 깊숙이 들어와 있었다. 영화의 한 장면처럼 양쪽 가로수 길에 바바리 코트 깃을 세우고 걷고 싶은 것은 가을을 타는 여자의 감성 때문일까. 괜히 허무해지고 쓸쓸해짐은 세월을 빗겨갈 수 없다는, 벌써 중년의 나이에 들어선 것을 스스로 실감하기 때문일까.

사계절 중 따로 불리는 별칭이 많고 상반된 성격을 동시에 갖는 계절이 가을이다. 긍정적인 의미는 수확의 계절로 봄부터 흘린 땀의 결과를 얻게 된다. 주렁주렁 달린 열매들로 마음도 풍요로워지고 넉넉해진다. 더도 덜도 말고 한가위만 같아라는 옛말도 있다.

그 반대의 의미는 시들고 떨어지는 조락의 계절이다. 그래서 인생의 덧없음과 허무감에, 더불어 죽음을 생각하게 된다. 새 생명이 터져 나오는 활기찬 봄과 작열하는 태양볕 아래 열정적인 여름, 또 추위에 움츠러들며 새 생명을 예비하는 겨울과는 달리 결실과 추락을 동시에 느끼기에 인생을 다시 돌아보는 사색의 계절이 되어 버린다. 사계절이 구분 안 된다는 LA의 날씨지만 가을은 변함없이 우리의 곁은 찾아온다.

기쁨과 슬픔을 한 자락에 품고 있어서인지 항상 짧게 느껴지고 아쉬운 듯 보내게 된다. 올 가을은 이상기온으로 미처 머물지도 않고 스쳐 지나가는 듯하다. 몇 년 전에는 지인들에게 몇 자 적으며 곱게 물든 낙엽을 주워 편지지에 끼워 보내는 여유가 있었는데 무엇이 그리도 바쁜지 아니면 삶이 고달파서인지 그런 낭만을 즐기지 못했다.

비를 맞은 채 웅크리고 있는 낙엽을 주워 들고 눈맞춤을 하다가 노을을 닮은 그 빛깔에 마음을 빼앗겼다. 바닥에 밟히는 낙엽의 아우성 속에서 문득 여고시절이 떠올랐다. 부푼 문학에 대한 꿈을 일년 내내 다듬었다가 가을 축제 때 '시화전'이라는 이름으로 열매를 맺었다. 채 여물지 않아 솜털이 잔잔히 돋은 밤송이처럼 미숙했지만 무언가 의미 있는 매듭을 짓고 싶은 욕심에 시와 그림을 한데 모아 전시를 했고, 거창하게 '낙엽제'로 이름을 붙였다.

학교 뒷동산에 올라 낙엽을 모아다 전시회장 바닥에 깔아서 숲 속 오솔길을 산책하는 기분이 늘도록 꾸며 놓았다. 사각사각 오고가는 발길에 밟히는 소리도, 발끝에 채이는 기분이 색다른 감상에 빠져들게 했다. 시와 낙엽의 만남은 환상적인 가을의 풍취를 전하며 3일 연속되는 전시회를 가을의 낭만 속으로 몰아 넣었다.

전시회가 끝나던 날, 어둠이 내려앉은 운동장 한 구석에 소품으로 단단히 한몫을 했던 낙엽을 모아 놓았다. 조그만 일에도 의미부여하기를 좋아했던 단발머리 소녀들은 손에 촛불을 들고 낙엽더미 주위에 둘러서서 일 년을 돌아보는 명상의 시간을 가졌다.

각자의 시야로 느꼈던 지난 일 년을 이야기했다. 사춘기도 지나고 그렇다고 성인도 아닌 어정쩡한 위치에서 스스로 이룬 것은 무엇이고 반성할 점은 어떤 것이지, 누군가에게 하소연하는 것인지 본인 스스로에게 하는 말인지 분간은 안 되었지만 진솔한 이야기들이 낙엽더미 위에 쌓이고 누가 먼저라고 할 것도 없이 어깨들이 들썩였다. 문학적 티를 내고 싶어하는 지적 허영심과 깊이는 없을지 모르지만 나름대로 '시'라는 열매를 맺었다는 자만심으로 분위기는 달아올라 화려한 미래를 꿈꾸며 촛불을 낙엽더미에 하나씩 던져 넣었다. 각자의 바람을 담아서….

치기 어린 시절은 이미 저만치 가버리고 중년이 되어있다. 결실의 계절이라는 이때에 내가 걷어들인 수확은 무엇이고 어느만큼인가. 양손을 펼쳐 보아도 눈에 잡히는 것이 없다. 사색의 계절에 물질적인 것에 치우쳐 인생의 참 의미를 진지하게 되새겨 보기나 했던가. 채 물들지 않고 떨어져 버린 낙엽처럼 항상 허둥대며 미완성으로 끌어온 시간들은 또 얼마나 많은가. 농부의 순수한 정성과 열심을 다하지 못했기에 손안에 든 부실함이 당연한 것임을 깨닫는다.

이 가을의 끄트머리를 잡고 아쉬움에 낙엽을 한 움큼 잡아본다. 그 시절로 돌아가 인생을 다시 설계할 수도 없으니 남은 시간이나마 알뜰하게 꾸려 가야 할텐데…. 내 인생의 가을걷이는 어떠할지….

대화의 기술

"온몸으로 표현하라. 손가락 끝에도 입이 있다고 생각하라."

초등학교 시절 웅변을 가르쳐준 교사의 말이다. 말을 야무지게 한다며 학교대표로 뽑혀 웅변대회에 자주 나갔다. 대회가 있기 전 원고를 달달 외운 후 선생님께 특별지도를 받았다. 복식호흡 하는 법, 말의 높낮이, 강약을 어떻게 넣어야 하며 얼굴 표정 짓는 법과 손동작 등을 배웠다. 지금 생각하면 우습지만 대부분 클라이맥스에서는 '이 연사 두 주먹 불끈 쥐고 여러분께 강력히 주장합니다'라며 소리지르고는 했다.

그때 선생님은 대화법에 대해 자주 강조하셨다. 연사는 말로만 아니라 얼굴 표정과 동작 하나하나에도 전달하고자 하는 바를 나타내야 한다고. 그런데 이민생활을 하다보니 대화하는 방법을 잊고 살았다. 어려운 표현의 우리말은 얼른 안 떠오르고 그렇다고 영어를 완벽하게 하는 것도 아닌 어정쩡한 위치로 살아가고 있는 것을 느낀다.

더구나 요즘은 자기 PR시대이고 어필의 시대이다. 사람과 사람이 부대끼며 사는 것이 바로 우리의 사회다. 그러기에 타인과의 대화가 우리

생활의 기본이다. 말, 즉 언어이다. 두 번째가 표정이고 다음이 동작이라 할 수 있다. 기본적으로 '말'은 대화를 이끌어내고 자신의 의견을 발표하는데 있어서 가장 중요한 요소이다. '말 한 마디로 천냥 빚을 갚는다'는 말이 있다. 또한 말 한마디로 할퀸 마음의 상처는 그 어떤 흉기에 의한 것보다 오래도록 남아 새록새록 떠올라 괴롭힌다. 극과 극의 효과가 나타난다.

그 다음은 표정이다. 인간의 얼굴표정에 담아 낼 수 있는 감정은 과연 몇 가지일까. 48가지의 표정과 감정을 나타낸 그림을 본 적이 있다. 자신이 원하는 바를 얼굴에 담아 말과 함께 상대에게 전달하게 되면 그 의미와 뜻이 강도를 더하게 된다. 무표정한 얼굴보다는 함박웃음과 함께 기쁨을 나타내고, 한두 방울의 눈물로 상대의 동정과 양해를 얻어낼 수 있다. 때론 강하고 부드럽게 사용되어지는 언어에 따라 충분히 의도적으로 꾸며 낼 수 있는 것이 얼굴의 표정이다.

하지만 문제는 행동이나 동작이다. 이것은 주로 무의식적으로 혹은 습관적으로 나타나기에 많은 노력에 의한 행동수정이 필요하다. 진지한 대화 도중에 손가락으로 책상을 두드리거나 발을 흔든다면 상대에게 불쾌감을 주거나 거부감을 느끼게 할 것이다. 혹은 손톱을 물어뜯거나 쉼 없이 머리를 쓸어 올린다면 불안해 보이거나 지루함을 나타내는 것 같아 상대가 싫어하지 않을까.

대통령과 같은 관직에 있거나 사회적으로 높은 지위에 있는 사람들은 상대에게 호감을 얻기 위해 액션 트레이닝(Action Training)을 받아 행동교정을 받는다. 걸음걸이, 말할 때의 손동작, 앉은 자세 등 세심한 부분까지 주의를 기울인다고 한다.

한 대학 심리학 연구실의 연구에 의하면 남과 이야기할 때의 자세로 오픈 포지션(Open Position)과 클로즈 포지션(Closed Position)으로 분류한단다. 안 좋은 자세가 클로즈 포지션인데 그중 제일 일반적인 것이 팔짱을 끼는 것이란다. 대화를 나누려 할 때 우선 상대에게 자신의 마음을 열고 있다는 것을 보여주는 것이 급선무이다. 그런데 팔로 가슴을 감싸 버리는 자세는 무의식적인 방어와 경직된 마음을 나타내는 동작이다. 결과적으로 이야기를 할 때 상대가 팔짱을 끼면 반감과 함께 적개심이 생기며 거만하다는 인상을 받는다고 답한 사람이 많았다고 한다.

우리는 보통 생각에 잠기거나 따분해서, 또는 어색할 때 무심코 팔짱을 끼게 된다. '마음을 열어 주었으면' 하는 상대 앞에서 이런 자세를 취했을 때 고의적이 아님에도 불구하고 '거부당하고 있다'는 느낌을 들게 만드는 행동이다. 피해야 할 동작이리라.

자신의 의견을 정확하고 분명하게, 올바르고 적당한 단어를 사용해 말을 한다. 표정은 내용에 따라 강하게 또는 부드럽게 담아 내야 한다. 동작은 가볍지 않게 최대한 상대를 존중하고 받아들일 준비가 되어 있다는 자세를 취해야 원하는 것 이상의 효과를 이끌어 낼 수 있다고 한다. 참으로 어렵고도 힘든 주문이다.

세상을 살면서 이렇게 모든 것을 교과서적으로 살아낸다면 무슨 문제가 있을까. 감정이 격해지면 사용되는 단어가 거칠어지고 말의 두서가 없어지고, 행동도 따라서 과격해지는데 어찌할까. 사는 데도 말하는 데도 기술과 노력과 공부가 필요한가 보다.

따로 또 같이

새로운 놀잇감을 발견해 그 매력에 흠뻑 빠져 있다. 어느 날 같이 일하는 매니저가 신문의 한쪽 구석에 있는 게임 푸는 것을 보고, 호기심에 따라 해 보았다. 그후 재미있어 신문마다 찬찬히 들추며 혹시 그 게임이 실리지 않았나 살펴보다 이제는 책을 빌려 복사를 해서 풀고 있다. 심지어 그 책을 소지한 사람에게 '동호회'를 만들자며 선동을 하고 있다.

스도쿠(Sudoku)인데 수독(數獨)이라는 퍼즐게임이다. 한자의 뜻을 그대로 풀이하면 숫자가 겹치지 않는다는 뜻이라고 한다. 정사각형의 가로줄 9칸, 세로줄 9칸에 1~9의 숫자가 겹치지 않게 섞어 넣는다. 또 가로 세로 3×3칸으로 이루어진 작은 사각형 안에도 1~9의 숫자가 들어가야 한다.

이 게임의 유래는 18세기 스위스의 수학자 레온하르트 오일러가 만든 '그레 코라틴 스퀘어'라고 한다. 그의 생각이 수학적 퍼즐로 변신해 등장한 것을 미국의 퍼즐 잡지 『델』이 1979년 싣기 시작해 '넘버 플레

이스'로 불렸다. 우리 나라에서는 1700년경 숙종 때 영의정을 지낸 수학자 최석경에 의해 '방진'이라는 비슷한 게임이 있었다고 한다.

미국 영국 일본 등지에서는 스도쿠퍼즐책이 베스트 셀러로 떠올랐고 이태리 주체의 세계 스도쿠챔피온 대회가 열릴 정도로 폭발적인 호응을 얻고 있단다.

빈칸에 숫자가 겹치지 않게 하나씩 배열해야 되니 다른 빈칸 채우기 낱말 놀이보다 월등한 지적 자극제가 되고 논리적 사고를 바탕으로 하는 게임이니 생활의 과학화라고 칭하고 싶다. 어린이는 지능 발달에, 젊은이는 두뇌 회전에, 노인들에게는 치매 예방에 효과적이라고 한다.

요즘에는 숫자 중간에 영어의 알파벳이 들어가기도 하고 9칸에서 12칸으로 늘어나고, 정사각형에서 계단타기식으로 변형되어 더 어렵고 복잡해졌다. 단순한 듯 하지만 재미와 중독성이 있는 지능형 게임이다.

복잡한 문제를 대하면 도전 정신이 발동해 매달리다, 풀고 나면 스스로가 대견하고 기분이 상쾌해진다. 중·고등학교 때 수학을 싫어해 점수가 나빴는데 지금처럼 열심히 했다면 선생님께 칭찬을 들었을 것이다. 같이 일하는 동료가 '그렇게 골똘히 하다가는 수명이 단축된다'며 문제지를 뺏기도 한다. '진작 이렇게 열심히 공부했다면 고시도 패스했을 것을….' 하며 놀리기도 한다.

이 게임에서 내가 느끼는 매력은 '따로 또 같이'이다. 단순한 1~9까지의 숫자를 이용해 빈칸을 골고루 채우기가 생각보다 쉽지 않다. 어느 한 줄에 숫자가 두 번 겹치게 되면 도미노 현상으로 그 동안 풀은 문제가 허사가 되어 버린다. 그 줄에만 문제가 아니라 전체로 번져 처음부터 다시 해야 되기 때문이다.

단지 치매 예방과 심심풀이 시간 때우는 방편이 아니라 그 81칸 안에서 사회를 배운다. 내가 있어야 할 자리를 지키면서 주위와 잘 어우러지는 것. 내가 중심이 되어 내 역할을 잘 수행함으로써 주위에 보탬이 되는 것. 내가 힘이 있다고 두세 자리를 차지한다면 균형이 깨지게 된다. 내가 귀찮고 힘들다고 나의 의무를 다하지 않는다면 그 자리에 공백이 생겨 구성이 허물어지게 될 것이다. 내가 올바르지 못하면 주위의 모두에게 피해를 입히고 불편함을 초래하리라. 내가 있어야 할 자리에 의무와 권리를 다하고 주위를 존중해 준다면 내 가정이, 내 직장이, 우리 사회가 좀더 밝아지지 않을까. '따로'이면서도 '같이' 사는 자세가 필요하다.

이것이 바로 퍼즐이 주는 매력이다. 또한 사회생활의 기본이 아닐까 한다. 매 순간 '따로 또 같이'를 생각하면서 산다면 좀더 마음의 여유와 자신감을 갖게 되지 않을까. 사회의 구성원으로서 내 몫을 다하는 나의 모습을 그려보니 마음이 흐뭇하다. 81칸을 한 칸씩 메우며 그 매력에 빠진다.

5부

진정한 힘

시험보다 실험이 좋은 이유

인생을 시험이 아니고 실험이라 표현하고 싶다. 이런 생각을 하게 된 계기는 TV를 보면서였다. 과학에는 문외한이라 관심이 없었다. 그런데 신문에서 「호기심 천국」이라는 프로가 한국의 학부모들 사이에서 유익하고 건전하다는 평가로 상을 받았다는 기사를 읽게 되었다.

내용이 궁금하기도 하고, 아이들에게 도움이 될까 해서 근처 한인 비디오 대여점에서 두 개를 빌려왔다.

과학적인 근거를 바탕으로 호기심을 풀어주기에 '실험'이라는 단어가 자주 나왔다. 실험관 안에서 뽀글뽀글 피어오르는 거품처럼 그 단어의 의미가 두루뭉실 어우러지지만 한 방울씩 건져내 확실히 펼쳐낼 수가 없었다.

그래서 사전에서 찾아보는데 나열된 순서상 시험이 먼저 나타나자, '과연, 시험과 실험의 뜻이 어떻게 다를까?' 하는 호기심이 생겼다. 시험은 지식수준이나 기술의 숙달정도 따위를, 문제를 내거나 실제로 시키든지 하는 일정한 절차를 따라 알아보는 것이라고 나와 있었다. 실험은 '조건을 인위적으로 설정하여 기대했던 현상이 일어나는지 또는 어떤 형태로 나타나는지 조사하는 일'이라고 한다.

'ㄹ'이라는 받침이 붙고 떨어져 나감에 그 의미가 어떻게 달라지나 생각해 보았다. 지금까지 셀 수 없이 많은 시험을 치르며 지내왔다. 학창시절 줄줄이 이어지는 시험의 압박감 속에서 헤어나고파 빨리 어른이 되길 바랐다. 졸업 후에도 사회생활을 영위하기 위해 이런저런 시험을 봐야만 했다.

시험의 결과, 즉 성적에 따라 그 사람의 인격이나 가치까지 하나로 묶여져 평가되는 것에 알레르기 반응을 일으키며 반감을 가졌다. 우등생과 열등생 또는 합격 불합격으로 냉정하게 결정이 난다. 한 예로 몇 년 고시공부를 하며 인생을 걸었다 해도 결과가 낙방이면 그동안 쏟아부은 시간과 노력은 '무'로 돌아가 버리는 결과론이 나온다.

실험은 실제로 경험하고 시험해 보며, 스스로 체험해 깨닫는 것이다. 실체를 파악하기 위한 여러 각도의 분석, 또는 분해 합성 등의 방법을 시도해 '무'에서 '유'를 창조하거나 발견한다.

목표가 정해져 있든, 그렇지 않든 간에 실험은 성공과 실패가 뒤따른다. 비록 실패와 낭패감을 겪게 된다고 해도 거기서 멈추지 않고, 그것이 바로 밑거름이 되어 한 걸음 발전된 다음 단계로 나아가는 기회를 제공한다는 장점이 있다. 실수에서 교훈을 얻게 되므로 부정적인 면도 자기완성의 시련으로 받아들여지는, 보여진 결과보다는 가려진 중간부분이 중요시되는 과정론이 펼쳐진다.

시험은 객관적이고 실험은 주관적이다. 외부의 기준에 따라 결정되는 것이 전자라면, 실험은 목표를 설정한 자기 자신이 주인인 셈이다.

시험은 답이 정해져 있고, 실험은 답을 알고자, 이루고자 끊임없이 도전해야 된다.

우연한 호기심으로 풀어 보게 된 두 단어가 많은 것을 생각케 했다. 고르바초프가 "삶을 책임지지 않는 사람은, 삶이 그를 벌할 것이다"라고 했단다. 삶을 책임진다는 의미는 성공적인 삶을 뜻할진대, 타인이 정해 놓은 틀 안에 매인 시험적인 삶보다는 주관을 갖고 실패와 오류를 범해도 다시 도전하는 실험정신이 필요한 삶은 어떨까.

실험이라는 단어의 매력에 빠져들어 혼자 즐기다가 아이들에게 내가 느낀 점을 이야기해주고 싶다는 충동이 일었다. 한참 자라는 아이들이 살아가는데 좋은 양분이 되어 줄 이 감동을 어떤 방법으로 설명해야 할지 고민이다.

선물 안의 또 다른 선물

선물은 가격 고하를 막론하고 마음을 살짝 들뜨게 한다. 곱게 포장된 것을 받아들면 그 안의 내용물에 대한 궁금증이 아지랑이 아른거리듯 머릿속에 피어오른다. 양손으로 전해지는 부피와 크기로 여러 짐작들을 불러오는 순간의 묘미가 숨겨져 있다. 한 꺼풀 벗겨내며 느끼는 설렘은 요즘같이 건조한 생활에 눈에 뜨이지 않는 선물 안의 또 다른 선물인 셈이다.

받는 쪽에 비해 준비해야 하는 사람은 누군가에게 무엇을 준다는 즐거움도 있지만 상황에 따라 고민을 하게 된다. 예산을 세운 한도 안에서 그 사람에게 어울리고 필요한 것을 고르는 일이 쉽지만은 않기에 '그 무엇'을 생각하느라 스트레스를 받기 일쑤이다. 이런 일들은 번거롭기는 하지만 어울려 살아가야 하는 세상살이에서는 어쩔 수 없이 치러야 하는 부산물로 원만한 인간관계를 위한 필수조건이 되기도 한다.

지금까지 받은 선물 중 가장 기억에 남는 것은 고3때 같은 동아리의 후배 남학생이 준 카세트 테이프이다. 그때만 해도 두 개가 동시에 녹음되거나 라디오 자체 안에서 카세트로 녹음할 수 있는 것이 드물었다. 후배는 녹음기 두 대를 마주 놓고 일인다역을 하며 준비를 했단다.

나를 처음 만났을 때 느낌, 어릴 적 그의 일기 일부분, 앞으로의 계획, 고민거리 등 그의 세계가 일목요연하게 정리되어 담겨 있었다. 분위기에 맞는 음악까지 편집해 넣으며. 주위의 소음을 피하기 위해 며칠 밤을 새웠다고 했다. 과연 나란 사람이 이런 소중한 선물을 받을만한 가치가 있을까 고민이 될 정도였다. 그의 정성만으로도 함부로 할 수 없어 이민 짐에까지 실려와 가끔 듣기도 했다.

손수건 한 장, 직접 뜬 털실 목도리로 전하던 수줍고 은근한 멋과 성의들은 요즘 그리 높이 평가받지 못하는 것 같다. 유명세가 있는 상표가 붙어 있어야 반가워하고, 다양해진 삶의 형태에 따라 취향도 제각각이라 맞추기가 여간 까다로운 것이 아니다. 자칫 잘못했다간 쓸모 없는 무용지물이 되어 돈낭비 시간낭비한 꼴이 될 수가 있다.

그래서 요즘은 현찰이나 선물권 등을 선호한다. 돈으로 하면 무엇을 살까 고민하거나 이곳저곳 기웃거리며 다리품을 팔지 않아도 된다. 받는 사람도 마음에 안 들거나 쓸모 없는 것보다 현금으로 받게 되면 자신에게 필요한 것을 구입할 수 있는 융통성이 있기에 오히려 그 쪽을 선호하기도 한다. 선물의 의미가 변질되어 가는 서글픔을 느끼곤 하지만 나 또한 바쁘다는 핑계로 가끔은 봉투로 대신한다.

얼마 전 선배의 딸이 대학교를 졸업했다. 고등학교를 마치고 대학에 입학한 게 엊그제 같은데 시간의 빠름을 느꼈다. 그때 근처에 있는 대학에 가면 좋으련만 타주로 가서 기숙사 생활을 하겠다는 딸로 인해 만감이 교차된다는 두 분의 말씀이 자식 키우는 입장에서 남의 일 같지 않았다. 그녀의 뜻을 꺾을 수가 없어 곱게 키운 자식을, 그것도 딸을 낯선 먼 곳에 데려다 놓고 돌아오는 내내 울면서 왔단다. 처음으로 부모 품을 떠나보낸 허전함보다, 넉넉지 못한 뒷받침에 대한 자책감에 미안함까지 더 얹어졌기에….

가끔 다니러 올 때는 일하며 공부하느라 까칠해진 모습이 안쓰러웠단다. 돌아갈 때 이것저것 챙겨 주다 보면 냉장고에 김치만 달랑 남겨지지만 더 보낼 것 없을까 두리번거리게 된다고 했다. 이제 졸업을 한다니 너무나 대견해 그 칭찬에 입에 침이 마르질 않는 모습에 같이 흐뭇했다.

그냥 지나치기 섭섭해 작은 선물로 앨범을 준비했다. 대학 4년 동안과 졸업식 날 찍은 사진을 꽂아서 부모님께 선물로 드리면 어떻겠냐는 의견을 카드에 적어 넣었다. 딸의 자랑스러운 모습이 담긴 앨범은 세월이 지난 후에도 부모님들에게는 지금과 똑같은 감동으로 느껴지실 것이다. 그것이 바로 그분들의 행복이니까. 주위사람들에게 보이며 흐뭇해하실 두 분의 모습을 그려본다. 선물 속의 또 다른 선물을 기대해 보며….

욕설의 미묘한 느낌

말씨는 그 사람 마음의 소리이다. 그래서 주고받은 몇 마디로 사람을 평가하기도 한다. 때론 외모와 너무 판이해 당황할 때가 있다. 곱게 치장한 우아한 여인의 입에서 상스러운 말이 나와 첫인상의 몇 배를 깎아내리기도 한다. 듬직한 인상의 남자가 경망스럽고 유치한 투로 말을 한다면 듣는 사람이 자신의 귀를 의심하게 된다.

거친 말투 중에 그 대표격으로 욕설을 들 수가 있는데 그 안에는 상반된 느낌을 만나는 미묘함이 깃들어 있다. 말하는 사람의 의도와 처해진 상황에 따라 감정이 상하기도 하고 거북하게 만들지만 허물없는 사이에서는 정겹기 때문이다.

욕이란 원래 개인과 집단, 그 사회의 가치관과 사고방식을 예리하게 해부하여 담고 있는 그릇으로 표현된다. 거친 외형 안에는 삶의 슬픔과 애환이 절절하게 녹아들어 바탕을 이룬다. 빗대어 표현해 내는 해학적인 즐거움이 배어 있다. 또한 신성을 모독하거나 금기를 깨면서 저주나 비난을 담는 은근하고 통쾌한 '맛'이 들어있다.

고대 이집트에서는 한때 공문서 끝 구절에 '이것을 경시하는 자는 당나귀에 의해 성폭행을 당할 것이다'라는 엽기적인 저주형 욕설을 포함시켜 협박 내지는 강요를 했다고 한다. 씹으면 씹을수록, 야비하면 할수록 말하는 사람의 속이 후련해진다.

그러기에 말이라는 원초적 의미만 끝나는 것이 아니라 언어의 폭력을 일으키는 강한 위력을 갖고 있다. 육체적으로 가해지는 폭행보다 말로 인한 인격모독의 상처가 더 오래가는 법이다. 무촌이라는 부부간에도 언쟁을 높이며 싸우다보면 감정이 격해지기 마련이다. 자칫 자제력을 잃고 던진 욕설 한마디가 상대방에게 모멸감을 주게 된다. 결국 다툼의 발단이 무엇이었는지는 잊혀지지만, 시간이 흐른 뒤에도 가슴에 박힌 말의 가시는 두고두고 앙금으로 남게 된다. 가까운 사이이기에 더 서럽고 자존심을 건드리기 때문이리라. 생면부지의 사람과 뜻하지 않는 일로 욕설을 먹었을 때는 오물 바가지를 뒤집어 쓴 더러운 기분이 들게 된다.

정반대의 느낌으로 받아들여지는 경우가 있다. 어릴 적부터 친구인 남자들끼리 어깨를 치며 툭툭 주고받는 욕은 우정의 깊이를 나타내기도 한다. 그런 말을 부담 없이 나눌 정도의 흉허물이 없다는 암시가 되기도 하고, 정을 돈독히 엮어주는 매개체 역할을 해 준다. 가끔 투박한 사투리에 섞인 욕은 동향임을 나타내는 동질감을 갖게 한다.

혈육간에 나누는 가벼운 욕설 안에는 끈끈함이 묻어 나와 욕이라기보다는 오히려 가벼운 애정 표현이라는 느낌이 든다. 미국에서 태어났지만 한국말에 익숙한 큰아들은 사춘기를 넘어서며 능청스러워졌다. 할머니 할아버지 앞에서 우스갯소리를 하거나 장난을 자주 건다. 그들의 정서에 맞는 이야기들이니 두 분에게 무슨 재미가 있으련만 한껏 웃어주곤 손자가 기특해 이마에 꿀밤을 한 대 주시며, "에이! 이놈의 자식이…" 하신다.

그러면 손자는 뜸도 안 들이고 "할머니 욕까지 하실 필요는 없는데요." 하며 느물느물 맞장구를 쳐 웃음을 끌어낸다.

또한 욕은 스트레스를 풀 수 있는 돌파구가 된다. 근처에서 상점을 하는 아주머니의 이야기이다. 타 인종을 상대해 장사를 하다보면 자주 실랑이를 하게 된다. 상황을 설명하고 이해를 시키면 간단한 일도, 언어소통이 원활치 못하기에 꼬이게 된다. 한국식으로 '호적에 잉크도 안 마른' 젊은이가 부모뻘 되는 어른에게 따지고 대들 때면 문제의 핵심을 떠나 화를 돋우게 된단다.

반벙어리라 답답해 말을 더듬다가 자신도 모르게 '욕'이 먼저 튀어나온다고 했다. 그네들도 분위기상 아주머니가 하는 말이 나쁜 뜻이라고 느끼기에 언성이 자연스레 높아지기 마련이다. 아주머니는 한국말로 욕을 하고 나면 일단 속은 시원해지지만 상대가 못 알아들으니 허공에 주먹질한 꼴이라는 생각에 다른 방법을 찾아냈단다. 영어를 잘하는 사람에게 물어봐 미국 욕을 몇 가지, 소리나는 대로 한국말로 받아 적어 계산기에 붙여 놓았다. 그리고는 손님과 시비가 발생하면 곁눈질로 하나씩 읽어 내려갔단다.

어느 날도 싸움 중에, '내가 지금 뭐하는 거야?' 하는 생각이 들더란다. 입에 담기도 거북한 나쁜 말을 줄줄이 꿰는 자신의 모습이 한심하고, 성격이 거칠어지는 느낌이어서 씁쓸한 웃음을 입에 물게 되더란다. 이젠 익숙해져 보지 않아도 서너 개는 너끈히 할 수가 있다니, 타국에서 뿌리 내리려는 몸부림이요, 삶의 애환이 느껴졌다.

'욕'에는 이렇게 많은 의미가 담겨져 있다. 같은 말이라도 상황에 따라 말하는 사람의 감정에 그 의미가 달라진다. 욕에도 강도가 있고, 격이 다르며 하지 말아야 할 선이 있다. 잔인함과 무례가 담겨진 유해언어는 남발하지 말고, 애교로 넘길 수 있을 정도의 정겹고 따스한 욕은 받아줄 여유가 있었으면 좋겠다.

극과 극을 오르내리는 비밀이 담긴 욕. 결코 나쁘다고만 할 수 없는, 그렇다고 권장하기도 애매한 매력이 숨겨져 있다.

마지막 전화 한 통

남의 죽음을 직면할 때 자신의 죽음을 상기하며, 의식적 무의식적으로 두려움을 갖는 것이 인간의 심리라고 한다. 지난 며칠 동안 벌어진 입이 다물어지지 않을 정도의 충격 속에서 지냈다. 꿈인가 생시인가 뺨을 꼬집어 보았는데 아픔이 느껴지질 않는 것을 보니 온몸의 세포들조차 상황판단이 안 되나보다.

2001년 9월 11일은 역사에 기록될 엄청난 재난의 날이다. '영화 같은 영화 밖의 리얼한 세계'라는 멋들어진 표현은 감히 사용하기 무색한 지경으로 공포 그 자체였다. 뉴욕에 있는 세계에서 4번째로 높은 110층의 월드 트레이드 센터, 일명 쌍둥이 빌딩에 테러범들이 일반 항공기를 피랍해서 가미가제식으로 부딪쳤다. 우아함을 뽐내며 뉴욕의 중심을 잡아주던 두 건물이 화염에 휩싸이더니 먼지와 연기 기둥을 남긴 채 허무하게 주저앉아 버렸다.

또 미국의 심장부인 워싱턴의 국방부 펜타곤 건물에 다른 여객기가 떨어져 철옹성을 자랑하던 위용이 한쪽 날개와 함께 무참히 불타버렸다. 동시 다발적으로 벌어진 무자비한 테러 행위는 무고한 생명을 앗아 갔고, 수치상으로 계산이 안될 물질적 피해를 입혔다. 매스컴의 발달로 그 모든 상황이 공상이 아니라 현실이라는 것을 깨닫게 해주려는 듯 생생히 중계되었기에 모두가 함께 느꼈으며 분노에 떨었다.

전쟁을 겪어본 세대가 아니라 충격이 더 컸는지 모르지만 상상의 한계를 넘어선 최악의 비극을 보며 터져 나오는 비명을 막을 수가 없었다. 악마의 혀처럼 널름대는 불길, 설마 하는 우려에 쐐기를 박으려는 듯 건물의 중간을 파고들면서 터진 여객기의 폭발음, 경악하는 사람들의 비명 소리, 살겠다는 일념으로 불길을 피해 그 높은 건물에서 아래로 몸을 던진 사람의 절실한 몸짓, 수많은 파편을 날리며 맥없이 쏟아져 내리는 건물과 그 잔해들, 엄청난 먼지 구름을 뒤로 하고 온통 재를 뒤집어 쓴 밀랍인형 같은 여인이 살아남기 위해 필사적으로 달리던 모습 등…. 일일이 다 열거할 수 없어 아비규환이라는 단어로 내 머릿속에 정리해 넣었다.

첫날의 놀라움이 다음날에는 분노와 침통으로 바뀌었다. 그 중 생사가 엇갈리는 상황에서 셀룰러 폰을 통해 나눈 애절한 작별인사들이 하나 둘씩 전해지면서 사람들의 눈시울을 붉히게 만들었고, 그 당시의 다급함과 절박함을 느끼게 해 주었다.

"이것이 마지막 통화 같소. 당신은 나에게 전부였소." "꼭 빠져나갈 거예요. 엄마에게 무사하다고, 아무 일 없을 거라고 전해 주세요." "사랑한다. 당신과 우리의 딸이 내게는 전부였다." "지금 대피하고 있어. 나중에 보자." "아무 일 없어. 또 직원들을 먼저 대피시켜야겠다." "션 저예요. 사랑한다는 말을 하고 싶어요. 비행기가 빌딩에 충돌한 것 같아요. 어쩌면 폭탄 사고인지도 모르겠어요. 사방이 온통 연기예요. 사랑해요." "엄마, 여기에 비행기가 충돌했어요. 이제 떠나야해요." "엄마, 난 괜찮아요. 어 어 엄마, 비행기가 와…." "일층까지는 다 내려 왔는데 사람들이 너무 몰려 나갈 수가 없어요." "여보, 사랑해. 우리 딸 에이미도 정말 사랑해. 당신이 남은 인생에서 어떤 결정을 하든 당신은 행복해야 돼." "여보, 나 브라이언이야. 상황이 아주 안 좋은 것 같아. 최선을 다해 인생을 즐겁게 살아. 사랑해, 여보." "비행기가 많이 흔들린다. 아마 다른 곳으로 납치되는 것 같다." "우리가 납치를 당했어요. 믿을 수 있어요? 조종사에게 어떻게 하라고 얘기해야 되나요?"

화려한 미사여구나 가식이 포함되지 않은 가슴 아프게 절절한 내용이고 사랑의 고백들이었다. 죽음을 앞둔 절박한 상황에서 남편이 아내에게, 또 아내가 남편에게, 약혼녀에게, 자식이 부모에게 각기 사랑하는 사람에게 마지막으로 보낸 작별인사들은 듣는 이로 하여금 생면부지의 사람이지만 애간장이 녹게 했다. 기계에 남겨진 그 목소리를 듣고 또 들으며 어디선가 아무 일도 없었다는 듯 불쑥 나타날 것 같은 환상으로 밤을 지샌다는 가족들의 이야기는 가슴이 저리도록 슬펐다. 언제 치워질지 모르는 산더미처럼 얽히고 설킨 철골과 건물의 잔해들처럼 가족을 잃은 이들의 마음속 또한 표현할 수 없을 정도로 슬픔으로 뒤엉켜 쉽게 치유되지 않을 것이다.

예기치 못한 죽음 앞에서 사람들은 무엇을 떠올렸을까. 생과 사의 갈림길에서 공포가 엄습했을 때 가장 먼저 생각나는 사람은 누구일까? 그 순간에 내가 해야 할 일과 할 수 있는 일이 무엇일까? 반대로 위급한 일이 생겼을 때 나를 떠올려줄 사람이 있을까? 아마도 그 순간에는 내면에 깊숙이 가라앉아 있던 진심이 표출되리라.

세계 3차 전쟁으로 이어질지 모른다는 큰 비극을 대하며 인생이 한 여름밤의 반딧불 같다는 덧없음을 느꼈고, 그 짧은 시간을 내가 얼마나 헛되게 보내는지 새삼 깨달았다. 안일한 사고에 젖어 내 주위에 있는 소중한 사람들에게 소홀히 대하고, 평범 안에 깃든 소중한 일상을 무시했던가 반성했다.

내가 지금 편안하게 전화를 걸어 사랑한다고 말할 수 있는 상대가 가까이 있다는 것이 얼마나 행복한 일인지 다시 한번 되새겨 본다. 이런 생각을 하다보니 이번 사고로 큰 슬픔에 젖어 있는 사람들에게 미안했다. 그 아픈 상처가 빨리 아물기를, 다시는 이런 불행이 생기지 않기를 기도해 주는 길밖에 없으리라.

핑계가 아니구요

복도를 따라 길게 설치된 의자는 이 건물을 상징하듯 딱딱하고 차가웠다. 어중간한 위치에 책상다리 자세로 올라앉아 어색함을 감추려 책을 펼치니 복도 끝에 있던 적막감이 책장을 넘기는 손등을 타고 넘어 반대쪽으로 줄달음 친다. LA 다운타운에 위치한 형사법원. 법정의 위압적인 분위기에서 풀려난 사람들은 점심식사를 하러 엘리베이터의 좁은 공간으로 우르르 빨려 들어갔다. 배가 고프지도 않고, 오전 내내 그들 사이에서 느꼈던 이질감이 나를 주눅들게 해 혼자 남는 편을 택했다.

두 달 전쯤 법원에서 배심원으로 출두하라는 통지를 받았다. 받을 때마다 번거롭고 불편한 그것. 5일 안에 답을 해야하는데 차일피일 미루다 기간을 넘겼고 그동안 여러 번 핑계를 대며 불참했기 때문에 이번에는 더 이상 미룰 수가 없었다. 경험 있는 사람들로부터 무조건 '노 잉글리시'를 외치라는 나름의 노하우를 전수 받아 참석했다. 법정 안에는 판사, 속기사, 검사와 변호사 그리고 가해자와 피해자의 가족들이 우리를 기다리고 있었다. 40명의 배심원 대기자들 중에 12명을 선정해 앞으로 진행될 25일간의 재판에 배심을 맡아야 한단다.

이번 케이스는 살인사건으로 검사가 이미 유죄로 인정하여 가해자를 기소한 다음 판사의 판결 전 그 사건의 사실 여부를 판단할 배심원을 선정한다는 것이다. 미국은 매년 약 12만 건에 이르는 배심원 재판을 한다는데 그 중심에 내가 앉아 있게 된 것이다. 나와는 별개라고 생각했던 법원에서 누군가의 인생을 좌우할 위치에 서게 된 것이 며칠 전부터 마음을 무겁게 짓눌렀다. 더구나 영어가 서툰 내가 그 모든 상황을 이해하고 올바른 판단을 할 수 있을지도 자신이 없었다.

판사는 대기자들을 18명씩 조를 짜서 배심원 석에 앉히고 한 사람씩 일일이 개인적인 것을 물었다. 가족관계, 사는 지역 혹시 지인들 중에 법조계나 공무원 특히 경찰에 관계한 사람이 있는지 등과 더불어 예상 질문을 했다. 한 예로 가정주부인 50대 백인 여인에게는 "낮에 과자를 다섯 개 구워 부엌에 두고 외출을 했다. 그런데 집에 돌아와 보니 두 개만 남아 있었다. 아들에게 물어보니 먹지 않았다고 하는데 그의 입 주위에 과자 부스러기가 묻어 있었다. 이 상황을 당신은 어떻게 판단하며 어떤 행동을 취할 것인가?"라며 개인의 입장에 맞을 질문을 넌지시는 판사의 지혜와 예리함에 놀랐다. 검사와 변호사는 그 답변을 듣고 이리저리 유도 심문을 하며 그 사람의 판단 능력과 도덕성 등 자격을 가름하는 모습에서 배심원 선정 과정이 아니라 진짜 재판을 하는 느낌이 들 정도로 진지하고 치밀했다.

배심원제도는 시민을 직접 재판과 기소 등에 참여시키므로 시민의식을 높이고 직업 법관이 지니는 한계와 사법 불신을 극복하며, 구두변론과 증거 또 집중심리 등이 충실한 재판을 가능하게 한다는 것이 장점이다. 반면 배심원단을 유지하는데 시간과 비용이 투입돼야 하고 법적 지식의 부족과 이론의 공방보다는 개인의 감정과 인식에 따른 선입견과 편견들이 영향을 미치므로 사실인정을 그르칠 수 있는 단점이 있다고 한다. 얼마전 세계를 떠들썩하게 했던 마이클 잭슨의 평결에서는 배심원 두 명이 다른 배심원들의 압력에 굴복해 무죄평결을 내리고는 나중에 양심선언을 했던 것을 기억한다,

시간이 흐를수록 자리가 불편해 가시방석이었는데 점심시간을 알리는 소리에 용수철처럼 퉁겨져 복도로 나왔다. 긴 한숨을 내쉬며 책을 넘기는데 마음은 혼란 속으로 빠져들었다. 과연 법과 정의란 무엇인가. 객관성의 기준은 무엇일까. 내가 누군가의 죄를 다룰 자격이 있나. 편견으로 뭉쳐진 나의 생각이 주관적이라는 포장을 하지는 않았을까. 죄를 미워하지 인간을 미워하지 말라고 했는데…. 법 지식도 없고, 사리판단에 앞서 인정에 이끌리는 내 성격도 문제지만 더 큰 장애는 언어에 있다. 오전 내내 그들의 입만 쳐다보며 있다가 어쩌다 귀 끝에 걸리는 단어 한두 개로 얼추 내용을 꿰어 맞추는 수준인데 더욱이 살인사건의 세세한 부분까지 이해 못할 것은 뻔하다. 결론은 하나. 내 차례가 되면 판사에게 '노 잉글리시'를 외치리라. '첫째는 언어장애요, 둘째는 누구의 죄를 가름할 판단력도 부족합니다. 핑계가 아니구요, 정말입니다 판사님!'

혼자 내뱉은 많은 생각들이 썰렁한 형사법원의 복도를 맴돌다 철커덩 열리는 엘리베이터 소리에 서둘러 내 마음속으로 밀려들어 왔다. 사람들의 웅성거림이 들리는 것이 점심시간이 끝났나보다. 책을 접으며

콩당콩당 뛰는 가슴에 손을 얹는다.

죄인도 아닌데 내가 왜 이럴까….

색깔 있는 산타

한 해를 마감하는 마지막 달이 되면 구세군의 자선냄비와 산타 클로스가 대명사처럼 떠오른다. 어릴 적 성탄절의 의미도 모르면서 괜히 들뜨고는 했다. 말 잘 들은 아이에게 몰래 선물을 놓고 간다는 그 말을 철썩같이 믿고 누군가가 지켜볼 것 같은 생각에 정말 착한 아이가 되려고 노력하는 한 달(12월)이었다. 산타가 누구인지 현실을 깨달은 후에도 선물 받을 마음에 모른 척 시치미를 떼기도 했고, 멀찌감치 가버린 동심을 다시 끌어 당겨 욕심을 채워 보기도 했다. 요즘 아이들은 영특해서 현실을 일찍 터득한다지만 그래도 산타할아버지는 영원한 동심의 중심에 자리잡고 아이들에게 꿈을 준다. 빨간 옷에 긴 하얀 수염을 바람에 날리며 등에는 큰 선물을 짊어진 인자하고 덕스러운 할아버지가 우리 통념 속의 모습이다.

내가 작년에 만난 산타클로스를 소개하려 한다. 10년 넘게 매년 성탄절이면 각종 행사에 산타 분장을 하고 참석해서 어린이들에게 꿈과 희망 심어 주고 더불어 선물로 기쁨을 배가시키는 것이 그의 임무이다.

이름은 길 칼리오(GIL CARRILLO)로 현직 LA 셰리프 푸터넌트이고 라티노 커뮤니티 피스 어소시에이션의 이스트 LA지부 회장(National Latino Peace Officers Association)이다. 그는 자신이 색맹(COLOR BLIND)이라고 한다. 셰리프가 되어 서약할 때도 맹세했지만 인종차별이나 구별은 절대 할 수 없거니 와 해서는 안 된다는 것이 그의 지론이다.

어느 날 그에게 인터뷰 제의가 들어 왔다. 산타라고 하면 보통 백인 이라는 인식을 갖게 되는데 라티노 산타라 질문의 초점이 그 방향으로 흘러가기에 인터뷰를 거절했다고 한다. 그 이유는 산타가 되어 아이들 을 대할 때 전혀 피부색을 인식하지 않고, 또 아이들도 산타를 만나면 '산타클로스'를 보지 다른 점은 아예 염두에 두지를 않는다는 것이 그 동안 산타를 하며 느낀 점이란다. 그의 이야기를 들으면서 나는 멋지다 고, 정말 잘했다고 박수를 쳐주었다.

그는 5년 전에 파나마에 가르치러 간 적이 있었다고 한다. 그곳에서 는 피부가 어두운 편과 밝은 편인 사람들이 어우러져 사는데 당연히 모 두 '파나마인'이지 다르다고 생각하지 않는단다. 이곳은 다인종이 서로 어우러져 사는 사회이다. 피부가 하얗고 검거나 황색인 것은 생김새의 차이일 뿐 우리는 존중받아야할 인간이고 한 사회의 구성원이다. 그림 이나 카드 또는 장식 등에도 산타는 당연히 백인이고, '라티노 산타'를 자연스럽게 받아들이지 못하는 사람들의 생각 자체가 문제인 것이다. 이제는 변화해야 되지 않을까.

한 예로 여자아이들에게 최고의 인기인 바비 인형은 전형적인 백인 의 외형이다. 그런데 몇 년 전에 검은 피부색의 바비 인형이 장난감 가 게에 진열되면서 선을 보였다. 상업성을 띤 것이지만 고정의 틀을 깬

도전이었고 이를 계기로 점차 다른 종류의 장난감도 변화를 가져왔다.

올해도 길(GIL)은 산타클로스가 되어 아이들에게 꿈과 희망을 선물하느라 바쁜 연말을 보낼 것이라고 한다. 며칠 후면 그가 적십자 건물에서 어린이들에게 선물을 나누어 줄 것이다. 이 날 나도 참석을 해서 같이 즐길까 한다. 빨리 산타 앞에 가길 원하며 순서를 기다리는 아이들과 함께 동심의 세계로 돌아가 볼까. 아이들을 무릎에 앉히고 선물과 함께 사랑 주며 행복해하는 색깔 있는 산타의 모습을 사진에 담아볼까. 스스로 색맹이라고 하는 그를 통해 진정한 산타의 의미를 깨우치는 시간이 될 것이다.

엄마의 몰래 보기

잠든 아들의 가방을 슬쩍 뒤져보았다. 이런 습관이 들게 된 것은 리키 때문이다. 리키는 올해로 열 여섯 살이다. 건너편에 사는 멕시코 계로 그의 엄마 애나와는 이민초기부터 알고 지냈다. 더욱이 비슷한 시기에 임신을 해 점차 불러오는 배를 마주보면서 인종의 벽을 넘어 초보엄마가 되어 가는 설렘과 두려움을 나누는 동지로 친해졌다.

큰아들보다 2주 먼저 태어난 리키는 평범한 개구쟁이로 자라났다. 맑은 갈색 눈동자가 유난히 긴 속눈썹 안에서 반짝이던 그가, 턱밑에 검은 솜털이 삐죽거리는 사춘기를 맞이하며 조금씩 변해갔다. 행동이 거칠어지고, 학교에는 거의 안 가는 듯했다. 항상 눈동자가 충혈되어 보이지 않는 세계를 넘겨보듯 초점을 잃은 채거나, 날카로운 눈 꼬리를 매달고 물건을 훔쳐 가기까지 했다. 어릴 적 모깃불 놓는다고 마당구석에 피웠던 마른 풀 타는 메케한 냄새가 그의 움직임에 따라 풀썩이며 풍겨왔다.

한번은 물건을 구입한 후 돈을 내려고 주머니를 뒤적이면서 손안 가득 내용물을 카운터에 쏟아내었다. 담배 라이터 유리대롱 담배 말아 피우는 직잭이라는 종이, 마른풀과 알약 그리고 말간 설탕 덩어리가 뭉쳐진 것들이 작은 비닐봉투에 각각 담겨져 어지럽게 흩어졌다. 이런 나쁜 것들을 왜 가지고 다니느냐는 나의 질책에 네 일이 아니니 상관 말라며 일축해 버렸다.

마약은 중독성이 강해 한번 빠져들면 헤쳐 나오기 힘든 악마의 늪이라고 할 수 있다. 육체적 정신적으로 인간을 파멸의 길로 몰아 붙이고, 다른 범죄들이 그 안에서 파생되기에 근절 되야 하는 악의 뿌리이다. 점차 대중화되고 그 세력이 나이와 인종을 넘어서 확산시켜 나간다고 한다. 특히 미국에서는 손쉽게 구입할 수 있어 청소년기에 다섯 명에 한 명 정도가 기초단계인 대마초를 피워 보았다는 통계를 본 적이 있다. 한번쯤 호기심 삼아, 같은 또래의 부추김 혹은 압력 등으로 손을 대 보았다는 것이다.

리키가 변해 가는 모습을 보며 안타까워하다가 문득 동갑내기인 아들을 돌아보게 되었다. '내 자식은!'이라는 믿음의 콩깍지에 눈이 가려 나쁜 것들과는 연관시키지 않으려는 것이 부모의 심리이다. 매스컴에 연일 오르내리는 청소년들의 마약에 관련된 기사를 보며 '일부의 그렇고 그런 아이들'의 일로 치부해 무관심하기 일쑤였다. 무방비로 노출된 아이들과 같이 부모들도 마약에 대해 지식이 전무한 상태다. 그 종류와 모양, 사용방법과 중독시 나타나는 증후 등에 대해…. 마약의 심각성을 깨달아 관심을 갖고 알아두는 것이 부모로서의 의무라는 생각이 들어 그런 강연회나 모임 그리고 관련된 기사들을 주의 깊게 찾아본다.

자라보고 놀란 가슴 솥뚜껑보고 놀란다고 했던가. 둘이 같이 어울린

적은 없지만 리키가 몽롱한 상태로 다녀간 날에는 남의 일 같지 않았다. 그런 날은 돌아와 아들의 가방을 뒤져보게 되었다. 처음에는 믿어주지 못하는 미안함과 몰래 한다는 죄책감에 망설였었다. 만약에 있을지 모르는 불상사를 미연에 방지하려는 최소한의 예방책이라며 스스로 위안을 삼았다.

낯선 물건들이 발견되지 않기를 기도하는 마음으로 가방을 열어 뒤적이는 짧은 순간의 가슴 졸임. 의심할 만한 것들이 없었음에 "휴" 하는 안도의 숨을 내쉬며, 아들이 고맙기까지 해 눈물이 코 끝에 맴돌기도 했다. 나중에 아들이 알게 되면 마음의 상처를 받게 될까봐 한편으로는 조심스럽고 걱정이 되기도 한다. 곁눈질로 자식 주위에 다른 변화가 없나 훔쳐 봐야하는 엄마의 마음은 복잡한 감정의 실타래들이 얽히며 무겁기만 하다.

세 번의 잊을 수 없는 눈빛

무심코 마주친 눈빛에 온 신경줄이 파르르 떨렸다. 잊혀진 듯 했던 기억들이 마음속에서 두레박질해 올라오며 그 출렁거림에 마음이 진정되질 않았다. 그는 가게 안을 한바퀴 돌고 씁쓸한 미소를 던지며 나가 버렸다.

1년 전, 가게문을 닫을 때쯤이었다. 하루를 접는 편안함에 긴장의 끈이 느슨해지고 시계를 흘끔거리며 마음은 집을 향해 달려가고 있었다. 그때 들어서는 젊은 멕시코계 손님에게 의례적인 눈인사를 건네는데 무언가 다른 느낌에 머쓱해졌다. 말로 표현할 수 없는 께름칙하고 써늘한 그의 눈빛에 옆에 있던 남편을 불렀다.

"저 사람 눈이 참 기분 나쁘네."

"어디 봐? 자주 오던 애잖아. 괜찮아."

대수롭지 않은 대꾸에 예민한 내 신경을 탓하며 살짝 머리를 들던 불길한 생각을 눙쳐 버렸다. 그는 계산대에 오렌지주스 한 병을 턱 올려놓으며 동시에 다른 손으로는 시커먼 물체를 내 가슴을 향해 겨누었다.

"돈 내놔!"

낮으면서 음침한 목소리에 소름이 돋았다. 미처 상황을 판단하지 못하고 멍한 얼굴인 나에게 그는 재촉을 하며 총부리로 내 가슴을 꾹꾹 찔렀다. 둔탁한 느낌에 놀라서 올려다본 그의 눈이 총보다 나를 더 위협했다. 맹수가 먹이를 노려보는 살기 가득한 눈빛이 저럴까, 이성을 잃어 광기가 번뜩이는 눈길이 이와 같을까, 지금까지 살아오면서 느껴보지 못했던 위기감이 온 피부로 느껴졌다.

솜털 하나까지도 쭈뼛 곤두서고, 심장이 밖으로 나온 듯 박동소리가 둥둥 울렸다. 다시 내려다본 총은 바로 내 가슴을 반으로 가를 것처럼 보였다. 그때서야 그가 권총강도라는 것이 실감났다. 내게 처해진 상태를 파악하자 아까와는 반대로 찬 기운이 등뒤를 훑고 내려갔다. 시간이 멈춰 버린 듯 아무소리도 들리지 않고 모든 세포가 얼어버린 것 같았다. 그의 차가운 눈과 총이 점점 눈앞에 확대되면서 목이 조여오듯 숨이 가빠왔다.

저 사람이 손가락 하나만 움직이면 내 운명은 어찌 되는가. 총알이 몸을 뚫고 지나가면 고통이 그 자리를 메울 것이다. 집에서 기다리는 아이들의 얼굴이 코끝에 아른거렸다. 막내딸을 허무하게 잃고 슬퍼하며 흘릴 엄마의 눈물이 보이는 듯 했다. 머릿속을 울리며 지나는 생각들을 입 안에 모아 마른침과 함께 목젖을 누르며 꿀꺽 삼켰다. 짧고 긴박한 순간에 감정의 기복이 이렇게 심할 수 있다는 것이 나중에 생각해 보니 신기했었다.

"고개 들지 말고 얼른 돈 꺼내 줘."

남편의 다급한 외침에 화들짝 놀라 덜덜 떨리는 손으로 돈을 내주었다. 그는 후닥닥 달아났고, 순간 얼른 경찰에 신고를 했다. 그와의 대립은 지나고 보니 15분 정도였는데 왜 그리 길게 느껴졌는지. 생과 사의 갈림길이 순간이라는 생각이 들었다. 특별히 원한이 있는 사이도 아닌데 상대방을 이렇게 공포감에 밀어 넣을 수 있는 것인가. 다른 지역에서 원정 온 것도 아니고 바로 앞의 고등학교에 다니며 등 하교시에 들르던 그였다. 인간에 대한 회의가 들었다. 그곳이 내 삶의 터전이라 생각하고 이웃들과도 원만한 유대관계를 유지했고, 말이 안 통하고 격식이 달라도 그들의 경조사에 참석했다. 인종의 다름을 떠나 신의를 저버린 그가 미웠고 몇 년 동안 헛된 노력을 한 것 같아 허무했다.

대중매체를 통해 이런 사건을 접하면 사람들은 쉽게 말한다. 그까짓 것 과자값이 얼마라고, 돈이나 얼른 주어 내보내지, 하면서. 한 예로 얼마 전 '두순자 여인' 사건으로 떠들썩했었다. 그 사건이 LA폭동의 시발점이라고들 한다. 흑인 여학생이 오렌지주스를 훔쳐 가는 것을 막다가 시비가 붙어 결국 총을 쏴 그 학생을 죽였다. 그 일로 두순자 씨는 죄인 아닌 죄인이 되어 일 불이라는 푼돈에 어린 여학생을 죽였다는 오명과 질타를 주류사회에서부터 뿐 아니라 같은 동포들에게 받았다. 그러나 그 순간에 그녀가 느꼈던 공포와 분노를 나는 안다.

같은 업종에서 일을 하면서 하루에도 몇 번씩 알게 모르게 당하는 그들의 나쁜 손버릇에 기가 막힐 때가 많다. 한두 번 그들에게 틈을 보이면 그 이후 가게는 '무법천지'가 된다. 순간 방심하면 물건을 들고 뛰는 경우도 많다. 이런 일을 겪다보니 낯선 사람이 들어와 술을 상자로 들면 '혹시나' 하는 불안감에 머리카락이 쭈뼛 했다가 돈을 내고 나가면 '휴' 안도의 한숨을 내쉬는 경우가 어디 한두 번인가… 그런 순간의 위기를 나도 겪기에, 여중생이지만 체격이나 힘으로는 남자 못지 않을 것이기에 두순자 씨의 심정이 이해가 간다.

권총 강도 사건 이후로 한 달 넘게 악몽에 시달리고 가슴앓이를 하고 있는데 법정에서 증인 출석통지서가 나왔다. 그 강도는 그 날 세 곳을 털었는데 피해자가 증언을 해야 구속이 되니 꼭 나와야 한다고 경찰이 당부를 했다. 사건이 생기면 동양인들은 귀찮아서 혹은 보복이 두렵다는 이유로 법정에 안 나오기에 더욱 범죄자들의 표적이 된다며 일본계 경찰이 권리주장을 해야 한다고 설득을 했다.

기억하기 싫은 일이었지만 법정의 증인석에서 더듬더듬 그때의 상황을 설명했다. 내 가슴을 총을 찌르던 순간의 느낌이 되살아나 범인석의 그를 바라보다 그의 눈과 마주쳤다. 싸늘한 눈으로 조롱하는 미소를 입가에 흘리며, '너 내가 나가면 가만 안 둘 거야. 두고보자'라는 메시지를 보냈다. 누가 범인이고 피해자인지….

결국 그는 6개월의 징역형을 받았고, 일년이나 지난 지금 내 앞에 다시 나타난 것이다. 그와의 세 번의 눈맞춤에서 겪은 당혹감은 아직도 내 가슴에 남아있다. 눈은 마음의 창이라는데 강도로 돌변한 그 눈동자 안에서 나는 인간의 다른 본성을 발견했다. 그뿐 아니라 인간은 누구나 양면성의 내밀한 속성을 마음속에 지니고 있다. 크고 작은 일을 직면했을 때 서로 끊임없이 분쟁하다가 결국 이긴 쪽이 결정권을 휘두른다. 온전한 길로 가라고 정당성을 이끄는 쪽과 적당한 핑계와 이유를 제공해 주며 반대의 길로 유도해 선과 악이 담금질을 해댄다.

타인의 귀중한 생명을 위협해 가며 한 줌의 돈에 양심을 팔았던 강도는 한 순간 악이 그 마음을 지배해 꼭두각시 노름을 한 것뿐이라고 믿고 싶다. 아무리 세상에 만만한 것이 하나도 없고 상대방을 수단방법 가리지 않고 제압해야 내 몫이 생기며 자리 매김을 할 수 있다는 사고방식이 만연되었다고 해도 그 마음 깊숙한 곳에는 정직과 사랑이라는 우물에 따스함이 자리잡고 있다는 것을 믿고 싶다.

산 속의 살인 연습장

　산 속을 흔드는 소리에 오금이 저려왔다. 나무꾼들의 도끼질 울림도 아니고 정상에 오름을 알리는 희열에 찬 외침도 아닌 단발의 기계음들. 산신을 깨우는 불경스러운 메아리가 퉁겨져 날으며 신의 분노를 불러올 것 같아 쌉싸름한 바람에게조차 민망해 솜털들이 곤두서는 듯 했다.

　오늘은 가게를 쉬는 날인데 동생뻘 되는 부부의 제안으로 샌버나디노 계곡을 찾았다. 그들은 가끔 사격 연습차 이곳에 온다는데 구경 삼아 우리를 데려 온 것이다. 계곡물에 발 담그고 놀려는 가벼운 마음으로 따라 나선 길인데 눈앞에 펼쳐진 광경들로 입이 딱 벌어졌다.

　구불구불 산길을 돌다 만난 넓은 공터는 누구의 손길로부터인지 사격 연습장이 되어버렸다. 우리도 중턱쯤 한가한 곳에 차를 세웠다. 만약을 대비해 언제나 출발할 수 있는 상태로 차를 돌려 세워야 한단다. 이런 불안한 곳에 왜 다니는지 이해가 되질 않았다.

　몇 년 전 4 · 29폭동이 터지자 그들은 곧바로 총포상에 달려가 신원조회를 할 새도 없이 억지로 떼를 써 총 세 정을 샀다고 한다. 긴 장총,

중간 권총, 그리고 손바닥에 쏙 들어오는 여성용 권총. 차가운 감촉이 써늘했다. 누런 상자 안의 총알들이 무서운 살상 무기와는 별개라는 듯 반짝이며 가지런히 세워져 있었다.

공터의 오분지 일 부분에 돌로 경계선이 놓여 있다. 그 이상은 밟고 나가면 안되고, 총구는 사격장 정면과 자신의 발 근처의 땅을 향하는 것이 무언의 규칙이라 한다. 푸른 숲이 병풍처럼 둘러쳐진 곳에 헌 타이어, 큰 돌, 쓰러진 나무토막들이 만신창이가 된 몸을 늘어트린 채 있는 모습에 살벌함을 느꼈다.

우리보다 먼저 자리잡은 세 팀은 한창 열을 올리고 있었다. 남미계와 흑인 등 동양인은 우리밖에 없기에 마음이 졸아들었다. 표적도 없는 목표물을 향해 총을 발사하는 그들의 몸 주위에 광기가 강강수월래 하듯 맴도는 것 같았다. 때론 환호성을 지르며 총알이 튀어나가는 반동으로 몸을 뒤로 젖히는 동작 등에서 무엇이 그들을 흥분하고 열중하게 만드는가 하는 서글픈 궁금증이 일었다.

덩달아 총을 쏘는 남편의 뒷모습을 바라보았다. 그도 폭동을 겪고 난 후 총을 구입하려고 들썩였다. 공격용이 아닌 방어를 위해, 만약을 대비해 심리적으로 든든하다며 동의를 구했다. 그런 흉물을 집에 들여놓으므로 혹시나 발생할지 모르는 문제점들은 상상만으로도 끔찍했다. 더구나 아들 둘이 호기심에 건드려 본다거나, '욱' 하고 치밀어 오르는 울화에 참지 못하고 총을 사용하므로 상황을 더 악화시킬 수도 있기에 결사 반대를 했다.

우리까지 동참하지 않아도 미국은 총기가 넘치는 나라다. 한 조사 발표에 의하면 미국내 개인 소유 총기류만 해도 2억3천만 정이고, 전체가구의 40% 이상이 1정 이상의 총기를 보유하고 있단다. 20초마다 1명이 총기로 부상당하고, 28분 20초마다 1명이 총기로 자살을 기도한다. 또 6시간마다 어린이 1명이 숨지고 하루에 100명 정도가 총기에 희생된단다. 군대로 치면 3개 사단이 넘는 국민이 매년 총에 맞아 죽어가는 셈이다.

발 밑에 우지끈거리며 밟히는 탄피들의 차가운 금속성 비명소리가 온몸에 소름 살을 돋게 했다. 이 흉한 껍질들을 흘리고 간 사람들 중에 이곳에서 연습한 사격술로 좋지 못한 상황을 연출하며 실습을 할 수도 있다는 생각이 드니 나도 그들과 공범이 된 느낌이 들었다.

매일같이 신문의 한 면을 장식하는 총기사건을 대하게 된다. 5살짜리 어린이부터 70대의 노인까지 그 범인들이 광범위해졌고, 그 동기란 것이 캐고 나면 터무니없거나 사소한 것에서 발생됨으로 허탈하기 일쑤였다. 그래서 총기소유 규제법을 만든다고 하면서 이렇게 한편에서는 공개적인 연습장을 묵인해 주는 미국법의 이중성을 이해할 수가 없었다.

'그만 가자'는 나의 안달에 30분 만에 차를 돌렸다. 달리는 우리 차를 총알들이 메아리에 실려 쫓아오는 듯해 자꾸 뒤를 돌아보았다. 우리 손으로 만든 무기에 무방비로 노출된 우리의 생명들… 어디서부터 잘못된 것일까.

나의 이름은 마약입니다

―Hug Drug

"They look so innocent⋯⋯ like Flintstone vitamins or suger pills."

며칠 전 신문에서 한 달에 열 명 정도의 한인 청소년들이 마약을 판매한 혐의로 구속이 된다는 놀라운 기사를 읽었다. 어느새 마약이 우리의 주변에까지 손을 뻗쳤다고 생각을 하니 걱정이 앞선다. 두 아이를 키우는 엄마의 입장에서 구속된 아이들의 부모들은 심정이 어떨까? 과연 그들의 자식이 그 지경에 이른 것을 알고나 있었을까? 하는 생각을 해 보았다.

'마약' 많이 들어서 익히 알고 있는 단어이다. 그 피해가 얼마나 심각한지, 그것에 중독이 되면 폐인이 되고 더불어 가정도 파탄이 난다는 것은 상식적으로 알고 있다. 그러나 실상 마약의 종류나 모양새, 또는 중독 증세에 대해 말해보라고 하면 입안에서만 맴돌 뿐 정리가 되어 있지 않다. 한마디로 무지하다. 특히 미국에서는 어디서나 쉽게 구할 수 있고, 접할 수 있기에 그런 것에 무방비로 노출된 자식들에 비해 부모들은 강 건너 불 구경을 하는 입장이라 할 수 있다.

평소에 마약에 대해 궁금한 것이 많았는데 우연한 기회에 전문가들의 모임에 초대받게 되었다. 사진을 보며 마약의 종류와 생김새 그리고 복용 후 나타나는 증세에 대해 자세한 설명을 들을 수 있는 귀하고 소중한 시간들이었다.

코케인, 헤로인, 마리화나, 아이스 등을 입에 넣고 녹이거나, 코나 입으로 흡입을 하고, 담배처럼 피우며, 주사기를 이용해 정맥에 투여하는 것 등 그 방법도 여러 가지였다. 약이라고 할 수 없는 일상용품도 잠깐 사이에 환각효과를 불러오기도 한다. 페인트, 본드, 풀, 헤어 스프레이, 부탄 가스들이 그런 것들이다.

밀가루같이 하얀 분말로 된 것, 말간 설탕 덩어리와 흡사하거나 마른 풀처럼 생긴 것, 막대 사탕인 투시롤 같이 검은 덩어리도 있다. 요즘은 그림을 그려 장난감 도장처럼 만들고 색깔 또한 다양해졌단다. 조그만 비닐봉투에 담거나 싸기도 하고 사탕봉투나 사탕 안 또 빈 약병이나 캡슐 안에 넣어서 지니기도 한단다.

마약을 복용한 후 나타나는 증상으로는 인식과 심리 장애가 있다. 신경질을 부리거나 과격한 행동을 한다. 반대로 우울증이 생기거나 소심해지고 대인기피 증상을 보이며 심한 경우 정신 분열증도 유발시킨다. 기억력을 상실하고 쓸모 없는 웃음을 짓거나 말이 많아진다. 건강이 나빠지는 것은 물론이라 간이나 뇌를 손상시키고 유전적 결손을 불러오며 면역 기능이 저하된다.

마약 복용 여부를 눈으로 식별할 수 있는 방법이 몇 가지 있단다. 호흡을 할 때 옷이나 몸에서 풀잎 탄 냄새가 난다거나 몸에 근육 또는 정맥 피하 주사 자국이 있다. 동공이 축소되고, 오한이나 현기증을 느낀다. 눈이 빨갛게 충혈이 되고, 술 냄새가 나지를 않는데 몸을 재대로 가누지 못한다. 콧구멍 주위에 백색 분말 자국을 남기게 되므로 피부가 붉게 변하거나 벗겨진다. 눈에 초점이 없고 얼굴이 창백하며 근육이 단단하게 경직된다고 한다.

여러 종류의 마약 중 내가 관심이 가는 마약은 엑스터시(Ecstasy)로 청소년들의 약물사용과 관련, 가장 주목을 받고 급속한 증가세를 보이고 있단다. 비교적 가격이 저렴하고 알약 형태로 사용이 간단해 청소년 사이에 유행하고, 마리화나보다 위험하지 않다는 잘못된 인식이 만연되는데 일조를 한단다. 엑스터시를 주변에서 입수할 수 있다고 응답한 청소년의 비율이 3분의 2가 넘을 정도로 급증 추세로 그만큼 보편화되고 사용에 대한 거부감이 없어졌다는 것을 반증하고 있다.

크기는 보통 일반 상비약인 타이레놀과 같고, 그 위에 아이들이 좋아하는 글씨와 그림들이 새겨져 있으며 색깔도 다양해 눈을 유혹하기 십상이다. 그 약은 레이브(Rave) 파티를 통해 많이 확산된다고 한다. 원래 청소년들의 젊음을 발산하라는 의도로 콘서트를 하는 것인데 내용이 변질되어 청소년들이 마약을 접하고 탈선하는 기회의 장으로 바뀌어 버렸다. 요란한 음악과 현란한 조명 아래에서 DJ가 평소 그들이 원하고 바라던 바를 감언이설로 늘어놓아 분위기를 이끈다고 한다. 거기에 군중심리가 작용해 흥분된 상태에서 마약을 복용하게 되는데 죄의식은커녕 당연한 것으로 받아들이게 된다. 다른 이름인 Hug-drug, the love pill 이라고 불리듯 엑스터시는 그 자신이 아기가 되듯 마음이 열리고, 모르는 상대일지라도 서로의 피부에 크림을 발라주며 금방 친해진단다. 그러다 보면 자연스레 성이 문란해지고 한번 가면 보통 서너알 쯤은 복용하게 된다는데 심한 경우 발작을 일으키므로 레이브 파티가 열리는 주위에는 엠브란스가 대기를 한다니 또 다른 심각한 문제를 불러오게 된다.

최근의 연구 발표에 의하면 하룻밤의 엑스터시가 뇌를 파괴한다며 그 약이 난무하는 레이브 파티의 위험을 경고했다. 그 파티에 갔다오면 왜 기분이 슬퍼지고 행동이 굼떠지는지를 예로 들고 있다.

이렇게 위험한 마약에 왜 빠져드는가? 미국은 총기뿐 아니라 마약이 인종과 연령층을 넓히며 악의 손길로 야금야금 잠식되어 가고 있다. 약자로 하여금 강자로, 외로운 이에게는 사랑 받는 것처럼 환각 작용을 일으킨단다. 몽롱한 기분에 초강력 자신감을 느끼게 해 자신만의 환상의 세계로 이끌어 들인다. 그러나 시간이 흐르면서 그 마술을 사라지고 사용 전보다 더 큰 고통과 고독을 불러와 많은 양의 약을 필요로 하므로 자연히 돈을 조달하기 위해 각종 범죄를 유발시키게 된다.

잠시 눈만 돌려도 색다른 세상이 펼쳐지는데 부모들은, 나부터도 '내 자식은 걱정 없어'라는 일방적인 짝사랑이 눈까풀을 덮어, 세상의 모든 발선과 부노녁이 자기 자녀와는 무관하다는 사반에 차 살아산나. 그러나 이중 문화권에서 자녀들이 겪는 정신적 육체적 고통, 부모들이 모두 일하느라 제대로 보살핌을 받지 못하는 데서 오는 외로움, 또래 집단에서 느끼는 소외감, 보이지 않는 인종차별에서 오는 피해 의식 등이 겹겹의 스트레스로 아이들을 옭아매고 있다. 터질 듯 돌파구를 찾는 그들에게 마약은 손길을 뻗치기 쉬운 상대이며 그럴 듯한 유혹이 되어 찾아들 것이다.

전문가들은 부모들이 자녀들과 많은 시간을 공유하고 대화를 나누기를 권유한다. 학교에서 어떤 모임에 나가는지, 주위의 친구들은 어떤지 유심히 살피고, 마약의 유해를 수시로 알려 주라고 한다. 생각해보면 어려울 것이 없는데 사실 실행에 옮기는 것이 쉽지가 않다. 일단 영어권의 자녀와 깊이 있는 대화를 나눌 수가 없고, 그들의 일거수 일투족을 감시할 수도 없는 노릇이다. 조금 강하면 참견이요, 간섭이 되고, 그들이 하는 대로 두고 보자니 마음에 안 들고 불안한 것이 현실이다.

그래서 나는 집에 들어가면 아이들의 눈을 살펴본다. 눈과 눈을 마주치며 하루의 일과를 물으면 간단한 대답 한마디가 돌아 올 때가 많지만 개의치 않는다. 잠깐이지만 눈을 통해 그 아이에게 나의 사랑을 실어 보내고 그의 상태를 살필 수 있기 때문이다. 음악을 듣고 있으면 귀에 꽂은 이어폰의 한 쪽을 떼어 나의 귀에 대어 본다. 아이가 좋아하는 운동 경기나 선수에 대한 소식을 같이 나누므로 서로의 공통 관심사를 갖으려 노력해 본다.

아주 가끔이지만 아이의 방을 청소한다는 명목으로 살펴본다. 마약을 하는 이들이 턱 근육의 경직으로 인해 사용한다는 갓난아이의 모조 젖꼭지, 이름이 불분명한 약병이라든가

형광빛 목걸이나 팔찌, 유리 대롱이나 불길이 강력한 라이터들이 있나 살핀다. 도움이 되는지 모르지만 내가 할 수 있는 범위에서 자식들 기분 상하지 않게 관찰하면서 지속적인 관심과 사랑을 주는 것이 부모들의 의무이리라.

마약, 그들은 순진한 척, 아무렇지도 않은 척 아이들의 주위를 맴돌며 유혹을 하고 있다. 아이들 또한 죄의식 없이 호기심에 한번 해본다는 것이 걷잡을 수 없는 악의 소용돌이에 휩쓸리는 것이리라. 만약 불

행히도 이런 일이 자신의 주위에 발생한다면 수치스러운 마음에 숨기지 않았으면 한다. 전문가의 도움을 받아 더 이상 나빠지지 않도록 막아주는 것이 옳은 길일 것이다. 주변의 손가락질이 무서워 숨기는 동안에 마약은 더 깊숙이 파고들어 더욱더 상태는 나빠질 것이 뻔하기 때문이다. 자식들이 마약을 끌어안으므로 그들의 인생을 암흑으로 만들지 않게 부모인 우리들이 사랑으로 감싸주어야 하리라. 다른 건전한 것으로 눈과 마음을 돌리도록 유도해야 한다.

최근에 마약에 대한 시를 한편 찾아냈다. 집안에 아이들의 발걸음이, 눈길이 자주 머무르는 곳에 걸어두려고 한다. 은연중에 마약의 실체를 알려주고 싶어서이다.

나의 이름은 마약입니다

나의 이름은 마약입니다.
나는 이 세상에 여권 없이 들어와
많은 더러운 인간들을 부자로 만들었고
그들 중 일부는 살해되어
시궁창에서 발견되곤 합니다.
나는 학생들이 그들의 책을 잊게 만들고
미의 여왕으로부터 그녀의 아름다움을 빼앗고
유창한 웅변가의 말을 잊게 하고
당신의 어머니를 창녀로 만들겠습니다.
나는 교사들이 가르치는 법을 잊게 하고

성직자들이 설교를 원치 않도록 하겠습니다.

나는 당신이 사용할 모든 돈을 빼앗고

그리고 영원히 돌려주지 않겠습니다.

나는 당신의 아이들이 태내에서 죽게 하든가

마약에 중독 되어 태어나게 하겠습니다.

나는 당신을 강도로 만들어

훔치고 살인하도록 조종하겠습니다.

당신이 나의 손아귀에 잡혀 있는 한

당신의 의지는 사라져 버리고 맙니다.

기억하시오 나의 친구요!

나의 이름은 마약입니다.

—작자미상

*끝으로 바쁜 시간을 내서 마약에 대해 설명해준 전문가들에게 다시 한번 감사드
린다.

진정한 힘

시련을 딛고 일어서는 자가 진정한 승리자라고 한다. 지난 며칠 동안 충격과 분노 속에서 놀란 가슴을 쓸어 안았지만, 반면 순간순간 진한 감동을 받았다. 안타까움과 허탈로 눈물을 흘렸고, 헌신과 단결로 이어진 따스한 인간애가 다른 의미의 눈물샘을 자극했기 때문이다.

오늘은 TV에서 우리에게 익숙한 유명 연예인들이 「미국 영웅들에게 바치는 정성(America: A Tribute to Heroes)」라는 제목으로 특별 모금방송을 했다. 자본주의의 대명사인 미국에서 역사상 6개 지상파 방송국이 광고도 없이 2시간 동안 한 프로그램을 방송한 적이 없었다고 한다. 그만큼 2001년 9월 11일에 있었던 뉴욕 세계 무역센터와 국방부 청사의 테러 사건은 세상을 경악하게 만들었고, 제3차 세계대전의 전조라는 불길한 공포를 불러왔다.

톰 크루즈, 줄리아 로버cm, 로버트 드니로, 클린트 이스트우드를 비롯해 스티비 원더, 닐 영, 셀린 디옹 등 이 진지하고 결의에 찬 모습으로 조사와 노래로 무고히 죽은 영혼들의 명복을 빌었다. 큰아들은 비디오에 녹음을 해 방송을 못 본 사람에게 빌려주자고 했다. 작은아들은 방송국에 전화를 하며 그가 좋아하는 윌 스미스에게 성금을 내고 싶다며 몇 번 시도를 했는데 폭주하는 통화량으로 연결이 안돼 아쉬워했다.

테러 참사 후 재 개장된 뉴욕 증시는 개인의 이익을 위해 주식을 팔아 경제를 혼란에 빠트리면 안 된다는 분위기가 압도적이라 우려했던 만큼 심각한 위기를 겪지 않았다고 한다. 사고 직후 전국적으로 이어진 헌혈자의 줄은 피를 나누기 위해 서너 시간을 대기해야 함에도 불평하는 사람이 없었단다. 급기야 더 이상의 피가 필요 없다는 공고가 나올 정도였다.

무엇이든 돕겠다는 자원봉사자들이 물밀듯이 몰려 전문지식을 갖춘 사람들이 이미 현장에서 일을 해 더 이상 수용할 수 없다며 공식 입장을 표명했다. 성금과 구호 물품도 몇 시간 만에 필요량이 충족되었으니 적십자나 구세군에 기부하란다. 단기간에 하나로 뭉쳐진 미국의 힘이 얼마나 대단한지 입이 벌어졌다.

150피트 높이의 처치 곤란인 쌍둥이 빌딩의 잔해더미는 쓰레기차로 20만 번을 왕복해야 될 정도다. 수십 년에 걸친 싸움 끝에 어렵게 폐쇄시킨 스텐튼 섬의 쓰레기 매립장의 재개를 환영한 주민들은 오로지 애국적인 경지에서 양보를 한 것이다. 교회나 단체를 중심으로 추도예배와 모금행사가 열리고, 공공시설의 이용시 과도한 검열도 모두 불평 없이 받아 들였다. 경쟁이나 하듯 상가의 진열장과 달리는 차에 펄럭이는 성조기, 그와 관련된 티셔츠와 액세서리가 불티나게 팔리며 애국의 물결은 모두의 가슴을 울리며 퍼져 나갔다.

희생의 상징인 촛불에 둘러싸인 연예인들이 「미국을 축복하소서(God

Bless America)」와 「성조기여 영원하라(The Star Spangler Banner)」를 부르자 코끝이 찡하게 울리며 눈물이 흘렀다. 나뿐만 아니라 이 순간 국민들이 모두 한마음이 되었을 것이다. 많은 사람들이 이렇게 크고 작은 성의를 표시 하는데 나는 구경꾼이 되어 주위를 맴도는 느낌이 들자 죄인이 된 듯했 다. 어딘가에 성조기가 있을 것이다.

서랍을 뒤지다 몇 년전 시민권 선서를 할 때 받아온 서류 봉투가 있 기에 열어보니 시민권 증서와 성조기가 들어 있었다. 아, 그렇지. 난 미 국시민권자지. 단지 서류상으로, 필요에 의해 받아 놓고서 잊고 지냈 다. 몸은 미국에 살면서 끈 끊어진 연처럼 마음은 허공에 떠 있는 듯 했 다. 한국 정치가 이름을 알면서 내가 사는 지역의 주지사 이름은 가물 가물하다. 「애국가」는 입에 배어서인지 저절로 나오지만 「성조기여 영 원하라」는 한두 소절 멜로디만 따라 할 정도다. 시민권 인터뷰를 대비 해 며칠 밤을 새우며 외웠던 미국의 역사와 법률 그리고 정치제도 등은 거의 잊어 버렸다. 아들의 말대로 '무늬만 시민권자'인 셈이다.

내가 발붙이고 사는 땅이 어디인가 생각해 본다. 멜팅팟이라 불리는 다인종이 어우러져 살아가는 나라이기에 알알이 흩어지는 백사장의 모 래알같이 끈끈한 민족성이나 애국심은 없다고 생각했었다. 옆집의 개 가 시끄럽게 짖는다거나 담으로 나뭇가지가 넘어 온다며 재판을 걸고, 부부간에도 계산이 정확하다. 자신의 권리와 이익을 먼저 따지고 자유 라는 미명하에 남의 불편이나 불행은 관심이 없는 사람들이다.

그러나 이번 일을 통해 미국인들의 애국심이 얼마나 대단한지 알게 되었다. '국가의 저력은 성숙한 시민의식에서 나온다'는 어떤 기자의 표현에 동감을 한다. 길거리로 뛰어나와 과격시위로 의사표시를 했던 우리의 젊은 날과 비교가 되었다. 각자 자신의 위치에서 최대한 할 수 있는 일을 찾아서 실천하는 일반인들의 모습에서 미국인들의 참모습을 만났다. 부시 대통령은 테러범들의 사악한 공격으로 강철은 산산이 부서졌으나 미국인의 강철 같은 의지에는 추호의 흠집도 나지 않았다고 했다.

잠자던 애국심이 이번 일을 계기로 깨어났다. 길거리의 성조기 물결에서, 헌혈자들의 늘어선 길 줄처럼 목숨을 걸고 구조 대열에 참여한 사람들의 희생정신까지 하나로 뭉쳐져 미국을 지탱시키는 진정한 힘이 되었다. 무고하게 희생된 육천 명이 넘는 영혼들을 위로하기 위해서라도 이 시련을 잘 이겨내야 하리라.

손에 들린 성조기를 길가로 난 유리창에 붙였다. 이제사 나도 그 애국의 물결에 합류를 한 느낌이다. 방관자가 아니라 주체가 된 기분이 이런 것일까. 무언가 마음속에 낀 뿌연 안개가 걷힌 것 같다. 시련을 딛고 일어서는 미국이 되는데 일조를 했다면 과장된 표현일까.

6부

날아가 버린 파랑새

날아가 버린 파랑새

새로운 것과의 만남은 설렘을 동반한다. 이민을 온 후 허술한 방 한 칸 짜리 아파트에서 시도 때도 없이 울려대는 헬리콥터와 응급차 소리를 벗하여 몇 년을 살았다. 소위 우범지대로 불리는 곳이지만 일에 시달리다 돌아와서는 피곤한 몸을 눕힐 자리가 있다는 생각에 별 불편함을 모르고 지냈다.

그런데 배에 약간의 기름기가 돌자 아래로 가던 눈 높이가 점점 높아져 주위의 환경에 불만이 생기기 시작했다. 애벌레가 자라자 그 동안 보호막이던 두껍고 침침한 껍질을 벗어 던지듯, 이민의 경력에 걸맞게 좀더 나은 환경에서 생활하고 싶다는 욕망이 꿈틀거리며 충동질을 했다.

아이 교육을 핑계로 남편을 설득해 드디어 이사를 하게 되었다. 돈이 좋기는 좋은가 보다. 가격에 맞게 넓고 깨끗한 아파트라 이곳에 어울리게 그 동안 냉동칸 깊숙이 숨겨 두었던 꽁치 돈을 털어 궁상스러운 살림살이를 버리고 새로운 것들로 장만했다. 새 술은 새 포대에 담으라고 했듯이, 환경이 바뀌니 마음까지 덩달아 새로운 생활에 대한 기대감으로 꽉 차 올랐다.

먼저 살던 곳과는 다른 상쾌한 아침공기를 마시며, 아이를 학교에 데리고 가면서 주위를 둘러보았다. 길 양옆으로 가로수가 그 둘레만큼이나 관록을 자랑하며, 적당히 파마기 있는 긴 머리가 치렁치렁한 중년여인의 품위 있는 자태처럼, 가지를 늘어뜨리고 있었다. 잘 정돈된 잔디와 키재기를 하는 올망졸망한 꽃들이 이슬을 머금고 어우러져 있다.

모든 것이 있을 곳에 있는 안정된 느낌이 평화로움을 불러오고 운동삼아 애완견을 끌고 산책하는 사람들의 모습이 여유롭게 느껴졌다. 그들 자신의 생활 정도를 나타내려는 상징성을 띤 것인지, 강아지들은 앙증맞은 옷을 걸쳤고 그 모양도 다양했으며 적당한 손질로 반지르 윤기가 흐르는 털이 아침 햇살에 가늘게 부서졌다.

"개 팔자 상팔자라더니…."

중얼거리며 새 동네와의 정식 상견례를 치렀다.

아침마다 매일 같은 길을 왕복하다보니 새롭던 길도 익숙해지고 지나치는 사람들과 눈인사도 나누게 되었다. 이젠 나도 이들과 동화되나보다 하고 스스로를 대견해 했다. 그러던 어느 날, 아이의 반가워하는 소리에 무심코 나무 위를 올려다보았다.,

"Blue Jay야!"

파랑새였다. 행운을 불러온다는 아이의 설명이 뒤따랐다. 제비가 박씨를 물어다 주어 횡재한 흥부처럼 파랑새가 나에게도 그런 행운의 씨앗을 가져다 줄 것 같은 좋은 느낌이 다가왔다.

'역시 이사오길 잘 했구나!'

한껏 들뜬 마음에 아이를 데려다 주고 돌아오는데 반대쪽에서 밝은 햇살을 가르며 걸어오는 사람이 있었다.

'어머나!'

자연스레 층이 진 갈색의 단발을 출렁이며, 적당한 근육질이 셔츠 안에서 움찔거리는 그는, 큼직한 이목구비에 특이나 턱밑이 살짝 갈라진 것이 영화 「스팔타거스」에 나오는 커크 더글라스를 꼭 닮았다.

한참 사춘기 때, 큰 감명을 받았던 영화에 나온 그 미남배우는 밋밋한 사람들의 생김새와 확연히 비교가 되었다. 더구나 막연한 동경의 대상이었던 미국에 대한 기대감이 그를 백마를 탄 왕자님으로 만들어 명동의 코스모스 백화점 3층에 있는 유명 스타들의 사진을 파는 상점의 단골이 되게 만들었다. 그런데 그 사람이, 아니 그를 닮은 사람이 바로 눈앞에 나타난 것이다.

그의 발 밑에는 하얀 목화 솜을 뭉쳐 놓은 것 같은 예쁜 강아지가 주인의 양쪽 다리를 번갈아 맴돌며 재롱을 부리고 있었다. 내 옆을 스쳐 지나가며,

"Good Morning!"

바닥에 깔리는 저음에 약간은 비음이 섞인 목소리로 가볍게 인사를 하기에 얼떨결에 올려다보니 파란 눈동자가 웃음을 머금고 있었다. 순간 그 파란 눈동자에서 파랑새가 퍼덕이며 날갯짓을 하였다.

긴장은 삶의 활력소가 되나보다. 그 다음 아침부터는 옷매무새에 신경을 쓰게 되고 눈 깜박할 새인 몇 초의 만남이 기다려졌다. 낡은 사진첩 속에 끼워 두었던 색바랜 여자라는 본능이 살살 먼지를 털며 삐집고 나왔다. 가정일과 바깥일을 동시에 해 나가며 아이를 키우다보니 손에

는 반찬 냄새가 떠날 새 없고, 돈이 아까워 몸치장은 사치라 여겨 왔었다.

자연 나에게서 여자는 마음속의 그림자에게 맡겨 두었는데 아침 길에 만난 커크 더글러스가 햇빛으로 다가와 여자를 나에게 돌아오게 한 것이다. 매일 일정한 시간에 나가면 그를 볼 수 있기에 시간을 맞추려 아이를 닦달하기도 하고, 좀 이른 날은 설거지거리를 더 만들어 시간을 끌기도 했다.

두근거리며 하늘의 뭉게구름에 닿았다가 내려오는 마음을 들킬까봐, 한동안 그 파란 눈과 마주칠 용기가 나질 않아 일부러 외면한 채 지나가기도 했다. 때론 그 사람도 나에게 관심이 있을까 하는 의구심이 들어 늘 다니던 반대쪽으로 걸어가며 안 보는 척 곁눈질도 해 보았다.

'착각은 자유라는데….'

어느새 혼자 커버린 내 마음속의 여자는 저혼자 부풀어 한껏 날개를 편다. 나이를 먹어도 여자는 여자일 수밖에 없다. 여자는 남자를 유혹하고 남자는 그 유혹 앞에 무릎을 꿇어야 한다는 영원한 진리에 내 여자는 허영심에 들떠 꽉 매달리고 있는 것이다.

어디 여자뿐이랴. 지남철의 양극이 서로 끌려가듯 상대의 성에 관심이 생겨 힐끔거리거나, 반대로 힐끔거림을 당하는 것 같아 순간 행동이 부자연스러워지며 잘 보이려 매무새를 다듬는 것은 본능일 것이다. 현재의 위치야 어떻든 간에 그 누구에게도 들키지 않고 간섭받지 않게 그 자신만의 자유 공간 속에서라면 죄의식에 빠지지 않고, 그 느낌을 은근히 즐기기까지 한다.

그런 마음속의 외도 뿐 아니라 쉽게는 영화 속의 주인공에 나를 넣어 보거나 현실적으로는 불가능한 상황에 그 자신을 일치시키어 꿈을 이루어 보는 것도 카타르시스 작용을 할 수 있을 것이다.

'저 여편네 요즘 왜 저래?'

아침마다 유난히 부산을 떨며 거울 앞에서 시간을 끄는 나에게 남편이 눈빛으로 의아해 하며 올려다본다. 외모부터도 파랑새 커크 더글러스와는 하늘과 땅 사이인 남편을 한번 비껴 보며 그 눈빛을 눙쳐 버린다.

남이 하면 불륜이요, 내가 하면 로맨스라더니 내 여자는 자꾸 파랑새를 좇아 날아간다. 삼 주일 정도 눈도장을 찍고, 혼자 신경의 줄다리기를 하다 큰 맘 먹고 이젠 그에게 말을 걸리라 다짐해 본다. 미니 스커트에 머리를 하나로 묶고 곱게 모셔 놓았던 하이힐을 꺼내 신었다. 키를 맞추어야 하니까….

드디어 저만치 그 사람이 보였다. 그에 앞서 백인 할머니가 큰 개를 끌고 지나치는데, 내가 개를 좋아한다는 것을 암시하기 위해 부드러운 미소를 개에게 보낸다. 그가 점점 나의 시야에 가까워지고 마음속으로 재빨리 우아하게 인사말을 준비한다.

서너 발자국 간격으로 좁아 들고, 떨리는 마음을 누르며 입을 떼려는데 무엇인가 미끈하는 느낌이 발끝을 통해 전해져 왔다. '설마 개의 배설물' 하고 느끼는 순간 저울의 눈금이 흔들리듯 세상의 각도가 변하면서 '꽈당' 하는 둔한 소리와 함께 길바닥에 주저앉았다.

"어머나…."

"괜찮습니까, 미스?"

물으며 손을 내미는 뒤편으로 언제부터 있었는지 길가 레몬나무에 앉아 있던 파랑새가 가지를 박차고 날아가 버렸다.

다 자동 아닌개벼?

　모든 것이 설어서인지 아침 햇살에까지 낯가림을 하게 되었다. 충청도 산골마을이 세상의 전부인 줄 알고, 살아온 수줍음 많은 언년네였다. 오늘로 이곳에 온 지 사흘째 되는 날이다. 40이라는 늦은 나이에 어렵사리 첫아이를 임신한 딸의 산후조리차 미국에 실려왔다. 아들은 버스로, 딸은 비행기로 부모를 모신다더니 그 속설을 입증한 셈이다.

　이른 새벽, 몸에 좋지도 않은 커피 한 잔씩을 달랑 들고 딸 내외가 일을 나가 그녀만 동그마니 거실에 남겨졌다. 만삭인 몸을 뒤뚱거리며 나서는 딸의 뒷모습이 안쓰러워 마음이 찡 했다. 여자는 그저 집안에서 살림 잘 꾸리고, 자식들을 건사하는 것에 존재의 의무를 두고 살아온 그녀는 안사람을 일터로 보내는 사위가 못마땅 했다.

　언년네의 입처럼 굳게 내려진 커튼사이를 밀치고 들어온 서양의 햇살에, 먼지들이 무질서하게 잔치를 벌였다. 자동차의 시동소리가 그 틈새에 섞여들어 왔다. 더 이상 뱃길 몇만 리도 아니지만, 낮과 밤이 바뀌자 숨쉬는 공기까지 다른 것 같아 그녀는 이방인이 되어 흡수되지 못한 채 공중에 떠 있는 느낌이었다.

"뭐 이런디가 다 있댜? 징역살이가 따로 없구먼."

딱히 누구에게라고 할 것도 없이 혼자 중얼거렸다. 딸 내외가 들어오기 전에는 입 한 번 벌릴 일이 없어 입안에 곰팡이가 스는 것 같았다. 문득 제자리에 있기나 한가 싶어 잔 못이 박힌 손으로 쓱 문질러 본다.

이웃들은 모두 미국사람이라 마주치는 것 자체가 겁나고, 동서남북도 몰라 한 발자국만 문지방을 넘어서면 길 잃은 미아가 될 것이다. 어둠침침한 방안에서 아무 것도 할 수 없다는 자괴감에 점점 움츠러들었다.

이러다 자신의 몸 속에 있는 작은 세포 하나하나가 빠져 나와 저 작은 먼지처럼 각각 날아가 버려 결국 빈 껍데기만 남겨질 것 같은 착각이 들었다. 눈뜨면 들로 밭으로 다리 품을 팔며, 하루해가 짧다고 움직이던 그녀가 집안에만 갇혀 지내자니 좀이 쑤셔서 견딜 수가 없었다. 평생 일에 길들여진 그녀의 몸 구석구석이 양손을 놓고 지내는 꼴을 못 보겠다며 반란을 일으켰다.

"안 돼야. 이러고 있을 수만은 없지. 아암."

자리를 박차고 일어나 커튼을 열어 젖혔다. 작은 틈으로 들어오던 햇살이 와르르 밀리며 쫙 퍼졌다. 창문 밖으로 하늘을 찌르듯 야자수 나무가 그녀를 내려다보며 싱겁게 흔들리고 있었다.

"사람만 멀뚱하니 긴 중 알았더니 낭구꺼정 길구먼."

첫날, 짐을 풀고는 딸이 세탁장과 주차장 등을 두루 데리고 다니며 구경을 시켜 주었다. 당분간 언년네가 살림을 맡아서 해야 되기에 인수인계차 세세한 설명을 했던 것이다. 세탁장에서는 통에 빨래를 담고,

100원짜리 비슷한 동전 4알을 구멍에 밀어 넣으면 작동이 된다고 했다.

"그냥 빨아지는 겨?"

미덥지가 않아 다시 물어보았다.

"네. 자동이에요. 다음에 저랑 같이 한 번 해보시면 될 거예요."

복도 벽에 네모난 창문처럼 생긴 곳의 문고리를 잡아당기니 역한 냄새가 올라왔다.

"엄마, 쓰레기는 봉투에 담아서 이곳에 던지면 돼요."

"그럼 어떻게 되는디?"

"구멍이 밑까지 뚫려 있어서 지하에 있는 쓰레기통으로 그냥 떨어져요."

"응, 편리하구먼."

어제는 사위가 주차장에서 차를 빼오는 동안 길가에서 딸과 함께 기다렸다. 초록색 잔디가 융단같이 곱게 깔리고, 이름 모를 꽃들이 적당히 손질된 채 뽐내고 있었다. 몇 발자국 걷는데 잔디밭 둘레에서 '쏴아' 하며 물이 분수처럼 흩어져 나왔다. 미국 온다며 장터 털보 아재 점방에서 큰마음 먹고 산 비니부 구두에까지 불이 튀어 올라 방울방울 이슬로 맺혔다. 무심코 걷다가 물세례를 받고서 뒷걸음치는 그녀를 보며 딸은,

"엄마, 잔디밭에 물주는 것이에요. 누가 일일이 손으로 하겠어요, 이 넓은 땅에. 시간 맞추어 자동으로 되거든요."

"어, 그러냐. 미국이 좋긴 좋구먼. 별난 게 다 있네."

언년네의 머릿속에는 뒷곁 채소밭에 물 주느라 허리에 느끼던 통증이 떠 올려지며 입맛을 쩝쩝 다셨다. 저것을 옮겨다 사용했으면 하는

욕심에 부럽게 바라다보았다.

미국 음식을 맛보게 해 주겠다며 소 그림이 그려져 있는 식당에 갔다. 통나무로 장식된 실내가 자연스럽고 아늑한 분위기였다. 복잡한 여러 말들이 오고가더니 결국 언년네 앞에 놓인 접시에는 손바닥만한 고기 조각과 감자알 하나였다. 닝닝하고 뻣뻣한 그 맛에 김치와 된장국 생각이 간절했다. 시골 장터에 나가 장국밥 한 그릇 말아 걸쭉한 억척네의 입담을 반찬 삼아 먹던 맛이 혀끝에 맴돌며, 고기가 더 퍽퍽하게 느껴졌다.

식당에서 나와 주유소에 들렀다. 기름을 넣은 후, 딸은 조그마한 표를 받아 주유소 옆, 부속 건물로 갔다. 표를 쓱 밀어 넣고 입구로 다가가니 차가 저절로 움직여 안으로 빨려 들어갔다. 작은 굴에 갇힌 것 같은 느낌에 어리둥절해 있는데 물이 사방에서 뿜어져 나왔다.

언년네는 깜짝 놀라 의자 손잡이를 움켜잡았다.

"하루에 두 번씩 물벼락을 받네 그려."

"미리 말씀 드릴 걸 그랬군요. 놀라셨어요? 기름을 넣으면 공짜로 세차를 해 주거든요."

"희한하구나."

차가 덜커덕 하더니 비누거품이 쏟아져 나왔다. 차를 하얗게 뒤덮어 앞도 안 보이는데 기계 소리가 나더니, 걸레 손들이 사방으로 흩어져 빙글빙글 돌아가며 차를 에워쌌다. 하얀 거품을 이리저리 밀치고 걸레들이 너풀대며 몰려 다녔다. 언년네는 땟구정물이 자신에게 끼얹어지는 느낌에 양손으로 얼굴을 가렸다. 문밖뿐 아니라 징그러운 기계손들이 그녀의 몸을 훑으며 지나가는 것 같아 전신이 스물거려 오줌을 찔끔

지렸다.

자동차 유리와 지붕 위로 한참 윙윙대며 난리를 치더니, 물이 나와 말갛게 헹구었다. 잠시 후 차가 덜컹 움직이며 다 되었는지 이물질을 뱉어내듯 밖으로 내밀었다. 그제야 언년네도 움츠렸던 몸의 긴장이 풀리며 한숨을 내쉬었다.

잠깐 사이지만 괴물의 입안에 들어갔다온 느낌에 소름이 돋았다. 목욕탕에서 방금 나와 뜨거운 물에 달구어진 벌건 얼굴로 머리카락 끝에 대롱대롱 물방울을 매달고 걷듯, 후끈거림과 척척함이 전신에 흘렀다.

밤새 어제는 괴물의 걸레손이 언년네의 몸을 칭칭 동여 감으려 해서 도망 다니는 꿈을 꾸었었다. 지금도 생각하니 진저리가 쳐졌다. 고요함을 흔들며 냉장고가 윙 돌아가는 소리에 등줄기가 선뜻해져 집안을 둘러보니 기계천지였다. 전기 밥솥, 그릇 세척기, TV, 머리 마는 것 등…. 이러다 기계에 치여 사람들이 그 밑에 깔려 살아야 하는 것은 아닐지 언년네는 별 소득도 없는 걱정을 해 본다. 편리한 것이 좋다고 자꾸 개발해내어서 모든 일을 기계에 의존하다보면 사람들은 점점 일을 잃어 가지는 않을까. 몸을 움직여 땀을 흘리는 데서 오는 노력의 내가를 못 느끼니 의욕을 상실하게 되고, 보다 자극적인 것을 찾아 헤매나 보다.

물론 편리한 것이 좋다. 소달구지보다 자동차를 타는 것이 더 빠르다는 것도 안다. 냉장고 등 부엌용품으로 하루종일 헤어나지 못하는 집안일에서 잠깐씩 손을 놀리는 여유도 부릴 수 있다. 편지라는 통신수단에 의지하여 며칠씩 기다려야 했던 용무도 전화 한 통화면 바로 해결돼 답답함을 면한다. 더구나 비행기가 있어서 전 같으면 꿈도 못 꿀 하늘을 날아서 먼 이국 땅을 밟을 수 있으니 좋은 세상이 된 것은 사실이다.

그러나 이런 문명의 혜택을 입는 이상으로 많은 것을 잃는다고 언년 네는 생각한다. 일일이 열거할 수는 없지만 그녀는 사람과 자연, 그리고 정을 꼽는다. 땀 흘리고도 결실을 손에 쥐려면, 몇 달을 기다려야 하는 인내의 시간을 답답해하는 젊은이들이 도시로 떠나가 일손이 모자라는 불편을 겪고 있다. 갈수록 강해지는 농약으로 땅이 병들고, 물이 탁해짐이 안타깝다. 논두렁을 누비며 재잘대고, 과일 서리 등으로 동네를 시끄럽게 만들던 재롱둥이 어린이들이 줄어든 것은 정말 큰 슬픔이다. 좀더 편하게 살고 싶어서, 세상에 뒤지지 않으려 고향을 등지는 자식들의 욕심을 탓할 수는 없지만, 나이가 들수록 그들을 곁에 두고 싶은 그녀의 바람은 그와 비례해 깊어간다.

언년네는 머릿속에서 와글대는 잡념을 먼지와 함께 털어 버리려 청소를 시작했다. 딸의 방에서 빨랫감을 한 보따리 긁어모았다. 욕탕에서 하자니 부피들이 크거니와 마땅한 용기가 없어 할 수 없이 기계의 힘을 빌려야겠다. 주섬주섬 챙겨 바구니에 담은 후 문을 살짝 열고 주위를 둘러보았다. 말도 안 통하는데 누군가를 만나기라도 하면 낭패인 것이다. 긴 복도에 인기척이 없어 안심을 하고, 혹시 누가 볼 세라 도둑고양이처럼 살금살금 세탁장으로 갔다.

하얀 것과 색깔을 구분하여 각기 통 안에 담고나니 딸이 했던 말이 생각났다.

"그랴, 동전이 있어야 하는디…."

치마를 들추고 고쟁이에 달린 주머니에 손을 넣으니 100원짜리 10개가 있었다. 미국 오기 전날 밤에, 밀양댁네서 고스톱을 칠 때 가지고 있었던 것인가 보다. 동그란 구멍이 4개가 있기에 채워 넣고 밀었더니 신기하게도 '턱' 소리와 함께 물이 쏟아져 나왔다. 미심쩍긴 했지만 어련히 잘될까 싶어 발길을 돌렸다.

딸의 몸이 무거운 탓도 있지만 TV에서 보던 전기 청소기를 사용해서인지 찌들은 먼지들이 켜켜로 쌓여 있었다. 걸레로 구석구석 닦아내고 나니 마음까지 한결 개운했다. 기계보다 우수한 능력을 발휘한 자신의 손이 대견스러웠다. 시간이 꽤 지났기에 가보니 세탁기는 어느새 멈추어 있었는데, 그 다음은 어떻게 해야 하는지 언년네는 알 수 없기에 서둘러 챙겨왔다. 서랍을 다 뒤져도 빨래끈으로 사용할만한 것을 찾지 못해 물기가 빠진 것들을 의자며 식탁에 걸쳤다. 그런데 무언가 찜찜하기에 살펴보니 때가 빠지지 않고 그대로 있는 것이었다.

"아니, 빨래한 모양새가 으째 이렇대. 그래서 원통 흰 것이 잿빛이었구면. 자동이라더니 좋지도 안혀. 손으로 다시 빨아야 쓰겄네."

언년네는 두고 온 냇가의 빨래터가 생각났다. 손으로 구석구석 비누칠을 해 엉덩이 박자에 맞추어 문질러 때를 빼냈다. 입으로는 동네 참견 다하며, 손으로는 뽀드득 소리나게 헹군다. 탁탁 털어 줄에 널고, 소독 겸 햇볕에 바싹 말린 후, 뻣뻣해진 것을 쓰윽 손 다림질하면서 개는 개운함. 바람과 햇볕이 머물고 지나간 흔적과 비릿한 비누냄새의 조화. 자질구레한 일상사라지만 차진 손끝으로 일구어 가는 살림살이의 재미가 언년네는 소중히 여겨졌다.

"요즘 젊은것들은 편한 것만 좋아해서 탈이여."

빨래를 온통 집안에 도배를 한 듯 늘어놓고 있는데 문이 열리고 딸이 들어섰다. 몸이 좋지 않아 조퇴를 했단다.

"어머 집안이 왜 이래? 엄마, 빨래하셨어요?"

"응, 그런데 워째 이러냐. 빨래를 했는지 안 했는지 도통 그게 그거니. 기계에 어디 빨겄냐? 못 쓰겄어."

"근데 엄마, 가루비누가 떨어졌는데 어떻게 빤 거예요?"

"웬 비누?"

순간 언년네는 자동차 위로 쏟아지던 비누거품과 걸레손들이 한꺼번에 떠올랐다.

"거 뭐냐? 접데 거기서는 비누꺼정 다 나왔잖여? 그럼 다 자동이 아닌개벼?

결국 모든 것이 자동인 줄 알았던 언년네는 비누도 넣지 않은 채 맹물로만 빨랫감을 돌린 것이다.

아내는 무엇으로 사는가

"다시 태어나도 지금의 남편과 결혼할 거니?"

뜬금없이 내뱉는 경자의 질문에 사십 문턱을 이제 막 넘어선 어설픈 중년의 세 여자는 열심이던 젓가락을 멈추었다.

경자, 민희, 순덕, 정현은 중학교 동창으로 두 달에 한 번 꼴로 근 2년째 만나왔다. 살아가는 환경들은 모두 다르지만 봉긋 솟아오르던 가슴이 부끄러워 감추기에 여념이 없던 사춘기적 친구들이라 이해타산이 섞이지 않는 모임이기에 부담이 없어 좋았다.

오늘은 경자의 남편이 뉴욕 출장중이라 그녀의 집에서 만났다. 중화요리 몇 접시 주문해 펼쳐 놓고, 맥주도 한 잔씩 곁들인 자리였다. 그동안 밀린 이야기로 회포를 풀고 있었는데 경자의 한 마디로 분위기가 썰렁해졌다.

"어제가 우리 결혼 15주년 되는 날이었거든. 올해는 하와이로 여행을 가자고 약속을 했었어. 이제나저제나 하고 기다렸는데 뉴욕에 전시회가 있다면서 가야 한다는 거야. 직원들을 보내랬더니 중요한 자리라 자기가 가야된대. 정 그렇다면 나를 데려가면 어디가 덧나니? 우기고 혼자 가는 거야. 애들은 시험기간 중이라며 방에서 나오지 않고, 홧김에 베버리힐스에 가서 보석 하나 샀다는 거 아니니.”

그러면서 오른손을 내미는데, 네모난 에메랄드 주위에 다이아가 잔잔히 담을 친 반지가 번쩍였다.

‘와 멋있다. 나는 언제 이런 것 가져보나. 돈 좀 원 없이 써 봤으면…. 이 반지 얼마짜리일까?’ 돌아가면서 그 반지를 끼어보는 나머지 세 여자의 표정에는 속내가 읽혀졌다.

무역업을 하는 그녀의 남편은 미국 땅이 좁다며 항상 바쁘게 돌아쳤다. 좋은 집에 고급 승용차를 소유한 경자는 다른 친구들의 선망의 대상이었다.

“사람 사는 재미가 뭔데. 돈은 있다가도 없는 거야. 알콩달콩 정 나누며 사는 게 진짜 아니니? 이렇게 밖으로만 돌아치니 딴 살림 차리고 있는지 알게 뭐냐구. 내가 이러고 산다.”

거품을 입가에 묻히며 맥주를 들이켜는 경자를 보며 민희가 입을 떼었다.

“그래도 남편이 경제적인 능력 있는 것이 얼마나 든든한지 아니? 우리 집 인간이 얼마나 무능한지 니네들도 알잖아.”

간호원으로 일하는 민희는 남편 때문에 속깨나 썩고 산다. 병원 수술실에서 일하기에 수입도 괜찮은 편이라 믿는 구석이 있어서인지 남편은 가족부양의 의무를 위해 노력하지 않는다. 어렵사리 구한 수영장 청소권도 몇 달 후에 단골을 다 떨어뜨려 집어치웠다. 전화카드 세일즈 한다더니 가방을 통째로 잃어버려 돈만 물어냈었다. 얼마 전 ‘야매 택시 회사'를 차렸다. 마켓이며 식당 등의 공중전화 주변에 스티커를 붙여 놓고는 전화연락이 오면 시도때도 없이 달려나갔다. 자동차 기름값은 벌어들이는지, 쓰고만 다니는지.

그 동안 사업이랍시고 벌여 놓았다가 마무리도 못하고 흐지부지 하는 통에 놓쳐버린 돈을 생각하면 민희는 분통이 터질 지경이다. 자립할 능력이 있기에 외동딸 데리고 이혼할까 생각해 본 적도 있었다. 그런데 그녀를 달래는 남편만의 특효약이 있어서 밉던 마음이 흐지부지 수그러지곤 했다. 비번이라 쉬는 날에는 일이 없다는 핑계로 집에 들어와 그녀를 귀찮게 했다.

"멀건 대낮에 남세스럽게 왜 이래요. 비키라니까." 눈을 흘기며 저항을 해도 막무가내로 덤벼드는 남편에게, 못 이기는 척 넘어가 주곤 했다. 병원에서 시달려 피곤했던 몸과 신경줄들이 희한하게도 한 차례 몸씨름으로 가뿐해졌다. 마취효과도 있는지 나른함에 한잠 자고 나면 남편에 대한 미움이 눈 녹듯이 사라지는 것이었다.

테이블에 젓가락을 탁 올려놓으며 민희는

"글쎄, 지난주에 은행에 갔더니 잔여 금액에 차이가 나더라구. 이 웬수 짓이구나 생각하니 기가 차더라. 씩씩대며 집에서 눈 빠지게 기다리는데, 덜렁대며 아무 일 없다는 듯 들어오더라. 눈치는 빨라서 내 코끝에서 김이 뿜어져 나오는 것을 느꼈는지 선수를 치며 방으로 잡아끄는 거야. 선전포고를 한 나를 무시하고 밀어 붙여서 함락시키고는 사과나 변명도 한 마디 없이 당당하게 담배까지 피워 물더라. 내참 기가 막혀서. 무어 그리 잘났다고 돈이나 제대로 벌어와 호강시켜 주지는 못할망정 밝히기만 하니…. 짐승이야."

'짐승'이라는 단어에 다른 세 여자들의 몸에 이상한 기류가 흘렀다. 신체의 일부분에 힘이 모아지는 것 같기도 하고 마른침이 꿀꺽 넘어갔다. 이불 속은 신성 불가침지역이라 드러낼 수 없어, 문제가 있어도 친구에게조차 털어놓지 못하고 벙어리 냉가슴 앓을 뿐이었다. 마음 한 구석에 남편들의 속칭 밤일에 대한 직무유기로 불만이 쌓여 있었기에 민감한 반응이 일었을 것이다. 남자는 2,30대에 왕성한 성적 충동이 생기고, 여자는 40대에야 농익는다지 않는가.

무능력한 민희의 남편이 일을 저지를 때마다 그를 흉보며 그녀를 안쓰러워 했는데 순간, 민희가 부러워짐은 웬일일까. 서로에게 들키지 않으려 외면하고 딴전을 피우다 경자가 입을 열었다.

"우리 중에 그래도 순덕이가 제일 편안하게 사나보다. 너는 무슨 걱정이 있니? 자상한 남편이 다 알아서 챙겨주는데…. 딴 맘을 먹기를 하나 돈 씀씀이가 헤프기를 하나…. 턱밑에서 맴돌아 주잖니."

"그렇게 좋으면 니가 한 번 살아봐라. 무슨 재미가 있나."

순덕이는 답답한 가슴을 풀어헤치듯, 아까부터 조여오던 바지의 단추를 하나 풀어 느슨하게 했다. 그녀는 9년이라는 긴 연애 끝에 결혼을 했다. 항상 곁에 있어오던 사이라 없으면 허전하고, 서로 간에 숨길 것조차 없이 편안해 누가 먼저랄 것도 없이 당연히 결혼해야 되는 것으로 알았다. 그러기에 뼈와 살이 타 들어가는 운우지정을 나누는 것도 아니요 미운 정, 고운 정으로 살아간다. 착실하고 소박한 성격이 결혼 전에는 매력이었는데 살다보니 그것이 바로 단점이었다. 출퇴근 시간 정확하고, 가계부까지 손에 잡고 사는, 큰 포부도 없이 그날을 살아가는 소시민형이다.

순덕이는 밋밋한 생활이 지겨워 라스베가스에 가서 한 번 당겨 잭팟이 터지는 꿈도 그려보고, 한 사무실에서 일하는 미국인 '쟌'의 근육질 팔뚝을 훔쳐보며 은밀한 상상을 해보기도 했다.

"정 때문에, 눈가림하고 사는 거야. 같이 지내온 시간이 아까워서…"

모두들 그 동안 쌓여 있던 마음속의 넋두리를 풀어놓았다. 남의 가정을 엿보는 짜릿한 감정의 늪 속에서 헤엄을 치고 있는데 차례를 기다렸다는 듯 정현이 입을 열었다.

"얘들아, 그만들 해. 지금 불평이라고 하는 거니? 자랑을 하고 있는 거니? 돈도 못 벌어오고, 밤일도 화끈하게 서비스하지 못하는, 그렇다고 살풋한 정도 없는 남정네와 마지못해 살아가는 나는 어쩌라고. 그래, 나는 이도 저도 아니고 내 배 아파서 낳은 새끼들 때문에 산다."

남편이 미국에 들어오기 전 중매로 허겁지겁 맺어진 인연이었다. 정현은 막연히 미국에 대한 동경으로 '이 사람이다'라는 확신도 없이 따라 나섰던 것이다. 집안어른들이 살 맞대고 살다보면 정이 생긴다는 부추김도 한몫 했다.

애초부터 기대도 없었기에 적당히 포기하고 넘겼다. 그래도 자식은 어떻게 만들었는지 아들 하나에 딸 하나를 두었다. 미국이 꿈의 궁전도 아니었고, 산다는 것 또한 특별난 것도 없었다. 정도 쉽게 들지 않고, 무의미하게 사는 자신이 한심해서, 가끔 손찌검까지 당할 때는 이혼을 수도 없이 생각했다. 딸의 행복을 그리며 손수 고르신 사윗감인데 정현이 처해진 상황을 아시면 가슴을 치실 엄마 때문에 더 망설여지곤 했다.

작년에 무심코 넘기던 신문에서 '작두신령'이라는 점쟁이의 광고를 보고, 지푸라기라도 잡는 심정으로 용기를 내어 찾아갔다. 남편 복은 없지만 노후에 자식 복이 있다는데 남편을 통해서야 그나마 얻을 수 있단다. 박복한 팔자를 탓하며 뒤꼭지도 미운 남편의 옷자락을 붙잡고 매달리리라 마음먹었다.

다행히 두 아이는 공부도 잘하고 엄마에게 순종하는 편이라 위안이 되었다. 어쩌다 스치고 지나가는 아들에게서 남편의 그림자를 발견할 때면 맥이 빠지기도 하지만….

"여러모로 부족한 부모들인데 호강은 못 시켜줄망정 부모가 갈라섬으로 겪게 될 슬픔과 고통을 안겨 줄 순 없잖아. 내가 참고 사는 수밖에…."

정현의 말에 모두들 숙연해졌다.

여자는 무엇 때문에 결혼을 하는가, 어디에 의미를 두고 사는가. 결혼생활을 지속시키기 위한 조건이 있다고 한다. 돈, 섹스, 정 그리고 한 가지 더 붙이자면 자식에 대한 책임감이다.

경자가 누리는 것은 사회적 욕구의 충족이다. 남녀는 결혼함으로써 사회에서 완벽한 구성원으로 대우를 받게 된다. 남편의 지위나 학벌, 재산을 공유하고 함께 키워 나가므로 사회적 위치가 결정된다. 여자 팔자 뒤웅박 팔자라지 않던가.

민희는 성적욕구의 만족으로 결혼 생활을 영위한다. 겉궁합도 중요하지만 결혼 생활을 유지하는데는 속궁합 즉, 섹스는 무시할 수 없는 필요충분조건인 것이다. 짧은 인생에 공식화된 짝끼리 나누는 행위는 정당하고 당연하다. 베갯머리 송사라고 이불 속에서 세계의 역사는 이루어진단다.

순덕이는 나름대로 애정의 안정을 이루었다. 인간은 불완전하기에 두 사람이 만나 한 가정을 이루며 부족한 부분, 모자라는 것을 채워가며 사는 것이다. 따뜻한 정을 서로 나누며 가정이라는 울타리 안에서 세상살이로 상처받은 마음을 위로받는다.

정현은 자식들에 대한 책임감 때문에 산다. 부부는 돌아서면 남이라지만 피를 나눈 자식은 뗄레야 뗄 수 없는 연이다. 그들을 바라보며 부모로서 살아가는 보람을 느끼며 의지가 되어 웬만한 부부간의 갈등도 참아낼 수 있는 인내를 갖게 해준다.

이러한 모든 조건을 완벽하게 갖춘 남편상. 돈을 벌어 풍족히 살게 해주고, 변치 않는 사랑과 만족스러운 섹스를 나누며, 자식의 교육에 관심을 갖는 남편을 아내들은 꿈꾼다.

서로 남편에 대한 불만을 토로하면서 내 손에 거머쥔 일곱보다 빠져나간 셋이 더 커 보이고 아쉽다는 인간의 심리를 느꼈다. 부럽기만 했던 다른 이들의 삶 속에 가려진 고통에서 일종의 위안을 받기도 했다. 정도의 차이가 있고, 비율이 다르기는 하지만, 뚜껑을 열어보면 어떤 집안이든 문제는 있게 마련이다. 어찌 생각해보면 불만인 바로 그 부분 때문에 결혼생활이 영위되는 것은 아닐지….

김 빠진 맥주잔을 손안에서 빙빙 돌리던 순덕이가 불쑥,

"다시 태어난다면 지금의 남편과 결혼할 거니?"

세 여자는 이구동성으로 대답을 했다.

"미쳤니?"

"그럼, 남편은 다시 태어난다면 나랑 결혼하고 싶은 마음이 있을까?"

정 반대의 질문에 나머지 세 여자는

"어?"

과연 결혼 생활의 행복지수를 재볼 수 있는 공식은 무엇일까…

금고 안의 비밀

　사람의 심리는 참 미묘하다. 잔디밭에 '들어가지 마시오'라는 팻말이 꽂혀 있으면 더 들어가고 싶은 충동이 생긴다. 전시회장이나 박물관에 '손대지 마시오'라는 표시가 있으면 눈으로는 수긍하면서도 손가락은 꼼지락거린다. 금지된 것에 더 호기심이 발동하기 마련인가보다. 그 앞에 '절대'라는 강조가 붙으면 큰 비밀을 캐내거나 새로운 것을 발견이라도 하려는 듯 추진력이 붙게 되니 말이다.

　순미가 그런 심정이다. 남편과 결혼해 사는 3년동안 그녀의 신경 줄을 팽팽히 잡아당기는 것이 있다. 작은 방구석에 있는 금고가 바로 그것이다. 음흉한 미소를 머금은 검은색의 물체가 먼지를 망토처럼 두른 채 손잡이만 반들반들 윤이 난다. 방 청소를 할 때마다 순미는 어떤 힘이 그녀를 밀쳐내는 듯, 아니 강하게 거부당하는 느낌을 받았다.

　오늘은 환기를 시키려 방에 들어섰다가 순미는 지남철에 이끌리듯 그 금고 앞에서 발을 멈추었다. 살림이나 통장들 집안 일의 모든 것을 그녀에게 떠맡기고 자신은 홀가분하게 살려는 남편이 왜 저것만은 신성불가침처럼 비밀로 포장하는지 이해가 안 되었다. 그는 가끔 술이 거나하게 취하거나 울적한 일이 있으면 그 방으로 들어갔다. 처음 몇 번은 무슨 일인가 해서 따라 들어가려 노크를 했는데, 남편은 문고리를 안에서 잠가 버렸다. 그때의 무안함은 백 마디의 말로 표현을 해도 부족하다.

'도대체 저 안에 무엇이 들어 있을까?'

혹시 옛 애인을 잊지 못해 그녀와의 추억이 어린 물건을 감추고 있는 것은 아닐까. 보고 싶거나 그리울 때 들쳐 보고, 다 날아가 버린 체취를 더듬느라 코에 들이대보는 것은 아닐지, 그렇다면 어떻게 생긴 여자이고 얼마나 깊은 관계였을까.

아니면 그 안에 거금이 들어 있을지도 모른다. 한국에서 올 때 시골 땅을 팔아서 챙겨 왔는지, 그 동안 알뜰하게 모은 돈이 꽤 쌓였는지, 결혼 전에 복권에 당첨돼 그 증서가 들어 있는지 누가 아랴. 집안 대대로 내려오는 가보일 수도 있다. 거금으로 환산될 가치가 있는 소중한 것이라 손을 탈까봐 감추고 애지중지하는지도 모른다. 그 어느 쪽이든지 오늘은 베일을 벗겨 내야겠다고 순미는 다짐을 한다.

숨을 깊게 들이마시고 번호가 잔잔히 들어찬 번호판에 손을 얹었다. 남편의 손길이 느껴지는 듯해 흠칫 움츠려들었다. 그러나 저러나 번호를 모르니 순미의 계획도 헛일이 아닌가. 포기하고 일어서려다 남편의 신상과 연관된 숫자가 아닐까 하는 생각이 들자 그의 생년월일을 떠올렸다. 1959년 11월 2일이니 금고에서 읽어낼 수 있는 '02, 11, 19'일지도 모른다. 오른쪽으로 세 번, 왼쪽으로 두 번, 다시 오른쪽으로 한번씩을 돌려보았다. 도르륵 소리가 그녀의 심장박동 소리를 누르며 요란했지만 손끝에 명쾌한 느낌이 전해지지 않았다. 그래도 혹시나 해서 손잡이를 돌려 봤지만 역시나 꼼짝도 하지 않는다.

"그럼, 단번에 열리면 금고가 아니지."

열번 넘게 숫자의 순서를 바꾸어가며 해 보았지만 떨꺽하는 둔탁한 비명만 지를 뿐 다시 평온을 찾곤 했다. 순미는 이마에 땀이 송송 맺히고 손바닥도 촉촉이 젖어 있었다. 슬슬 짜증이 나며 망치로 부술 수도 없고, 톱으로 자를 수도 없는 이 애물단지를 어찌 해야할지 속이 까맣게 타올랐다. 그가 퇴근하기 전에 거사를 치른 후 시치미를 뚝 떼야 하는데 큰일이다. 다시 한번 마음을 가라앉히고 남편이 평소 좋아하던 숫자를 떠올려 보았지만 딱히 이것이라는 느낌이 오질 않았다. 순미는 두 사람의 결혼식 날짜가 아닐까 생각했지만 머리를 세차게 가로 저었다. 이 금고는 자신보다 먼저 남편의 품에 안겨 있었기 때문이다.

남편과 순미는 엄마 친구의 소개로 만났다. 이민을 와서 부모님이 차린 가게를 도와드리느라 타인종들 속에서 결혼적령기를 놓쳐 버렸다. 물불을 안 가리고 연애를 할 젊은 나이도 아니고, 더욱이 자라온 정서가 다른 외국인과는 여러모로 엄두가 나지 않았다. 어찌 생각하면 혼자 사는 것도 그리 불편하지 않으리라는 생각에 순미는 마음이 느긋했다. 그러나 부모들은 나이 들어가는 딸이 안쓰러우셨는지 연줄이 닿는 곳마다 그녀의 이름을 건너며 안달을 하셨다.

그러다 엄마의 친구가 사진을 한 장 내밀었다. 같은 아파트에 사는데 인물도 빠지는 편이 아니고 인사성도 밝으며 성격도 차분하다며 의중을 떠보셨다. 평범한 인상이 나쁘지는 않았지만 썩 내키지도 않아 시큰둥 흘려버렸다. 한번 만나는데 어떠냐는 부모의 성화도 그렇지만 약속

장소가 특이해 순미는 마음을 바꿔 만나기로 했다. 맞선은 분위기 있는 카페나 레스토랑이 정석일진대 LA근교의 산타모니카 바닷가였다.

'검은색 승용차 앞에 한국신문을 들고 서 있는 사람'이라는 간첩의 접선 암호 같은 약속을 전해 받았다. 상식을 탈피하려는 자유주의자이거나 낭만적인 성격이리라는 상상을 해보았다. 그날, 그 장소에 맞추어 나가니 적당한 체격의 남자가 신문을 겨드랑이에 낀 채 바닷가를 바라보며 서 있었다. 차가 들어오는 입구 쪽을 응시하고 있는 것이 아니라서 순미는 무시를 당한 듯해 약간 기분이 상했는데, 우수에 찬 듯한 분위기에 이끌려 그에게로 다가갔다.

잔기침으로 인기척을 내니 화들짝 놀라며 그가 돌아섰는데 눈가에 물기가 촉촉이 젖어 있었다. 그의 나이면 세상에 적당히 타협하고 때가 탔을 터인데 이렇듯 선한 눈매를 하고 있다는 것이 순미의 마음을 옭아맸다. 바닷가를 거닐며 일상의 대화를 나누었다. 간간이 그는 모래를 한 줌 손에 쥐고 허공에 날려보냈는데 그 손길이 낭만적이었다. 이루지 못한 꿈에 대한 미련을 흘려보내는지, 허무한 삶의 애착을 던져버리려는 듯, 무언가를 놓쳐 아쉬움이 강하게 남았다는 듯한 애잔한 느낌에 빨려들며 이것이 운명인가보다 하고 순미는 생각했다.

그도 순미가 마음에 들었는지 모든 일이 일사천리로 진행되어 한달 만에 결혼을 했다. 강원도 시골에 노모가 살아 계시고 외아들인 그는 주재원으로 와 있었다. 순미는 시어머니께 용돈을 보내드리고 가끔 안부 전화를 드리지만 항상 죄를 진 기분이다. 칠십이 넘으신 분께 아직 손자를 안겨 드리지 못했기 때문이다.

남편은 어머니와 통화를 하면 목이 메이고 눈물흘리는 효자이다. 무엇을 물으시는지 가끔 당황하며 얼버무리는 것이 손자를 독촉하시는 것이라고 순미는 추측을 했다. 그녀 자신도 왜 임신이 안 되는지 걱정이 돼 남편 몰래 병원에서 진찰을 받아 보았지만 정상이었다. 외아들이고 손이 귀한 집안이기에 조선시대는 아니지만 그녀로 인해 손이 끊길까봐 조바심이 났다. 굳이 핑계를 대자면 남편이 잠자리를 즐기는 편이 아니어서 그것이 원인일 수도 있다는 생각도 들었다. 직접 물어 볼 수는 없지만 신체적 이상이 있는 것인지 마음속에 다른 여자를 품고 있어서인지….

이런 저런 생각에 시간이 가는 줄도 모르고 있다가 순미는 문득 시어머니의 생년월일이 생각이 났다. 재빨리 번호판에 손을 올리고 돌리려는데 방문이 벌컥 열리며 남편의 그림자가 길게 그녀를 덮쳤다. 뒤돌아본 순미의 눈에는 그의 분노에 찬 눈동자가 들어차며 털썩 주저앉았다.

"사실… 나는… 여보…."

당황한 순미는 얼버무렸다. 잠시 멋쩍은 침묵이 흐르자 순미는 그 순간을 이겨내지 못하고 울음이 터지며 그 동안 쌓였던 불만이 봇물 터지듯 쏟아졌다.

"도대체 저 안에 무엇이 들어 있기에 사람 속을 이렇게 뒤집는 거야. 여자야? 아니면 돈이야? 내가 돈이라도 축낼까봐? 여자라면 그래서 자식 낳을 생각도 않고, 결국 나는 헛 껍데기만 붙들고 사는 거야? 억울해, 정말…."

남편은 묵묵히 그녀의 넋두리를 듣다가 무언가를 결심했는지 금고 앞으로 갔다. 얼굴을 양손으로 가리고 엉엉 울던 순미는 번호 판의 달그락 달그락 돌아가는 소리에 언제 그랬냐는 듯 울음을 멈추었다. 자신의 신세타령도 잊고 남편의 등뒤로 엉금엉금 무릎걸음으로 다가갔다. 금고 안의 비밀이 더 궁금했기 때문이다.

굳게 닫혀 순미를 조롱하던 금고의 문이 활짝 열리며 먼지들이 춤을 추며 몰려 나왔다. 횅한 어둠 한 복판에 두 개의 물건이 자리잡고 있었다. 작고 네모난, 그러나 헐고 색이 바랜 빨간 주머니와 작은 플라스틱 통이다.

"이건 부적이고, 저것은 아버지 산소 앞의 흙을 담은 거야."

부적은 그의 어머니가 시집올 때 받은 은비녀를 팔아서 마련해 준 것이고, 흙은 아버지 산소 앞에서 백일기도를 드린 후 향을 피운 자리의 흙을 담은 것이란다. 자손 대대로 내려오는 집안의 비방이라는 설명을 곁들이더니 슬그머니 순미의 손바닥에 올려놓았다.

"그런데 당신을 처음 만나던 날이야. 일찍 도착을 했기에 바닷가를 혼자 거닐다가 실수로 부적을 빠트렸어. 물이 들어가니 금방 글씨가 엉망이 되어 버리는 거야. 그래서 자식이 안 생기나봐. 잠자리에 부정을 탔다는 생각에, 사실 좀 머뭇거리게 되더라구. 내일 아침 정화수 떠놓고 치성을 드리는 어머님께 면목이 없어서 술만 들어가면 들여다보고 잘못을 빌었지. 당신한테는 부끄러워서 말도 못했고."

순미는 정신이 멍해졌다. 그날, 맞선을 보던 날 남편의 눈가에 맺힌 눈물 방울의 의미를 이제서 알게 된 것이다.

믿는 도끼

발가락을 꼼지락거려 본다. 서로 비비적 몸을 뒤틀며 '이상 없음' 신호가 발끝 신경을 통해 머리꼭대기로 밀어 올려졌다.

'믿는 도끼에 발등 찍힌다더니….'

마치 벌겋게 부어오른 상처를 바라보며 너무 아파 소리도 못 내지르는 심정이다. 지금의 상황에 망연자실하면서도 엉뚱하게, '정말 발등을 찍힌다면 고통이 얼마나 심할까? 발가락들은 무사할까?' 하는 궁금증이 비집고 들어왔다. 잠깐 사이 생각이 극과 극을 오르내리며 교차되는 복잡 미묘함을 이해할 수가 없었다. 가끔 습관처럼 밥과 껌을 동시에 입 안에서 즐길 수 있는 게 가능한 것인지, 다른 사람들도 그런지 모르겠다는 생각을 스스로 해본다.

'늘그막에 얻은 고명딸이 이렇게 속을 태울 줄이야 누가 알았을꼬. 저하나 잘 키워 보겠다고 이 낯선 땅까지 흘러와 고생하는 부모를 생각한다면 이럴 수가 있냐고? 아이구 내 팔자야….'

속에서 일어나는 천불을 끄려는 듯 애먼 가슴팍을 탁탁 치며, 되받는

이 없는 하소연으로 열을 식혀본다.

더구나 오늘같이 조금은 특별한 날에 이런 일을 겪으니 더 낙심이 되었다. 나이가 들어가며 그 의미가 많이 탈색되어졌지만 무늬만은 결혼기념일이다. 오랜만에 가게문을 닫고 오붓이 세 식구가 외식이나 해야겠다는 소박한 바람을 며칠 전부터 갖고 있었다. 그러나 아침부터 꼬이기 시작한 하루는 마음을 헝클어트리며 계획을 뒤죽박죽 만들어 버렸다.

남편과 함께 LA 변두리에 있는 흑인 중하류층 동네에서 미용 재료상을 운영하고 있다. 밖에서 볼 때는 험악하다고 분류를 하지만 그네들 속에서 6년을 지내보니 잔정도 들었고, 그 동안 생각하고 있던 흑인들에 대한 선입견이 잘못되었음을 깨달았다.

외모로 느껴지는 투박함과 무지와는 달리 이름을 기억해 주는 작은 친절에도 금방 친근감을 표현하는 단순하고 순진한 면이 있다. 같은 이민자들이지만 노예로부터 시작되었다는 역사적 굴레에서 벗어나지 못한 채 피해의식과 좌절, 자기 비하, 열등감들이 미래를 부정적으로 이끄는지도 모른다. 그래서 자기방어와 현실에 대한 비판의식이 그들을 마약과 술에 빠져들게 만드나 보다.

바로 가게 건너편의 허술한 집이 약장수들의 소굴이라 하루종일 사람들이 들락날락거린다. 가끔 경찰의 소탕작전이 있는 날이면 온 동네 경찰 차들이 다 모여든 듯 빨강 파랑 불빛이 어지럽게 날아다니고, 그 사이로 줄줄이 수갑 찬 약장수들이 끌려 나오는 모습은 무료한 시간에 쏠쏠한 재미거리를 제공하기도 한다. 남의 불행이 나의 행복이라 했던가.

그런데 오늘은 바깥구경이 아니라 사건의 중심에 우리가 얼떨결에 떠밀려 서게 되었다. 점심때쯤, 세 명의 손님이 들어왔는데, 여자는 문밖에서 망을 보듯 두리번거렸다. 혹시 강도짓을 하려는 것은 아닐까 긴장했는데 자세히 보니 젊은 남자 중의 하나는 단골손님인 깔끔이라고 별명 지어준 '아담'이었다. 평소 얌전하고 예의바른 그였기에 마음이 놓였지만 왠지 분위기가 심상치 않았다. 여자의 팔뚝에는 주사바늘 자국으로 점점이 딱지가 앉았고, 온몸에 담뱃불로 지진 듯한 동전 만한 흉터가 살 속에 포옥 박힌 것이 분명 마약으로 인해 살이 썩어 들어가는 증상이었다.

아담과 친구가 가게 안을 빙빙 돌았는데 여자가 '휙' 하고 휘파람을 부니 밖으로 뛰어 나갔다. 무언가 이상한 기류가 느껴져 유리창에 코가 눌리도록 내다보았다. 아니나 다를까 어느새 여러 명의 경찰이 주차장에서 그 세 사람을 둘러싸고 몸수색을 하고 있었다.

넋 놓고 구경하는데 허름한 청바지차림의 사복경찰 두 명이 가게 안으로 들어섰다. 괜히 주눅이 들어 자라목이 되어 있는데 가게 안을 둘러봐도 되겠냐며 정중히 물어왔다. 죄진 것도 없는 죄인이 되어 한쪽 구석으로 몰려있어야 했고, 경찰들은 구석구석 플래시를 비추며 뒤졌지만 아무 것도 건지지 못한 채 그냥 나갔다.

정신없이 돌아친 시간들에 눌려버린 머리를 식힐 여유도 없이 30분이나 흘렀을까, 양쪽 팔에 문신을 한 흑인 청년 두 사람이 들어왔다. 가뜩이나 검은 피부에 벌겋게 핏발선 눈이 들판의 맹수를 연상시키며 건드려서는 안될 것 같은 위압감이 느껴졌다. 물건을 구입하러 왔다기보다 두리번거리는 품새가 아까 경찰처럼 '그 무엇인가'를 찾는 것 같았다. 나에게 다가와 두꺼운 입술을 움찔거리며 물어보려는 듯 멈칫멈칫

하더니 단념하고 나가 버렸다.

'도대체 아까 그들이 흘리고 간 것이 무엇일까?'

한차례 회오리바람이 휩쓸고 난 뒤의 어수선함을 털어내려 남편은 빗자루를 들고 청소를 했다. 그런데 쓰레질을 하다가 구석진 곳에서 빗자루 끝에 다른 느낌이 전해진다며 쭈그리고 앉더니 선반과 바닥 틈새를 쑤셔대자 검은 봉투가 끌려나왔다.

"이것 좀 봐."

"그게 뭐예요?"

하얀 밀가루와 말간 설탕 덩어리, 쑥과 같이 생긴 마른 잡풀들이 동전 만한 비닐봉투에 나누어져 담겨졌는데 열 개나 넘게 들어 있었다.

"어머, 아까 그 사람들이 찾던 것인가 봐요. 그럼 이게 마약인가?"

"그런가봐. 이거는 대마초잖아."

"아니 그럼 얌전하고 착해 보이는 아담이 약장수였단 말이에요? 세상에 믿을 사람 없네."

못 볼 것을 보기나 한 듯, 더러운 것이나 되듯 한쪽으로 밀쳐 놓으며 손사래를 쳤다. 이 요물단지를 어떻게 해결해야 되나 고민이 되었다. 경찰에 신고를 해야겠지만 영어도 서툰 데다가 그 뒤에 부수적으로 따라올 번거로움이 귀찮고 겁이 났다. 약장수들에게 돌려주자니 악의 무리에 한통속이 되어 휩쓸리는 것 같아 께름칙했다. 이도 저도 안 되는 진퇴양난에 빠져 고민하다 결국 신문지에 둘둘 말아 다른 잡동사니와 함께 큰 쓰레기통에 쑤셔 넣었다.

이래저래 마약소동으로 지친 나는 가게를 남편에게 맡기고 한 시간쯤 먼저 집으로 돌아왔다. 따뜻한 물에 목욕하고 외식하러 나갈 준비나 해야겠다는 나름의 계산도 깔려 있었다. 현관문을 열고 들어서니 딸은 목욕을 하는지 물소리가 흘러 나왔다.

옷부터 갈아입으러 방으로 가려다 부엌을 들여다보니 엉망진창이었다. 싱크대에는 설거지 감이 잔뜩 쌓여 있고, 큰그릇에는 밀가루가 범벅이 된 채 나뒹굴었다.

"나이가 16살이면 지 앞가림할 정도는 돼야지. 언제까지 뒤치다꺼리를 해야하나. 들어오나 나가나 일 천지니… 타고난 팔자도 기구하지… 일복 터진 년은 어쩔 수 없다니까…"

나이가 들면 주위에 아랑곳하지 않고 혼잣말로 궁시렁대는 버릇이 자동으로 붙나보다. 겉으로 드러내 놓고 발산하지 못하는 욕구불만을 스스로에게라도 풀려는 자기 방어적 행동일지 모른다.

그릇이 무슨 잘못을 했는지 탕탕 부딪쳐가며 치우고 나니 속이 다 시원해지는 듯했다. 딸의 방을 빠끔히 들여다보다 성자는 기절할 뻔 했다. 옷가지며 가방 등이 널브러져 있는데 발디딜 틈이 없었다. 주섬주섬 챙겨들며 방을 치우다 한순간 등줄기를 타고 흐르는 찬 기운을 느꼈다. 책상과 의자 밑에 하얀 가루가 살포시 흘려져 있었기 때문이다.

순간, 피곤과 짜증은 날아가 버리고 불안과 공포가 밀려왔다.

'혹시 이게… 아까… 그것들과 같은 것일까? 흉측한 마약…'

후들거리는 다리를 겨우 추스르고 거실로 나와 소파에 주저앉았다. 그리고 보니 요즘 딸인 에스더의 행동에 이상한 점이 많았다.

저녁에 엄마와 나란히 앉아 TV를 보는 시간이 줄어들고, 컴퓨터 앞에서 주로 시간을 보내며 방에서 나오질 않거나 방문을 걸어 잠그는 일이 잦아졌다. 친구끼리의 전화가 늘고 화장도 짙어졌다. 용돈의 씀씀이가 헤퍼졌고, 짜증이 부쩍 늘었다.

여자아이라 사춘기 때 감정의 기복이 심하므로 발생하는 자연적인 현상이거나, 그 나이에 당연히 거치고 지나는 행사쯤으로 여기며, 넘겨버린 것이 실수라면 실수였을 것이라는 생각이 들었다. 더욱이 오늘 아침에 특별한 용도를 밝히지 못하는 용돈을 요구하기에 망설이다 손에 쥐어주었는데 이런 허튼데 쓰기 위해서였나. 그래도 마음 한편에는 내 자식만은 아닐 것이라는 믿음이 의심을 지우려 고개를 디밀었다.

그렇다, 아니다를 놓고 실랑이를 하는 사이에 목욕을 마치고 나온 딸은 엄마의 이른 귀가에 깜짝 놀라며 어색해 했다. 그 몸짓 뒤에 숨겨진 의미를 읽어내려 탐색의 눈길로 딸을 쏘아보았다. 무언가 허둥대는 뒷모습에 대고 착 가라앉은 음성으로 옆자리에 불러 앉혔다.

뽀얀 침묵이 모녀의 어깨에 내려쌓이며 어색한 시간을 무겁게 만들었다. 잔기침을 몇 번하며 안 나오려는 말의 길을 열었다.

"에스더, 솔직히 말해봐. 이런 일은 더 깊어지기 전에, 더 빠져들기 전에 발을 빼야지 인생 망치는 지름길이다. 너를 야단치려는 것이 아니야. 자, 털어놔 봐."

무슨 말인지 이해할 수 없다는 듯, 눈을 말똥말똥 굴리는 딸의 모습에 화가 치밀기도 하고, 그런 해맑은 눈매에 검은 그림자가 숨어들었으리라고는 믿어지질 않았다.

"내가 누굴 믿고 사는데 네가 이럴 수가 있니? 아이구 속상해라…"
참으려 애쓰던 눈물이 흘러 나왔다.

"엄마! 뭘? 내가 어쨌다고?"

"네 방에 떨어진 하얀가루, 그거 뭐니? 너 마약하니? 그게 얼마나 무서운 건데… 믿는 도끼에 발등 찍힌다더니 어쩌면 좋아…"

"무슨 가루? 어? 하얀 가루?"

돌아가는 사정을 알아차렸다는 듯 에스더는 기가 막힌 표정으로 엄마의 얼굴을 한참 쳐다보더니 무릎을 양손으로 탁 치고는 벌떡 일어섰다. 그 다음에 취해질 딸의 행동에 불길함이 얹혀졌다. 어디로 뛸지 모르는 시기의 아이를 섣불리 건드려 문제를 더 심각하게 만든 것은 아닐까 하는 걱정과 함께 침착하지 못 했던 행동을 후회했다.

발을 탕탕 구르며 부엌으로 들어간 딸은 부스럭대더니 선반에서 무엇인가를 꺼내는 듯했다.

'아니 감추어진 것이 더 있었단 말인가? 그럼 사실이었나 보다. 이 일을 어쩌나.'

현기증이 일어나며 차마 바라볼 용기가 없고, 잠시 후면 닥칠 미래에 겁이 나 눈을 감아버렸다.

"엄마!"

울먹이며 부르는 소리에 살짝 눈을 떠보니 케이크를 손에 받쳐든 딸의 모습이 확 들어왔다.

"웬 케이크?!?!"

"오늘이 엄마하고 아빠의 결혼기념일이잖아. 들어오시면 깜짝 파티를 해 주려고 열심히 만들었단 말이야. 그것도 모르고…."

케이크 위로 딸의 왕방울 만한 눈물이 줄줄 떨어져 눈물 꽃을 만들었다.

"어머, 그럼 그 가루가 바로 케이크 가루였단 말이니?"

"몰라, 딸도 못 믿는 엄마랑 더 말하기 싫어…."

횡재한 날

몇 년째 가게의 매상이 하향곡선을 그리며 애를 태운다. 주머니가 든
든해야 기를 펴고 인심이 나는 법인데 쪼들리다보니 마음의 여유가 없
다. 들어오는 돈은 줄어들고 나가는 돈이 늘어나, 짝을 짓다보면 중간
쯤에서 모자라기 일쑤이다.

이리저리 쪼개 쓰다 잠깐 신경을 놓으면 여기저기서 구멍이 뚫려 낭
패를 당하기도 한다. 일하는 시간은 동일한데 손에 잡히는 결과는 전만 못
하니 자연 의욕도 저하되었다. 석자가 누석뇌니 마음까지 조급해졌나.

호황일 때는 돈을 미처 셀 수가 없어 누런 봉투에 쓸어 담았었단다.
남편의 말이 허풍이라고 넘겨버리긴 너무 꿈 같은 이야기라 타임머신
이 있다면 그 시간으로 돌아가 눈으로 확인하고 싶다. 돈을 귀찮아하면
서 방바닥에 쏟아놓고 세며, 사치를 부리는 기분은 어떤 것일까. 나도
그런 기분을 느껴 보고 싶다.

오늘도 은행에 돈을 메우고, 남겨진 돈으로 물건을 사오겠다고 남편
은 서둘러 나갔다. 하루 벌어 그 날을 넘기는 빡빡함으로 가슴이 답답

해졌다. 꽉 막힌 것 같은 심정이라 심호흡을 하려고 문쪽으로 가다가 멈칫했다. 계산대 앞바닥에 종이가 떨어져 있었다. 쓰레기통이 바로 코 앞에 있는데 무심코 버리는 손님들을 탓하며 주워 들었다. 그런데 그냥 종이가 아니라 100불짜리 지폐 두 장이었다. 믿어지지 않아 눈앞에 바싹 들이대보았다.

틀림없는 사람의 손을 덜 탄 빳빳한 새 돈이었다. 보안용 그림이 숨겨져 있는 부분에 비둘기 모양의 콩알만한 도장이 찍혀 있었다. 누군가 진짜인지 여부를 가렸다는 표식이다. 그 비둘기의 날개가 내 마음속의 욕심을 향해 퍼덕였다.

누가 볼 세라 얼른 주머니에 찔러 넣었다. 밖에 나가 망을 보듯 한바퀴 둘러보니 아무도 없었다. 잠시 생각을 돌려 가게에 다녀갔던 사람들을 더듬어 보았지만 오늘따라 한가해서 특별히 기억에 남는 손님이 없었다.

두근거리는 마음을 누르며 얼른 의자에 앉았다. 일 전짜리 동전은 흔하게 떨어져 있곤 했었다. 동전의 가치를 인정치 않아 함부로 다루거나, 그것을 주우면 좀스럽게 보일까봐, 무심히 지나치는 사람이 많다. 그 중에 나는 후자에 속하는 편이다. 하나가 모여 열이 되고, 백이 되는 것이리라. 그 하나가 없다면 백도 존재할 수 없다는 것이 평소 생각이다.

쓰레질을 하다보면 가끔 25전짜리가 나오는 날도 있는데, 어떤 물건은 하나 팔아야 겨우 5전이 남으니 입씨름 안하고 고스란히 굴러 들어온 돈이라 반가울 때도 있었다. 눈뜨고 멀쩡히 물건을 도둑맞기도 하는데 이 정도 부스러기를 챙기는 것은 잘못이라 할 수 없으리라.

푼돈에도 신경이 쓰이는데, 내 손안에 찾아든 거액을 다시 내놓지 않고 가질 수 있다면 하는 도둑심보가 속에서 쑥 올라왔다.

"주인이 찾으러 오면 어쩌나, 내 줘야 할까, 시치미를 떼야 할까…"

인간 내면의 본성인 선과 악의 다툼이 벌어졌다. 다른 사람의 돈을 강탈하거나 사기를 친 것도 아니고, 단지 흘린 것을 주웠을 뿐이니 일차적인 잘못이 나에게 없다는 당위성을 스스로에게 부여해 주었다.

경기가 좋을 때는 사실 남편 몰래 뒷주머니도 찼었다. 푼돈을 차곡차곡 모았다가 일일이 남편에게 말할 수 없는 용건이 생길 때마다 꺼내 쓰곤 했다. 고지식한 남편과 사춘기에 약간의 허영을 부리고픈 자식들 중간에서 양쪽의 입막음을 하는데 주로 사용했다. 주름살 방지용 크림의 만만치 않은 가격에, 남편에게 반 꺾어 타내고 나머지는 내 몫이곤 했다. 그런데 하루가 다르게 줄어드는 매상으로 쩔쩔 매는 남편을 볼 때마다 안쓰러워 조금씩 풀다보니 이젠 먼지만 가득 남겨졌다.

가뭄에 단비처럼 빈 주머니에 돈이 들어가니 그 부피의 몇 배로 부풀어 났다. 이 돈이면 무엇을 할 수 있을까. 밑창을 몇 번씩 바꾼 남편의 구두를 버리고 새로 장만해 주고 싶다. 미장원에 갈 시간이 없다는 핑계로 질끈 묶은 머리를 최신식 스타일로 멋지게 꾸밀 수 있을 것이다. 수학시간에 계산기가 필요하다는 큰딸의 요구를 못 들은 척 넘겨 버렸는데 이 정도면 충분히 사줄 수 있으리라. 아들이 신고 싶어하는 유명 메이커의 운동화도 사주고 싶다. 아니면 주말에 시부모님께 다니러 가서 용돈으로 드리며 효도를 해볼까. 잘만 나누면 한 번에 두세 가지의 바람을 이룰 수 있을 것이다.

복권을 사는 사람들도 이런 기분일 것 같다. 그 전날 밤의 꿈을 핑계 삼아 기대해 보는 것이리라. 어릴 적 숨바꼭질 놀이할 때, 술래가 된 기

분으로 인쇄된 오색의 풍선 위를 긁어가며 숨겨진 숫자의 실체를 찾는다. 잠깐 사이지만 기대를 잔뜩 품고,

"이것만 터지면 그냥…."

'당첨이 되면' 이라는 가정 아래 그들의 환경에 변화를 주는 꿈을 꾸며 상상의 나래를 펴리라. 1불을 투자해 잠깐이나마 행복한 시간을 가질 수 있다면, 비록 나중에 '꽝'임을 알게 돼도 손해 보는 일은 아닐 것이다.

평소에 공짜와는 인연이 안 닿는 사람이라 생각했다. 매년 연말 파티에서 경품 티켓을 빠지지 않고 샀다. 가득 쌓인 선물꾸러미에 군침을 흘리며, 내 앞에 놓인 번호가 불려지기를, 남이 눈치채지 않게 여유를 부리면서 끝까지 기다려 봐도 타본 적이 없었다. 개업 주년 경품 잔치를 하는 큰 상점의 경품권도 가족들 이름을 돌려가며 써넣어 보았지만 그 흔한 쌀 한 포대 손에 잡아 보질 못했었다. 그래서 지금 이 돈이 더 크게 느껴지나 보다.

설레는 마음으로 주머니 속의 돈을 한번 움켜쥐었다. 그때 '딩동' 하며 손님이 들어왔다. 가게 안을 두리번거리며 한 바퀴 도는데 돈을 쥔 손에 땀이 배어 나왔다.

'주인이 나타난 것이면 어떻게 할까? 양심상 내줘야겠지 아무래도.'

과자 한 통을 들고 나오는 것이 돈하고는 상관없는 사람인가보다. 여자 손님이 유모차에 아이를 태우고 들어섰다. 저 사람이 오전에 우리 가게에 온 적이 있었나 재빨리 필름을 돌려본다. 우유를 한 통 들고 오기에 얼른 나가 주기를 바라며 잔돈을 계산해 주었다. 뒷집에 사는 할아버지가 쭈뼛거리며 들어왔다. 주머니를 뒤적이며 무언가를 말하려다

망설이는 품이 심상치 않다.

"왜?" 묻는 내 목소리가 떨렸다.

"미안한데…."

그가 머뭇거렸다. 드디어 올 것이 왔구나하는 생각에 깊은숨을 들이마셔본다.

"아내가 바로 앞 가게에 가서 담배를 사왔는데 내가 피우는 것이 아니라 네가 바꾸어 줄 수 있나 해서…."

하며 담배 한 갑을 내밀었다.

"당연하지 단골인데…."

고마워하는 그보다 더 고마워하며 바꿔 주었다. 손님들이 들어오고 나갈 때마다 마음은 천당과 지옥사이에 사다리를 놓고 오르락내리락했다. 죄 짓고는 못 산다더니 200불어치만큼의 마음졸임을 겪는가 보다.

가슴이 두근거리고 얼굴이 화끈거리는 것이 돈을 써보기도 전에 심장이 멎을 것 같았다. 내가 이런데 돈을 잃어버린 사람의 심정은 지금 어떨까. 어디에선가 자신의 부주의를 탓하며 안타까워 할 것이다. 나도 이렇게 욕심을 내며 쓰고 싶은 용도가 많은데 수인도 나름의 계획을 이 돈 위에 세워 놓았을 것이다. 그 한도 안에서 벼르던 꿈이 날아가 버렸으니 얼마나 속상할까. 나의 횡재한 기분보다 몇 배로 큰 낭패감을 느낄 것이다. 내가 그 사람이라면 얼마나 암담할까 생각하니 마음이 불편해졌다.

시간이 흐를수록 주인이 나타날 확률은 반비례해진다. 빨리 어둠이 내리고 집에 갔으면 좋겠다. 뜻하지 않게 생긴 돈으로 머릿속이 온통 복잡해졌다. 꼭 써야할 돈 중에 어느 것이 더 시급한지 손가락을 꼽아가며 가름해보고 있는데 남편이 들어왔다.

아직 올 시간이 아닌데 이상했다. 땀을 흘리며 얼굴이 하얗게 질려 있었다.

"어, 벌써 왔어요?"

묻는 나에게 우물쭈물 망설였다.

"무슨 일 있어요?"

답답한 마음에 다그쳐 물으니

"사실은 내가 돈을 잃어 버렸어. 분명히 주머니에 넣어 갔는데 아무리 찾아도 없잖아."

"잘 생각해 봐요. 어디다 흘렸나."

"어디 간 곳도 없어. 가게에서 바로 도매상에 갔거든. 백불 짜리 두 장인데…. 작은 돈도 아니고 참. 한쪽에 비둘기 도장이 찍혀 있어서 분명히 기억한단 말이야. 속상해서."

순간 내 주머니에서 비둘기 울음소리가 들리는 듯했다. 손안에서 바스락 바스락 내 꿈이 비명을 질러댔다. 남편의 구두와, 딸아이의 계산기가, 아들의 운동화와, 시부모님의 용돈도 모두 한 조각의 울림이 되어 먼지 속으로 가라앉았다. 나오지 않으려 버팅기는 손을 잡아 당겼다. 억지로 끌려나온 지폐를 내밀었다. 남도 아니고 남편이 주인이니 돌려 줘야겠지.

깜짝 놀라며 환하게 밝아지는 그의 얼굴을 대하니 그 동안 내 마음을 뒤흔들었던 욕심과 그 반대편에 웅크리고 있던 죄의식이 부끄러움에 자취를 감추었다. 그래도 밖에서 잃어버린 것이 아니니 불행 중 다행이다. 아니 다행 중 불행이다. 어쨌든 횡재한 날이다.

Guardian of Taste

Even in a banquet filled with luscious food, there is always a side dish that one's chopsticks move to as though drawn by a magnet. It is none other than kimchi. Since youth, maybe due to one's deep addiction to the root of the tongue, one cannot feel satisfied no matter how much is eaten if given a meal missing kimchi. One acts with a bluster in order to voluntarily heighten the level of a cultures dishes. One can consume several meals of a different culture on a daily basis but will soon come to realize that the already addicted tastes would be difficult to adjust.

In living in the United States, perhaps due to the yearning for the homeland gets piled up on top of spices, on tends to eat more than when one was in Korea. Not just that, but there was a time when one was smacking one's lips because one craved kimchi for a while even during a dream. This writer became pregnant before even getting familiar with the U.S. life, which began along with the marriage. In looking around, as there were only in-laws, one could not openly grumble even when was going through a period of morning sickness.

Moreover, rather than fashionably craving out-of-season fruits or expensive food like most, I wanted to eat sour kimchi which most pregnant women detest even smelling. It felt like my stomach would be at ease if I had a bowl of kimchi made by my mother.

If a head of lettuce kimchi is taken out of its jar, sheared at the top of its stalk, noisily torn, rolled and placed on top of a hot rice plate, it is a delicious treat. If a virgin radish generously covered with strong spices is pierced and held by chopsticks and crunchily chewed, one cannot help but to feel refreshed. If a dish of rice cakes is accompanied by a bowl of watery radish kimchi with ice shavings, one's palate will water simply at the thought of mixing it with sesame oil to be eaten.

While the types of kimchi are diverse, each region has a different taste and each household has its own unique and sometimes secret recipe. Even if a single person prepares kimchi with the same ingredients, the result would be a different taste each time. If one absentmindedly and habitually ate kimchi, its true value was not realized, but they say that it is a scientific food. Lettuce and pepper powders pickled with an appropriate level of salt, garlic and green onions, and various other materials together with each of their own unique ingredients, they all become the finished product of food called kimchi through the process of fermentation and maturation.

Kimchi is supposed to prevent cases of constipation and colon cancer by normalizing intestinal disorders and germs within the colon. It is also supposed to cleanse one's cholesterol, lower blood pressure, and even help against wrinkles and skin roughness through vitamins from the vegetables. Since calcium ingredients derived from salted seafood are supposed to reinforce our bones, our ancestors wisdom regarding life and health is indeed felt.

Among the dishes learned from the mother-in-law, the process of kimchi preparation tool the most effort. If one lettuce box is purchased, it usually contains sixteen lettuce heads and it takes two days to go through stages of trimming, salt pickling and washing. Such a process was complicated and time-consuming and hence not so desirable, but it could not be declined as it consisted of the basics of food. About eight glass jars are produced and the mother-in-law gave one each to the sister and sister-in-law.

It was understandable that the mother-in-law wanted to feed her children with the food tinged with her hand-made flavor, and as myself also characteristically liked to share with others, there was not much of a dissent. But as a person's heart was crafty, it felt somewhat regrettable to part with each jar as it disappeared one by one. That's because it felt bothersome and one got to be wily in thinking that one would not have to worry for a while if these bottles were just kept by oneself for consumption. But the uneasy corner of one's heart felt relieved as having sipped a bowl of watery kimchi with just one word of thanks expressed for a delicious treat. By using generosity, one was able to receive cordial marks and therefore several folds of fruits were acquired through just one jar of kimchi.

While making them, one obtained a food for thought as a bonus. That is because while dressing up kimchi and peeling garlic skins, an opportunity arose for a conversation between the mother-in-law and the daughter-in-law. As a woman, one was able to experience the reminiscence of the past living by a mother, and was able to listen to hidden unknown episodes of family members. The husband's faults are disparaged or it's a good opportunity to quietly and stealthily unravel usually prickly or awkward items. Now, as we have moved out, one cannot whisper in a blossoming conversation while preparing food with the mother-in-law, and as we also purchase kimchi with an excuse that we are busy, it is regrettable that there is no savory taste as the kimchi is for the mass-produced consumption and not for our household taste.

In looking at kimchi, which abundantly fill the display stands in the markets, their tastes are individually separate as much as those many types. For a while, very upsettingly, Japan's kimchi ruled the world□ kimchi market, but our kimchi was supposedly formally approved at a recent international food standard commission.

It was ours to begin with and therefore it being recognized anew unexpectedly itself does not greatly lend itself to our inclination, but it would be fine that this would serve as an opportunity to inform the world of our traditional food. To such a purport, the so-called fusion kimchi befitting the tastes of local residents are supposedly being developed multilaterally. Whether it's "crunchy Oriental" which has added a sweet taste along with spicy taste or a "salsa kimchi" which had refined the salsa sauce, as they are said to be introduced, it feels somewhat novel.

As kimchi is our traditional food, it would not be an exaggeration to say our life, history and our unique sorrow and regret are hereby contained within. Just for myself, one may relieve the indescribable stress of suffering the life in a foreign country and the subtle emotional confusion by eating kimchi. The palatability of refreshing the thick and tasteless inside of my mouth and cleansing away my stifling heart with a sudden flush cannot be compared with other food. Even my two sons born and raised here can well eat a pot stew or a flat cake prepared by using kimchi, and occasionally they would even say that they want to simmer the grilled pork belly and wrap them in kimchi to eat. This would prove that, indeed, one's Korean blood couldn's be feigned.

Kimchi is a nutritious food which satisfied our tastes. Not only does it stabilize the insides of our mouths bur our hearts too, and even plays a role of a media that enables us to feel the awareness of our roots. We are glad when we meet non-Koreans around who know the kimchi taste, and our shoulders are raised in pride upon their compliments of the Korean food, and thereby our love toward kimchi cannot cease. Even today, on our dinner table, some cabbage kimchi and cubed radish kimchi will be served. Kimchi is our "guardian of taste" which we do not grow tired of or lose interest in.

Conversation with Gil

I received a business card engraved with an elegant expression, "Together we can make a difference". The owner of that card was Gil Carrillo, the president of the National Latino Peace Officer Association East Los Angeles Chapter and currently a Sheriff Sergeant. Gil's first impression was unexpected. According to the meaning conveyed by the business card he had handed me as far as his rank or job title was concerned, he would expectedly have a certain degree of force and power in his eyes and shoulders, but he emitted and air of closeness and an abundant masculine charm seemingly inclined to somewhat listen to worries and accept jokes to some degree.

As I had a lot of interest regarding the Latino community, I made a special request to Gil who was usually busy working and shared a brief conversation with him at a conference room within the Sheriff's Station. First of all, when I asked him about the organization he belongs to, he said it was a service organization that was not limited to the Latino community. He said the organization helps family members of soldiers, provides scholarships to students and so forth, in exerting efforts to extend education benefits and offers opportunities of visitation to the handicapped and conduct broad activities to assist them.

Although the immigration history was different, we shared in our conversation with a feeling of sameness in both of us as immigrants. Especially, it was not an exaggerated statement that the East L.A. area that I was living in consisted of 90% Latino. Rather than being an ethnic minority, they had a numerical majority and even if it was not Gil's expression to say that such strength was solidly rooted in the aspects of politics, economy and culture, I was actually experiencing them personally.

Politically, L.A. County Sheriff Lee R. Baca, politicians Cruz Bustamante and Antonio Villaraigosa are familiar to our ears. Economically, there is millionaire Arturo Moreno, the owner of the Anaheim Angels and in the field of entertainment, there are numerous and countless famous entertainers and celebrities.

Gil said he recalled experiencing racial discrimination as a non-white ethnic member and that such was one of his reasons for his re-entry into the Vietnam War. His impression of the Koreans he met was that they were diligent and sincere. He respected their appearance of always working hard, but if there was on regrettable point, he added that he wished that they enjoyed their life more. He said that he could feel that there were major problems regarding both communities.

We along with the Latino community exist in a relationship of impossibly inseparable closeness and symbiosis. We live as employees and employers, owners and clients, or as neighbors. In between these, occasional problems occur and one can see a personal matter spread into a repercussion of an issue between races. When I asked him if he heard about the aspects or experienced resolving such a dispute, he asserted "no" in one word. He was saying that, in any personal relationship, problems are bound to occur in the process of entanglements in various interests, and therefore a magnified elucidation should not be made. To re-emphasize, according to his opinion, he winnowed his hands and said there was not much of a problem between the two communities.

He mentioned that a difference in personal skin color cannot be any kind of a classification and that it is a reciprocal duty for all to enjoy equal rights and depend on each other in living. I realized that the question itself that I posed had a problem through the response of Gil who said, "Why do you presume that there is a problem?" I was ashamed that I had a difference of awareness with him who saw the "same society, same citizens" instead of dividing the two and myself who tried to find common denominators in a condition of separating the two communities from each other.

Personally, although I lived for over 15 years among Latinos since right after immigrating to the U.S., I had no particular major inconvenience. As I was living jointly together, I also found out that the cultural thinking was similar. Plenty of spices are put in food and liked to live together with relatives due to a deep bond and were both full-blooded and had a lot of tender affection and sentiment, etc.

If there was an invisible "oppression" that we underwent because we were a minority, then we should not let another race feel such an experience. A number of years ago, when the L.A. riot occurred, I recall that there were lots of mixed opinions about tension between Korean and Latinos and that it would boil to the surface next time that such an incident would occur. However, as bookstores consistently sell Spanish conversation books and Spanish lessons increase at academies these days, I think that these evidence our awareness having changed that much. In the process of learning and acquiring their language, as the communication became smoother, the thinking would naturally be understood and that would be also a part of the effort to becoming familiar, I wonder. It is a good phenomenon.

During the conversation with Gil, two things were realized. Although if one was to accumulate walls with "something" in one's awareness in facing the other person, this could flow negatively, but if one simply accepted positively that way it was, the breadth of understanding each other would widen, I thought. From the appearance of his knowing how to enjoy life and share happiness, I felt the hope that a good relationship between the two communities would continue to be maintained.

And the point that was also envious was the power conveyed from his commanding presence. It would be great if we also could certainly establish a firm position by uniformly strengthening ourselves in the aspects of politics, economy, and culture like the Latino community. A famous Latino comedian named Cheech Marin said, "This is a big tide" and New Mexico governor Bill Richardson, in preparation for the next election said, "This sleeping giant; is it for real?" in their own self-evaluation.

As Gil said, "Together we can make a difference", we need to unite. I think that we must become one within our family and within the Korean community, and be in harmony with other surrounding communities of ethnic groups. To be in a society where we all mutually help and rely upon one another. How splendid!

의미 있는 삶을 위해
각고의 아픔으로 기록한 인생고백서

김병권 | 한국문인협회 부이사장

문학은 인생의 의미를 천착하고 그 정신을 창조하는 학문이다. 복잡다기(複雜多岐)한 인생행로에서 삶의 의미를 발견하고 사상을 구조하여 보다 나은 세상 아름다운 사회를 시향하도록 하는 것을 문학정신이라 한다면 우리는 의당 이러한 문학정신에 관심을 기울이지 않을 수 없게 된다. 요즘 우리 사회가 매우 어지럽고 가치관이 혼미해져 가는 와중에서도 문학에 대한 열기가 고조되어 가는 것을 보면 바로 이런 것을 입증하는 실례라고 해도 좋을 것이다.

일찍이 중국의 문호 노신(魯迅)은 의학공부를 하다가 문학으로 전향하였다. 의학은 사람의 병든 신체를 고치는 데 그치지만 문학은 인간의 정신개조를 통해 보다 가치 있는 삶을 영위하게 하는 정신적인 에너지라고 판단했기 때문이다. 그래서 그는 수많은 명작을 발표함으로써 중국인의 정신개혁에 크게 이바지하였다. 거기에는 철저한 자기반성의 바탕 위에 무한 가능성의 민족혼을 일깨우는 메시지를 담고 있어서 읽는 이로 하여금 저절로 뭉클한 감동을 자아내게 하였던 것이다.

지(知) 정(情) 의(意)를 주성분으로 하는 인간 정신은 과학 예술 도덕을 통해 문화를 형성하고 이것을 다시 진선미(眞善美)로 승화시켜 인간이 추구해야 하는 목적으로 삼는다. 따라서 행복을 추구하는 인생의 목적은 바로 이 진선미를 구현하는 데 있다고 할 수 있다.

우리의 생활 속에서 진선미를 구현하는 첩경은 우선 사랑을 실천하는 일이라 할 수 있다. 자연을 사랑하고 인간을 사랑하고 사회를 사랑하는 순수한 마음 없이는 결코 삶의 가치나 인생의 참 의미는 찾을 수 없다. 그래서 문학은 시대를 이끌어 가는 정신문화의 핵심이라고 하는 것이다.

이러한 관점에서 볼 때, 김현숙 수필가는 남다른 끈기와 치열한 탐구정신으로 수필을 창작하는 작가라 할 수 있다. 그의 작품을 대하면 그 속에 투영된 해맑은 영혼을 만날 수 있고 비단결처럼 부드러운 고운 심성을 접할 수 있다. 설사 고뇌와 아픔이 배어있는 언짢은 상념의 글이라 하더라도 그것을 자신의 성찰과 깨달음의 미학으로 승화시키고 있는 마음자세가 돋보인다.

그의 수필 「로지가 화장하는 날」은 가게손님으로 알게 된 '로지'라는 장애인 소녀와 사귀면서 체험한 아름다운 인간애를 그린 작품이다.

우리는 대개 자신의 인식 속에 새겨진 고정관념에 따라 사람을 평가하고 판단한다. 하지만 정작 장애인을 통해서 깨닫게 된 것은 오히려 자신의 그 선입관이 더 '장애요인'이었다고 고백한 작가의 결 고운 심성이 잔잔한 감동을 안겨주고 있다.

로지라는 단골 손님이 있다. 양다리를 움직이지 못해 전동 휠체어를 타고 다닌다. 말 한마디를 하려면 온 얼굴의 근육이 한참 움직인 후에 첫마디가 나오는데, 그나마 반은 씹혀 잘 알아들을 수가 없고 입에서는 항상 침이 흘러내린다. 손가락은 오그라들고 붙어서 길이가 우리네의 절반이지만 한 손은 사용할 수가 없고 …(중략)… 어느 날, 한가한 틈을 이용해 내가 손톱을 다듬고 있는데 그녀가 들어왔다. 지나치는 말로 '너도 해 줄까?' 하고 그는 물었더니 너무나 좋아했다. …(중략)… 그런 그녀가 월요일이면 나를 찾아와서 손톱에 메니큐어를 발라달라는 것이다.

이렇게 하여 그 장애소녀의 손톱 다듬는 봉사활동을 자청하게 된 작가는 마치 삼중 장애인 헬렌 켈러를 지극정성으로 돌봐 준 설리반 여사를 연상시킬 만큼 숙연한 마음을 자아내게 한다.

아무리 이웃사랑을 실천하는 후덕한 사람이라 하더라도 잡화상 가게를 경영하면서 자기 생계와는 거리가 먼 남의 일에, 그것도 어린이 소꿉장난과 같은 하찮은 일에 그토록 정성을 쏟고 있는 이 작가는 분명 남다른 문학정신을 창조해 내고 있음을 알 수 있다.

세상의 모든 사람들은 저 유명한 긍정심리학자 마틴 셀리그만 박사의 말처럼, 너나없이 풍족한 삶과 즐거운 삶을 향해 줄달음질 치고 있는데, 이 작가는 오직 의미 있는 삶, 가치 있는 삶을 위해 헌신하는 것을 유일한 기쁨으로 여기고 있으니 말이다. 이 어찌 설리반 여사의 이타정신에 비길만하다고 하지 않겠는가.

「엄마의 시간」은 어머니의 80회 생신을 맞아 어머니를 위로하기 위해 관광여행길에 나선 작가의 심경을 토로한 글이다. 어쩌면 마지막 여행이 될지도 모른다는 속마음을 감춘 채 마냥 어머니를 즐겁게 해드리고 왔다는 딸들의 심정이 그대로 배어 나온 작품이다.

그러나 귀가한 후에 어머니가 병석에 눕게 되자 오히려 후회에 사로잡혀 갖가지 상념의 갈피를 들추는 작가의 심정이 안쓰럽게 다가온다.

여행 마지막날에 엄마가 하신 말씀이 떠올랐다. 라스베가스를 떠나며 '여기 살고 있다는데… 보고 갔으면….' 하셨다. 내 생각이지만 엄마는 이번이 엄마의 삶에서 마지막 여행이라 생각하시고 라스베가스에서 머문다는 일정에 혹시나 하는 기대를 갖고 선뜻 여행을 승낙하셨는지도 모른다. 보고 싶은 사람이 그곳에 산다는데, 생전에 한번 우연히라도 봤으면 하는 엄마의 아픈 '생인 손가락'.

이렇듯 엄마의 진한 그리움을 담고 있는 그 대상은, 차마 딸의 입으로도 밝힐 수 없는 내밀의 사연이 깔려있는지도 모르겠다. 그래서일까… 장거리 여행에서 지쳐 몸살을 앓은 것이 아니라 마음속의 생인손가락을 앓았다고 한 것을 보면 더욱 그런 생각이 든다. 여하간 점점 줄어드는 '엄마의 시간'을 헤아리고 있는 딸의 애틋한 심정이 잘 드러난 작품이다.

「사랑으로 채우고픈 항아리」는 미국 이주생활 초기에 시어머니께서 장독으로 쓰던 항아리를 쌀독으로 전용한 후의 이야기를 작품화한 글이다. 항아리에 쌀을 담을 때마다 느끼는 상념으로, '채운다는 것은 비워지기를 기다리는 전제적 암시'라고 표현한 것은 자못 철학적 사유를 엿보게 하는 대목이다.

독에 쌀 한 포대를 부으면 3분의 2가 찬다. 꽉 채우는 것보다, 모자란 듯한 것이 왠지 여유가 있고, '더'라는 희망을 가질 수 있기에 마음에 들었다.

아침마다 항아리에서 가족들이 먹을 양의 쌀을 꺼낼 때 기분이 참 좋다. 사랑하는 이들을 위해서 따뜻한 식사를 준비한다는 행복감 때문이리라. …(중략)… 오늘도 독에 쌀을 부으며 행복도 함께 내 마음에 담는다. 내가 가진 좋은 것을 가족들에게 아낌없이 내어주고, 비워지지 않게 다시 채워 넣는 사랑으로 항상 준비된 항아리가 되고 싶다.

이렇게 생활 속에서 행복의 진수를 깨닫게 된 작가는 매일아침 여닫는 쌀 항아리를 통해 가족사랑의 의미를 재확인하고 있다. 문학은 삶의 의미를 발견하고 그것을 재해석하는 작업이라고 할 때 이 작가는 능히 그 경지에 들어가 있음을 알 수 있다.

특히 쌀독이 쌀이 줄어들고 채워지는 현상에서 가족을 위해 무엇인가 책임을 완수한 것 같은 뿌듯함과 또 눈에는 잘 띄지 않지만 아이들이 건강하게 쑥쑥 자라고 있다는 확신을 갖게 된 작가의 행복관이 절절한 호소력으로 다가온다.

「장난감과 아이들」은, 어느 날 작은 아이를 데리고 장난감 상점에 갔다가 선뜻 아이들에게 어울리는 장난감을 사주지 못하고 그대로 발길을 돌리고 말았다는 엄마의 허탈한 심회를 그린 작품이다.

장난감으로 진열된 게임기 옆에서 잠깐 들여다보니 두 사람이 흉기를 들고 싸우는데, 그 잔혹성이 동심의 한계를 넘고 있어 차마 그 자리에 더 머물러 있을 수 없었다는 고백이 마음을 파고든다. 휘두르는 흉기에 신체의 일부가 잘려나가는가 하면 상대의 심장을 한 손에 꺼내들고 승리의 환호성을 외치는 장면 등은 말 그대로 소름끼치는 인간파멸의 놀음이라 하지 않을 수 없다.

정말 이래도 되는 것일까? 강한 저항의식을 갖게 된 작가는 자연과 더불어 순후한 인성을 가꾸며 자랐던 자신의 유년기를 회상하고 있다.

우리 때에는 자연과 더불어 놀았다. 냇가에서 송사리를 잡으며 종이배를 띄웠고, 풀잎을 꺾어 피리를 만들어 불었다. 쓰다 버린 종이로 딱지를 접고, 신문지를 모아 꼬리를 길게 늘어뜨린 연을 만들어 하늘 높이 날리곤 했다. 흙을 만지며 나무 뒤에 몸을 가리는 숨바꼭질도 하면서 자연과 교감하였다.

이렇게 술회하고 있는 작가는 자연과의 친화적 삶을 통해 생명의 소중함을 깨닫게 되었고 계절의 변화 속에서 자연환경에 대한 적응력을 키워낼 수 있었음을 무척 자랑스러워하고 있다. 또한 집단놀이 마당에서는 알력과 다툼도 많았지만 포용과 양보와 협동심을 배울 수 있었던 것이 훗날 사회생활을 하는데 많은 도움이 되었다고 풀이하고 있다. 이 어찌 이 작가만이 느끼는 소회라 하겠는가.

일찍이 괴테는 "나는 예술을 접할 때 즐거움을 느낀다. 그러나 영원불멸의 진리를 간직한 자연을 접할 때는 더욱 더 큰 즐거움을 느낀다"라고 하였다. 이것은 곧 인간의 원초적 선성을 회복하는 길은 자연밖에 없다는 것을 역설한 말이라 할 것이다.

이 작가의 글도, 철없는 아이들에게 증오심이나 복수심을 자극하는 것보다 자연에 순응하면서 자연의 섭리대로 살아나가는 지혜를 일깨워

주는 것이 얼마나 중요한 것인가를 곱씹게 하는 좋은 글이라 하겠다.

「입맛 지킴이」는 결혼과 함께 미국생활을 시작한 작가가 시어머니로 부터 김치 담그는 법을 배워 우리 전통음식의 맛을 지켜나가게 되었다 는 체험담을 작품화한 것이다.

처녀시절엔 친정어머니가 김치 담글 때 곁에서 구경만 하였지만 막 상 시어머니로부터 배우려니 어떻게나 어렵고 힘들었던지 두고두고 잊 혀지지 않는 추억거리가 되었다는 작가의 고백이 공감을 자아내고 있 다. 자식들에게 손맛이 깃든 음식을 먹이고 싶어하는 어머님의 속마음 을 이해하게 되었고 또한 김치를 담아 나누어먹는 기쁨도 새로 터득했 다는 작가의 새로운 깨달음은 어쩌면 우리 모두의 의식 속에 녹아 흐르 는 민족의 전통이라 해도 좋을 것 같다.

김치는 우리의 전통음식이기에 그 안에 삶과 역사와 한이 깃들어 있다 해도 과언이 아니리라. 나만 해도 외국 생활에 부대끼며 받는 스트레스와 미묘한 감 정의 혼란을 김치를 먹으며 푸는지도 모른다. 텁텁한 입안을 개운하게 만들고, 답답한 속을 화끈하게 내려주는 그 맛깔스러움은 다른 음식과 비교할 수 없다. 이곳에서 태어나 자란 두 아들도 김치를 이용해 만든 찌개나 부침개 등을 잘 먹고, 가끔 삼겹살을 삶아서 김치에 싸먹고 싶다고 할 정도이니 말이다. 역시 한국사람의 피는 속일 수 없다는 것이 입증되는 셈이다.

이렇듯 입맛이 없거나 소화가 안 돼 속이 불편할 때 김치를 곁들인 전통음식을 먹으면 마음까지 진정되어진다는 고백은 비단 이 작가만의 체험은 아니리라. 사실 처음 만난 외국 사람이 김치 맛을 이야기하면 기분이 좋고 어깨가 으쓱해진다는 것 역시 단순한 김치사랑의 도를 넘어 민족혼의 각성제라 해도 좋을 것 같다. 김치는 물리거나 질리지 않는 우리 한국인의 '입맛지킴이'라는 주장에 마음으로부터 박수를 보낸다.

「잠 못 들었던 밤」은 미국에 이주한 지 3년 만에 귀향한 작가가 어머니한테 응석을 부려 손톱에 봉숭아물을 들이던 날 밤, 유년기의 회억에 빠져 잠을 이루지 못했다는 생활수필이다.

어느 여름 날 친정아버지가 중풍으로 쓰러졌다는 급보를 받고 남편과 함께 돌아왔는데, 마침 아버지의 병환이 호전되어 한시름 놓게 된 작가는 그 틈을 이용하여 마음껏 어머니한테 어리광을 부리는 정황이 밝은 색깔의 수채화처럼 잘 묘사되어 있다.

어디서 구해오셨는지 그 날밤 엄마는 봉숭아를 준비하셨다. 엄마와 둘이 마주앉고 보니 주위가 너무 허전했다. 머리를 맞대며 미래를 꿈꾸던 언니들은 각자의 사랑을 만나 해마다 자리를 하나씩 비웠다. …(중략)… "언니들에게 소집령을 내린 후 같이 할 걸 그랬나봐" 했더니 엄마의 안색이 금세 달라졌다. 눈동자 안에 꽃물이 빠알갛게 반사되더니 그만 이슬이 맺히고 말았다.

딸 다섯을 길러 모두 출가시키고 외롭게 노후를 지키고 있는 노부모에 대한 정한어린 심정이 잘 드러난 작품이다. 자식된 자 그 누구도 부모의 속마음은 헤아릴 수 없다고 했는데, 이 작가는 풍부한 상상력으로 엄마의 마음속을 꿰뚫어보고 있는 것 같다. 봉숭아물을 같이 들이자는 자신의 청을 거절하는 엄마의 속마음을 읽어낸 작가. "그렇지 않아도 떠나보내고 나면 한동안 눈에 밟힐텐데, 그 꽃물이 빠져나갈 때마다 멀어져 간 딸의 모습에 가슴앓이하기가 겁나시나보다"라고 추리한 이 작가는 확실히 엄마의 속마음을 자신의 마음거울(心鏡)에 반조(返照)시켜 읽어내고 있다.

때마침 쏟아지는 장마 빗줄기보다 더 굵은 마음의 빗줄기가 엄마와 자신의 마음의 강으로 흘러내리는 바람에 끝내 잠을 이루지 못했다는 고백은 읽는 이의 마음까지 적셔주고 있다.

이상에서 살펴본 바와 같이 김현숙 수필가는, 고국을 떠나 먼 이국땅에 살면서, 모국에 대한 그리움을 안고 글을 쓰는 작가이다. 자본주의의 최첨단을 달리는 냉엄한 미국 땅에서, 그것도 생계영위만으로도 힘겨운 그 고달픈 상황에서 글을 쓴다는 것은 보통사람으로서는 감히 엄두조차 낼 수 없는 일이다.

그런데 이 작가는 삶의 고뇌와 아픔을 속으로 삭이면서 스스로를 연단하기 위해 글을 쓰는 것 같다. 의지가지없는 황량한 벌판에서 외줄기 구명줄을 문학에 걸고 삶의 애환을 그리고 있다고 해야겠다. 사람의 육신을 치료하는 것이 의사의 소임이라년 인간의 정신을 치료하는 것은 마땅히 문학인의 소임이라고 믿고 있는 이 작가는 어쩌면 자신이 겪고 있는 이 아픔을 극복하기 위해 글을 쓰고 있다고 해도 과언이 아닐 것이다.

문학은 역경에서 태어나는 예술이다. 사람을 감동시킬 수 있는 진정한 문학은 고난의 파도를 헤쳐 나온 사람들이 빚어내는 '특산물'이라 할 수 있다. 이런 관점에서 보면 이 작가가 펴내는 이 글들은 자신이 처한 현실에서 좀더 가치 있고, 좀더 의미 있는 삶을 구축하기 위하여, 뼈를 깎는 아픔을 견디면서 피멍울로 기록한 인생고백서라 할 수 있다. 가히 인간승리의 산 표본이라 해도 좋을 것이다.

이번 첫 수필집으로 상재하게 된『사랑으로 채우는 항아리』의 출간을 충심으로 축하하며, 이것을 계기로 인간의 선성회복과 아름다운 사회건설을 추구하는 그의 올곧은 꿈의 세계가 활짝 열리게 되기를 바라는 마음 간절하다. 지금까지 달려온 그 의지와 기백으로 더욱 인격적 향기가 풍겨나는 격조 있는 작품을 창작해 주기를 기대하면서 이 글을 그친다.

김현숙 수필집

사랑으로 채우는 항아리

1판 1쇄 인쇄 | 2007년 4월 1일
1판 1쇄 발행 | 2007년 4월 5일

지은이 | 김현숙
펴낸이 | 이선우
펴낸곳 | 도서출판 선우미디어

등록 / 1997. 8. 7   제2-2416호
100-846 서울 중구 을지로3가 104-10
신성빌딩 403 ☎ 2272-3351, 3352 팩스: 2272-5540
E-mail: sunwoome@hanmail.net
Printed in Korea ⓒ 2007. 김선화

값 10,000원

ISBN 89-5658-144-4 03810